부동산 유치권 강의

LECTURES ON THE REAL ESTATE LIEN

이찬양

박영사

머리말

책의 출간 배경

1. 정부의 부동산 정책 대응을 위한 부동산 유치권 지식 필요

정부는 급격히 상승하는 부동산 집값을 억제하기 위해 부동산 대책을 주기적으로 발표한다. 발표 이후에는 부동산 집값이 잠시나마 안정되는 모습을 (예, 강남) 보이기도 하나, 얼마 지나지 않아 이에 대한 반작용으로 수도권 비규제 지역의 부동산 투기가 다시 확산되곤 한다. 이로 인해 안정의 모습을 보였던 부동산 집값 역시 재상승의 조짐을 보이게 되고, 정부는 다시 초강력 대책을 연이어 내놓게 된다. 부동산 규제 강화와 부동산 집값 상승의 악순환적 고리가 형성되는 것이다.

부동산 시장은 정부의 수많은 정책 발표에 의하여 혼란스러움이 일상화된 지 오래이다. 정부의 부동산 정책의 큰 기조는 1) 부동산 법인 투자 차단, 2) 규제지역 확대, 3) 갭투자 차단, 4) 재건축 강화이다. 그러나 이와 같은 부동산 정책의 기조는 역설적이게도 수도권 내의 정상 주택 매매를 막기도 한다. 이 경우 전문가들은 경매 시장에 유입되는 양질의 부동산들이 매우 많아질 것이라고 예측하곤 한다.

여기서 중요 포인트는 과열되고 있는 부동산 시장을 한 걸음 뒤에서 관망하고 있으면 의외로 괜찮은 부동산 경매 기회를 잡을 수 있다는 것이다. 특히 경매 시장에 유입되는 양질의 부동산을 저렴한 비용으로 취할 수 있는 기회를 얻기도 하는데, 이를 위한 필수 지식이 '부동산 유치권' 지식이다. 유치권 부담이 있는 부동산일지라도 유치권을 잘 이해하고 있다면, 많은 수익을 창출할 수 있는 부동산을 취득할 수 있는 기회를 얻게 되는 것이다.

2. 부동산 경매절차의 각 단계별 유치권 구현의 실질적 이해

본서에서는 부동산 경매 3단계인 압류 · 현금화 · 배당 단계에서 유치권이 적용되어 구현되는 모습을 살펴보는 데 주안점을 두었다. 특히 본서는 부동산 경매 절차에서 유치권이 가압류 · 압류 · 저당권과 맺는 관계를 실질적으로 이해할 수 있도록 해당 사안을 단계별로 고찰하며 기술하였다.

3. 부동산 경매절차에서 유치권을 집중으로 다룬 서적의 필요

유치권이 매우 중요한 권리임을 인지하고 있으면서도 유치권을 중심으로 한 양질의 저서는 찾아보기 힘들다. 기존의 유치권 책들은 주로 유치권의 문제 상황과 그 개선 방안을 다루는 데 집중하고 있다. 또한 유치권에 대한 접근도 민법 내 담보물권의 체계에서 유치권을 어떻게 바라보는지에 대한 것으로 한정되어 있고, 그 서술 방식도 교과서식으로 나타나는 경향을 보였다. 물론 해당 저서에도 부동산 경매에서 유치권이 다른 권리들과 맺는 관계에 대해 다루고 있기는 하지만, 그 부분이 실질적인 실무와 부합하여 구체적으로 다뤄지지 않은 아쉬움이 있었다.

부동산 경매 절차에서 유치권과 타 권리들이 맺는 관계를 잘 이해한다면, 실제 경매에 참여하였을 때 양질의 부동산을 낙찰받을 수 있는 절호의 기회를 얻을 수 있을 것이다. 본서는 부동산 경매 실무에 적용될 수 있는 유치권 이론에 대한 지적 열망을 가지고 있는 독자들의 지적 갈증을 조금이나마 해소하는 데 일조하고자 한다.

따라서 본서에서는 부동산 경매 3단계인 압류 · 현금화 · 배당 단계에서 유치권을 적용할 경우 발생할 수 있는 제문제를 정리 · 검토하였다. 이 과정에서는 유치권과 가압류 · 압류 · 저당권과의 관계(특히 우열관계)가 주된 쟁점이다. 따라서 제문제의 검토에 있어서는 해당 관계가 실질적으로 드러나는 상황을 법규범적으로 자세하게 설명하여, 실제 유치권 관련 경매에서 해당 상황을 타산지석(他山之石) 삼아 경매에 참여할 수 있는 능력을 배양할 수 있도록 하였다.

책의 특징

유치권은 잘 활용하기만 하면 다가오는 경매 기회를 놓치지 않고 꼭 잡기 위한 도구로 작동할 수 있다. 또한 유치권은 가까이하기에는 난해하나 꼭 인지해야만 하는 개념이므로 이를 독자들에게 되도록이면 쉽게 전달하려 하였다.

1. 이 책은 독자로 하여금 먼저 유치권의 중요 개념과 기본 원리를 철저하게 이해할 수 있도록 하였다.
2. 부동산 경매와 유치권 내용을 자연스럽게 이해하고 기억할 수 있도록 관련 법인 민법, 민사소송법, 민사집행법, 경매법 등의 내용을 되도록이면 많은 예시를 들어 설명하고자 노력하였다.
3. 이후 부동산 경매 3단계인 압류 · 현금화 · 배당단계에서 유치권을 적용할 경우 그 작동원리와 모습을 구현하였다.
4. 부동산 경매 3단계 내에서 가압류, 압류, 저당권 등의 권리들과 관련된 유치권의 제법리들의 이론과 판례 등을 정리 · 검토 · 설명하였다.
5. 위 구성하에서 기본 이론뿐만 아니라 실무에서 화두였던 대법원 판례를 분석하고 이에 대해 비판점까지 검토하고자 노력하였다.

책의 예상 독자층

1. 부동산 경매절차에서 유치권을 이해하여 양질의 경매 부동산을 취득하고자 하는 일반인을 대상으로 하고자 한다.
2. 민법 중 물권법을 중심으로 민사소송법, 민사집행법, 경매법과 관련된 유치권 사례(Case) 및 이론 · 법리 · 판례를 복합적으로 심화 학습하고자 하는 법학전문대학원생을 대상으로 하고자 한다. 실제 변호사시험에서는 유치권에 대한 단순한 판례를 묻기보다는 유치권과 관련된 복합적 법률 지식을 묻는 문제가 거의 매년 출제되고 있으며, 해당 영역은 추후 지속적으로 출제 가능성이 높은 영역이다.

출제사례

- 1~4회 변호사시험 민사법 선택형 문제: 유치권 관련 3회 기출, 도급계약 복합 사례 등
- 제6회 변호사시험 민사법 선택형 문제: 압류와 유치권의 성립에 관한 판례, 유치권부존재 확인 청구의 소의 이익 및 유치권의 피담보채권액에 대하여 소극적 확인청구를 할 수 있는지의 여부(2004다32848, 2013다99409)
- 제7회 변호사시험 민사법 사례형(Case) 문제: (1) 압류의 처분금지효와 유치권의 경락인에 대한 대항력(2005다22688, 2011다55214) (2) 체납처분압류와 유치권의 대항력 (2009다60336) (3) 근저당권의 설정과 상사유치권의 대항력[2010다57350]).

⇒ 본서의 핵심 논제 영역을 직접적으로 이해하였는지를 묻는 사례형(Case) 유형이 출제되었다. 본 논제는 수험생 간 명확한 실력 차이가 나타나는 영역이므로 앞으로도 충분히 민사법 사례형(Case) 문제로 출제가 가능할 것이라고 예상한다.

- 제9회 변호사시험: 기록형 시험에서 상사유치권 등 평소 가장 중요하다고 강조됐던 부분 등 출제

3. 본서에는 일반이론부터 시작하여 현행 대법원 판례 등 실무적 관점에서 참고할 만한 판례법리에 관한 검토 및 논의도 다수 담겨 있다. 이에 본서는 부동산학과 및 대학원에서의 대학원생과 연구자, 부동산 관련 기업 및 공공기관의 담당자, 실무종사자인 공인중개사 · 사법보좌관 · 집행관 · 법무사 · 변호사에게도 조금이나마 도움이 될 것으로 사료된다.

은혜를 입은 분들

이 책을 펴내기까지 많은 분들의 도움을 받았다. 고려대학교 법학전문대학원 교수이신 유병현 선생님은 저자의 은사님으로서 학문뿐만 아니라 세상사

를 살아가는 데 세세한 가르침을 주셨다. 그 은혜는 말로 다하지 못할 정도로 실로 刻骨難忘이다. 또한 고려대학교 법학전문대학원의 정영환 교수님, 김경욱 교수님, 윤남근 교수님, 김용재 교수님께서는 저자의 부족한 부분들에 대해서 무한한 가르침과 고견 등을 주셨다.

저자의 삶의 기둥이 된 부모님께도 감사드린다. 무엇보다 저자의 인생길을 함께 걷고 항상 지지해 주는, 사랑하는 아내 김소연 교수에게도 감사드리며, 삶을 이끌어 주시는 하나님께 무한한 감사를 드린다.

마지막으로 이 책을 펴내는 데 고생해 주신 박영사 안종만 회장님, 안상준 대표님, 임재무 상무님, 오치웅 대리님, 박송이 대리님께도 감사의 말씀을 전한다.

마무리

이번 책에서 부동산 경매절차와 이와 관련한 부동산 유치권 분야의 최신 이론과 새로운 연구 경향, 판례 법리 변화 등을 충실히 전달하려 최대한 노력하였으나, 저자의 역량 미달로 부족하고 미진한 부분이 없지 않을 것이다. 또한 전문적인 내용도 많아 읽는 분들께 본서의 내용이 잘 전달될 수 있을까 하는 우려도 있다. 추후 지속적인 개정을 통해 본 내용을 수정 · 보완함으로써 책의 완성도를 높여 나갈 계획이다. 이 책이 내실 있는 부동산 및 유치권 서적이 될 수 있도록 독자 및 선생님들께서 부족한 저자에게 언제든지 지도 편달해 주실 것을 기대한다.

2020년 겨울
이찬양 씀

차례

제 1 장 현행 유치권 일반론 : 유치권을 알아보자! ·················· 1

  Ⅰ. 유치권의 개념과 효력 ··· 3

  Ⅱ. 부동산 경매절차에서 유치권의 문제점-부동산 경매절차 3단계를 중심으로 ······· 26

제 2 장 부동산 경매 압류단계에서의 유치권 : 압류시 유치권이 나타났다! ··34

  Ⅰ. 가압류 이후의 유치권 ·· 35

  Ⅱ. 압류 이후의 유치권 ··· 54

제 3 장 부동산 경매 현금화단계에서의 유치권: 경매부동산 낙찰 시 유치권이 나타났다! ·················· 103

  Ⅰ. 유치권과 저당권의 경합 ··· 106

  Ⅱ. 선행저당권과 유치권의 우열에 대한 학설 및 판례 ················· 110

  Ⅲ. 대항력 부정설에 따른 선행저당권에 대한 유치권의 우열 ··········· 122

  Ⅳ. 대항력 부정설에 따른 대법원 판례 검토 ·························· 140

제 4 장 부동산 경매 배당단계에서의 유치권: 배당 시 유치권이 나타났다! ······· 147

  Ⅰ. 배당에서 유치권자의 한계와 개선방안 ···························· 150

  Ⅱ. 선행저당권에 대항할 수 없는 경우 유치권자의 배당국면 및 배당순위 ······· 156

제 5 장 나가며 ··· 165

참 고 문 헌 ··· 173

사 항 색 인 ··· 195

제 1 장 현행 유치권 일반론:유치권을 알아보자! ···················· 1
　Ⅰ. 유치권의 개념과 효력 ··· 3
　　1. 유치권의 개념 ·· 3
　　2. 유치권과 다른 담보물권의 효력 비교 ························ 3
　　　(1) 유치권의 효력 ··· 3
　　　(2) 유치권과 다른 담보물권의 효력 ························ 4
　　　　1) 유치권과 질권 ·· 4
　　　　2) 유치권과 저당권 ······································ 5
　　　(3) 유치권 유사기능 채권과의 효력 - 동시이행항변권을 중심으로 ········· 6
　　3. 유치권의 비교법적 검토 ··································· 8
　　　(1) 일본 ··· 8
　　　(2) 독일 ··· 13
　　　(3) 그 밖의 국가 ··· 19
　　　　1) 스위스 ·· 19
　　　　2) 프랑스 ·· 21
　Ⅱ. 부동산 경매절차에서 유치권의 문제점 - 부동산 경매절차 3단계를 중심으로 ··· 26
　　1. 압류단계 ·· 27
　　2. 현금화단계 ·· 28
　　3. 배당단계 ·· 30

제 2 장 부동산 경매 압류단계에서의 유치권:압류시 유치권이 나타났다! ···34
　Ⅰ. 가압류 이후의 유치권 ······································· 35
　　1. 가압류 이후 유치권의 우열에 대한 학설 및 판례 ··········· 37
　　　(1) 국내의 학설 및 판례 ·································· 37
　　　　1) 학설 ·· 37
　　　　　① 대항력 취득설(다수설 및 판례의 입장) ············· 37

② 대항력 부인설(소수설) ··· 38

2) 판례 ··· 39

(2) 일본의 학설 및 판례 ··· 40

1) 학설 ·· 40

① 대항력 취득설 ··· 40

② 대항력 부인설 ··· 40

2) 판례 ·· 41

(3) 소결 ·· 42

2. 대항력 취득설에 따른 가압류의 처분금지효와 유치권의 우열 ········ 43

(1) 가압류의 처분금지적 효력 ······································ 43

1) 채무자의 처분이 금지되는 행위 ································· 43

2) 가압류의 효력(상대적 무효) ···································· 44

(2) 채무자의 점유이전이 가압류 처분금지효에 저촉되는지 여부 ········ 45

(3) 유치권자의 비용지출 시 선행가압류채권자와의 우열 ············ 48

3. 가압류와 압류 간의 차이에 따른 유치권의 우열 ················· 51

4. 가압류가 본압류로 이행된 경우 유치권의 우열 ················· 52

5. 대항력 취득설에 따른 대법원 판례의 검토 ···················· 53

II. 압류 이후의 유치권 ·· 54

1. 압류 이후 성립한 유치권의 우열에 대한 학설 및 판례 ··········· 56

(1) 국내의 학설 및 판례 ··· 56

1) 학설 ·· 56

① 대항력 인정설(종래 통설)과 비판 ······························ 56

ㄱ) 법리 ··· 56

ㄴ) 대항력 긍정설에 대한 비판 ·································· 57

② 대항력 부정설(판례의 입장)과 비판 ··························· 59

ㄱ) 법리 ··· 59

ㄴ) 대항력 부정설에 대한 검토 ·································· 60

③ 제한적 대항력 인정설과 비판 ································· 60

ㄱ) 법리 ··· 60

ㄴ) 제한적 대항력 인정설에 대한 비판 ··························· 61

④ 제한설(또는 유형구분설)과 비판 ·································· 62

ㄱ) 법리 ··· 62

ㄴ) 제한설(유형구분설)에 대한 비판 ································ 62

2) 판례 ··· 63

(2) 일본의 학설 및 판례 ··· 67

1) 학설 ··· 67

① 긍정설 ··· 67

ㄱ) 제1설(다수설)과 비판 ··· 67

ㄴ) 제2설과 비판 ··· 68

ㄷ) 그 밖의 학설 ··· 68

② 부정설 ··· 69

ㄱ) 제1설과 비판 ··· 69

ㄴ) 그 밖의 학설 ··· 71

③ 절충설 ··· 71

2) 판례 ··· 73

(3) 소결 ·· 76

2. 대항력 부정설에 따른 압류의 처분금지효와 유치권의 우열 ···· 78

(1) 압류의 처분금지효와 유치권의 우열 ··· 79

1) 압류의 처분금지효 법리 및 범위 ··· 79

2) 채무자의 행위가 처분금지효에 저촉되는 처분행위인지의 여부 ······ 81

① 처분행위의 의미와 범위 ··· 81

② 채무자의 관리행위·이용행위가 처분금지효에 저촉되는 처분행위인지의 여부 ···· 82

③ 채무자의 임대행위가 처분금지효에 저촉되는 처분행위인지의 여부 ······· 83

3) 채무자의 점유이전으로 인한 유치권 취득이 압류의 처분금지효에

저촉되는지의 여부 ··· 83

3. 비용지출 시 유치권의 우열 ··· 86

(1) 원칙적인 입장 ·· 88

(2) 부동산 증·개축을 통한 유치권자의 매수인에 대한 우열 ········· 91

(3) 압류 이후에 그 밖의 사유로 비용을 지출한 경우에서 유치권의 우열 ··· 92

4. 대항력 부정설에 따른 대법원 판례 검토 ···································· 95

(1) 대법원 판결(2005다22688)의 의의 및 검토 ·················· 95
(2) 대법원 판결(2008다70763) 법리에 의한 유치권 우열의 명확한 기준 제시 ···· 96
(3) 처분행위 개념의 상대성 비난을 벗어나기 위한 이념적 · 정책적 판결법리 ········ 99

제3장 부동산 경매 현금화단계에서의 유치권: 경매부동산 낙찰 시 유치권이 나타났다! ················· 103

Ⅰ. 유치권과 저당권의 경합 ·················· 106
  1. 유치권과 저당권의 경합과 문제점 ·················· 106
  2. 유치권과 저당권의 경합 시 대항력 및 대상 ·················· 107
    (1) 유치권의 대항력 법리 ·················· 107
      1) 기본적 법리 ·················· 107
      2) 우선변제권 측면에서 본 양자 간의 대항력 법리 ·················· 107
    (2) 유치권의 대항력 대상 ·················· 108
Ⅱ. 선행저당권과 유치권의 우열에 대한 학설 및 판례 ·················· 110
  1. 국내의 학설 및 판례 ·················· 110
    (1) 학설 ·················· 110
      1) 대항력 긍정설(유치권 우위설)과 비판 ·················· 110
        ① 법리 및 논거 ·················· 110
        ② 대항력 긍정설에 대한 비판 ·················· 111
      2) 대항력 부정설(대항력 제한설)과 비판 ·················· 111
        ① 법리 및 논거 ·················· 111
        ② 대항력 부정설에 대한 비판 ·················· 113
      3) 절충설(유추적용설)과 비판 ·················· 114
      4) 제한적 대항력 긍정설과 비판 ·················· 115
      5) 그 밖의 견해 ·················· 116
    (2) 판례 ·················· 117
  2. 일본의 학설 및 판례 ·················· 118
    (1) 학설 ·················· 118
      1) 대항력 긍정설과 비판 ·················· 118
        ① 법리 ·················· 118

② 대항력 긍정설에 대한 비판 ·· 118

2) 대항력 부정설과 비판 ·· 119

① 법리 ·· 119

② 대항력 부정설에 대한 비판 ·· 120

3) 그 밖의 학설 ·· 120

(2) 판례 ·· 120

3. 소결 ·· 121

Ⅲ. 대항력 부정설에 따른 선행저당권에 대한 유치권의 우열 ············· 122

1. 선행저당권에 대한 유치권의 우열 ·· 122

(1) 선행저당권에 대한 유치권 우열의 원칙 ································ 122

(2) 민사집행법 제91조 제5항 해석에 따른 유치권의 우열 ············ 124

1) 유치권의 범위 ·· 124

2) 헌법 합치적 해석의 관점에서 본 유치권의 범위 ·················· 124

(3) 타 권리 법리비교에 따른 유치권의 우열 ······························ 124

1) 임차권 대항 법리와의 비교를 통한 유치권의 우열 ·············· 124

2) 법정지상권 제한 법리를 통한 유치권의 우열 ···················· 125

2. 목적물의 가치가 증가한 경우 유치권의 우열 ····························· 127

(1) 목적물의 교환가치가 증가한 경우에서 유치권자의 우열 ········· 127

(2) 한계 극복을 위한 민법 제367조 취지 및 적용범위 ··············· 130

(3) 대항할 수 없는 유치권자 구제를 위한 방안
      - 민법 제367조 유추 적용을 통한 해결방안 모색 및 그 한계 ······ 133

(4) 유추 적용 법리의 비판에 대한 반론 ··································· 134

(5) 구체적인 유추 적용의 타당성과 대법원 판결의 적용 ············· 136

3. 유치권 성립요건에 대한 증명책임 ·· 138

Ⅳ. 대항력 부정설에 따른 대법원 판례 검토 ································ 140

1. 선행저당권과 유치권의 우열에 대한 최초의 판결법리 제시 및 한계 ······· 140

2. 선행압류채권과 선행저당권 간의 유치권 우열의 법리 혼동 ·········· 142

3. 선행저당권자의 신의칙 위반 항변에 대한 검토 부재 ················· 142

4. 목적물 일부에 대한 유치권의 우열 ·· 143

5. 대법원 판결에 대항력 부정설 법리의 실무상 적용 ··················· 145

제 4 장 부동산 경매 배당단계에서의 유치권: 배당 시 유치권이 나타났다! ········147

　Ⅰ. 배당에서 유치권자의 한계와 개선방안 ·····························150

　　1. 배당에서 유치권자의 한계 ···································150

　　　(1) 연혁 및 입법례의 측면에서의 배당상 한계 ·······················151

　　　(2) 유치권의 사실상 우선변제권으로 인한 선행저당권자의 배당권 침해 ·····151

　　　(3) 공시주의 담보법 질서의 동요 우려 ··························152

　　　(4) 배당 계산에서의 한계 ·····························152

　　　(5) 소 결 ··153

　　2. 개선방안으로서 유치권자의 합리적 배당순위 검토 ················153

　Ⅱ. 선행저당권에 대항할 수 없는 경우 유치권자의 배당국면 및 배당순위 ····156

　　1. 대항할 수 없는 유치권자가 이해관계인에 포함되는지의 여부 ········156

　　　(1) 대항할 수 없는 유치권자의 이해관계인 여부 ···················156

　　　(2) 이해관계인 해당 시 행사할 수 있는 권리 ·····················157

　　2. 대항할 수 없는 유치권자가 배당받을 수 있는지의 여부 ············158

　　3. 대항할 수 없는 유치권자의 경매절차상 배당순위 ···············160

제 5 장 나가며 ··165

참고문헌 ···173

사항색인 ···195

제 1 장

현행 유치권 일반론 :
유치권을 알아보자!

최근 부동산에서는 유치권 사건이 증가함에 따라 부당한 방법을 통하여 유치권을 주장하는 사례도 증가하고 있다. 경매 분쟁 소송 중 20~30%가 허위유치권 관련 소송일 정도로[1] 부당한 유치권은 건축 중인 건물이나 부동산 경매에도 큰 문제를 나타내고 있다.[2] 이처럼 유치권과 관련된 분쟁은 우리나라뿐만 아니라 다수 국가에서도 문제가 되었다. 이에 스위스에서는 부동산에서의 유치권 폐해를 해결하고자 법 규정을 통해 유치권의 대상을 동산과 유가증권으로 한정하여 부동산을 제외하였다.[3] 독일에서도 유치권을 채권으로 규정하여[4] 부동산에서의 유치권과 관련된 분쟁의 발생 가능성을 미연에 방지하였다. 따라서 국내에서도 유치권과 관련된 분쟁의 해결 모색이 절실히 필요하다.

----

1   서울경제신문, 경매 허위유치권 폐해 심각, 2005.8.8.자
    http://economy.hankooki.com/lpage/news/200508/e2005080816470770300.htm.

2   본서에서는 허위유치권 등 부당한 유치권을 문제 삼는 것이다. 그러나 정당한 유치권은 긍정적인 면도 상당하는 점을 동시에 고려해야 한다.

3   **Art. 895 B. (Retentionsrecht)**

    1 Bewegliche Sachen und Wertpapiere, die sich mit Willen des Schuldners im Besitze des Gläubigers befinden, kann dieser bis zur Befriedigung für seine Forderung zurückbehalten, wenn die Forderung fällig ist und ihrer Natur nach mit dem Gegenstande der Retention in Zusammenhang steht.

4   Claus Ahrens, Zivilrechtliche Zuruckbehaltungsrechte, 2002, S. 19.

Ⅰ. 유치권의 개념과 효력

1. 유치권의 개념

유치권은 타인의 물건이나 유가증권을 점유한 자가 물건 또는 유가증권과 관련하여 생긴 채권이 변제기에 도달한 경우 채권을 변제받을 때까지 물건 또는 유가증권을 유치할 권리를 말한다(민법 제320조 제1항). 다만 유치권의 성립요건인 점유가 불법행위로 인한 경우에는 유치권이 성립되지 않는다(민법 제320조 제2항).

2. 유치권과 다른 담보물권의 효력 비교

(1) 유치권의 효력

유치권의 효력을 살펴보면 민법 제320조 "타인의 물건을 점유하고 있는 자가 그 물건에 대하여 발생한 채권을 가지게 될 때는 채권을 변제받을 때까지 물건을 유치할 권리를 가진다"라는 규정에 따라 유치권자에게 목적물로부터의 우선변제권은 인정해주지 않고 있다.[5] 그러나 채무자 또는 경락인을 포함한 제3자가 목적물을 인도받기 위해서는 유치권자에게 채권을 변제해야 하므로 유치권자는 사실상의 우선변제권을 가진다.[6]

담보권실행을 위한 경매는 담보권자에게 목적물의 교환가치에 대한 지배권을 인정해주는 절차이지만, 유치권자에게는 목적물의 교환가치에 대한 지배권을 인정해주지 않고 있다. 그러나 유치권자에게는 채권의 변제가 있을 때까지 목적물을 지속해서 유치할 권리가 있고 경매신청권도 인

---

5 질권에 관한 민법 제329조(동산질권의 내용)와 저당권에 관한 민법 제356조(저당권의 내용)에서는 우선변제를 받을 수 있는 권리가 규정되어 있다. 그러나 유치권에 관한 민법 제320조(유치권의 내용)에서는 우선변제를 언급하고 있지 않다.

6 신국미, "「유치권자에 의한 경매(민법 제322조)」에 관한 의문", 재산법연구 제25권 제1호, 2008, 73면; 이동진, "「물권적 유치권」의 정당성과 그 한계", 민사법학 제49권 제1호, 2010, 54면 참조.

정해주고 있다(민법 제322조 제1항).[7]

유치권자는 예외적으로 과실을 수취한 이후 이를 자신의 변제에 충당할 수 있고(민법 제323조) 정당한 이유가 있는 경우에는 감정인의 평가에 의하여 유치물로부터 직접 간이변제충당도 할 수 있다(민법 제322조 제2항).[8]

(2) 유치권과 다른 담보물권의 효력

1) 유치권과 질권

유치권은 물건 또는 유가증권과 관련하여 발생한 채권이 변제기에 도달한 경우 그 채권을 변제받기까지 물건이나 유가증권에 대하여 유치할 권리가 있다(민법 제320조 제1항). 질권 또한 채권을 변제받을 때까지 질물을 유치할 수 있다는 점에서 유치권과 유사하다(민법 제335조).

그러나 유치권과 질권에는 다음과 같은 차이도 있다. 유치권자는 대법원 판례[9]에 따라 선행저당권자에 대하여 대항할 수 있지만[10] 질권자는 자기보다 우선권이 있는 채권자에 대하여 대항할 수 없다(민법 제335조). 또한, 유치권은 법정담보물권임에도 불구하고 법률상의 우선변제권이 인정

---

7 독일에서의 유치권은 물권이 아니라 채권이기 때문에 경매신청권 등이 문제가 되지 않는다(Brox/Walker, 「Allgemeines Schuldrecht」, 30, Aufl., 2004, S. 115; 김용택 편집대표(김갑유 집필부분), 「주석민법 물권(3)(제4판)」, 한국사법행정학회, 2011, 414면; 신국미, "「유치권자에 의한 경매(민법 제322조)」에 관한 의문", 재산법연구 제25권 제1호, 2008, 73면).

8 간이변제 충당하도록 허가 결정이 나면 유치권자는 유치물로부터 직접 변제에 충당이 가능하다. 이 경우 유치물의 평가 액수가 채권액을 초과하는 경우라면 유치권자는 그 초과분의 액수를 반환하여야 한다. 그러나 그 반대의 경우에 채무자는 그 부족한 부분을 유치권자에게 변제해야만 하며 유치권자는 일반채권자의 지위에서 배당에 참가할 수 있다. 간이변제충당의 허가 결정이 있는 경우 유치권자는 유치물의 소유권을 취득한다(서종희, "유치권자의 강제경매신청의 의미와 가압류등기경료 후 성립한 유치권의 대항력인정 여부", 외법논집 제36권 제4호, 2012, 154면).

9 대법원 2009. 1. 15. 선고 2008다70763판결.

10 기존 판례인 대법원 2009. 1. 15. 선고 2008다70763판결 등에서는 선행저당권자에 대하여 유치권으로 대항할 수 있다는 판시를 하였다. 이와 같은 모든 사례에서 기존의 판단의 결론으로만 나타나는 것은 아니고 최근의 판결 즉, 대법원 2013. 2. 28. 선고 2010다57350판결에서는 이와는 다른 법리를 보여주었다. 이에 관한 논의는 제3장 부동산 경매 현금화 단계에서의 유치권 I. 유치권과 저당권 경합의 쟁점 검토 참조.

되지 않는다.[11] 이에 채무자가 변제하지 않아 목적물에 대하여 경매절차가 진행될 경우 매각대금으로부터 다른 채권자들보다 우선하여 변제받지 못하지만 질권은 약정담보물권으로 법률상 우선변제권이 인정된다(민법 제329조, 제353조).[12]

이처럼 유치권은 법정담보물권임에도 우선변제권, 물상대위성이 없기 때문에 약정담보물권보다 담보물권성이 약하게 되어 사실상의 우선변제권을 부여하여 보호하고 있다.[13] 이 때문에 유치권의 행사는 권리 예측이 어려운 사실상의 우선변제권의 기능을 가지게 되었고, 이는 부동산 경매절차에서 법적 불안정성의 중요한 원인으로 자리 잡게 되었다.

2) 유치권과 저당권

유치권과 저당권은 물건을 담보하는 물적인 담보물권이라는 점과 경매권(민법 제322조 제1항, 민집 제264조 내지 제275조)을 행사할 수 있다는 점에서 유사하다.[14]

그러나 양자는 동일한 담보물권임에도 다음과 같은 차이가 있다. 유치권은 등기가 필요하지 않고 목적물을 유치함으로써 성립하고 공시되지만, 저당권은 공시의 경우 등기해야 하고 목적물의 유치는 불가능하다.[15] 유치

---

11 유치권은 물건과 관련하여 발생한 특수한 채권의 변제를 보장할 수 있도록 마련된 법정담보물권인데 이 유치적 효력은 어느 누구에 대해서도 대항할 수 있도록 하여 실제적으로 채권의 만족을 얻을 수 있긴 하나 법률상의 우선변제권이 부여되어 있는 것이 아니다.

12 이희봉, "유치권, 그 물권성과 담보물권성과 관련하여", 「법학과 민사법의 제문제」, 나남, 1976, 419면.

13 이희봉, "유치권, 그 물권성과 담보물권성과 관련하여", 「법학과 민사법의 제문제」, 나남, 1976, 419면.

14 이영준, 「새로운 체계에 의한 한국민법론(물권법, 신정2판)」, 2004, 705면.

15 따라서 유치권도 저당권과 같이 등기제도를 통해 공시할 수 있도록 하여 분쟁을 예방할 필요가 있다는 논의도 있다(노종천, "부동산유치권 등기제도 도입 연구", 토지법학 제31권 제1호, 한국토지법학회, 2015, 107~140면: 이찬양, "부동산 물권 공시제도의 관점에서 유치권 등기제도 도입에 관한 민사법적 고찰", 일감법학 제46호, 건국대학교 법학연구소, 2020, 253~292면 등). 유치권에 등기능력을 부여하되(이와 관련하여 유치권자 측에게 유치권설정청구권을 부여할 수 있는 유치권설정청구권제도를 도입할 필요가 있으며 법적 성질을 형성권으로 하면) 유치권설정청구권을 행사할 즉시 유치권 등기가 가능하다는 견 해가 있다(오시영, "법무부 민법개정시안 중 유치권에 대한 대안 제시 (I)", 법학논

권은 목적물의 이용권 즉, 보존을 위한 사용권이 인정되지만 저당권은 그렇지 않다. 유치권은 점유이전이 가능한 동산, 부동산 그 밖의 유가증권을 목적물의 대상으로 하지만(민법 제320조) 저당권은 부동산만을 목적물의 대상으로 한다(민법 제356조). 유치권은 물상대위성이 인정되지 않지만 저당권은 인정된다.[16]

또한, 유치권은 비용상환청구권(민법 제325조)과 과실수취권(민법 제323조 제1항), 간이변제충당권(민법 제322조 제2항)이 인정되지만 저당권은 이들 권리 모두 인정되지 않는다. 다만 과실수취권의 경우에는 일반적으로 저당권자는 인정되지 않지만 저당물을 압류한 이후 부동산으로부터 수취된 과실이나 수취할 수 있는 과실에는 본 권리가 인정된다(민법 제359조).[17] 따라서 저당권설정자(채권자)는 압류개시 이후의 과실에 대하여 자신의 피담보채권을 행사할 수 있다.

(3) 유치권 유사기능 채권과의 효력 – 동시이행항변권을 중심으로

유치권은 공평의 원칙에 입각하고 있다는 점에서 쌍무계약에서의 동시

....

총 . 제32집 제2호, 전남대학교 법학연구소, 2012년, 253면). 이는 유치권이 성립한 후 유치권 등기를 완료할 때까지 유치권자의 불필요한 점유에 따른 폐해를 방지할 수도 있는 것이다. 또한 소유자는 소유 부동산을 사용, 수익할 수도 있고 불합리한 소급효도 인정되지 않기 때문에 합리적이다. 물론 이 해석과 함께 유치권의 성립요건을 충족한 때에 즉시 등기하여야 한다는 입법규정도 도모되는 것이 합리적일 것이다. 이를 위하여 전자유치권 등기 신청제도(가제) 도입도 검토할 수 있을 것이다. 시행 초기인 부동산 전자계약에서의 법리처럼 유치권이 성립한 시기에 즉시(서면이 아니라) 스마트폰을 통해 온라인으로 유치권 등기가 가능하도록 하면 보다 합리적인 도입안이 구축될 것으로 판단된다. 다만, 이 개선안은 그 구현방안을 실현화함에 있어 후속 연구가 보완되어야 할 것이다. 그런데 이 법리를 토대로 추후연구를 진행할 경우 스마트폰을 경유한 전자소송 법리의 보안상 측면을 검토할 필요도 있다. 보안상 논의에 관하여는 이찬양, "전자소송 하에서의 전자송달" 원광법학 제31권 제4호, 원광대학교 법학연구소, 2015, 97-98면 참조.

16 최명구, "유치권과 저당권의 경합", 민사법학 제42호, 2008, 712면; 추가적으로 양 권리의 성질 면에서의 차이는 수반성 측면에 있어서 유치권의 경우에는 피담보채권이 이전되는 경우에 당연히 같이 이전되긴 하나 채권과 함께 유치물의 점유까지도 이전되어야 한다. 그러나 저당권의 경우는 피담보채권이 양도되면 목적물의 점유 이전 없이도 저당권이 이전된다. 다만, 물상보증인이 제공하였던 저당물인 경우 물상보증인의 동의가 필요하고 특약을 정하여 저당권을 수반하지 않게 할 수도 있다.

17 최명구, "유치권과 저당권의 경합", 민사법학 제42호, 2008, 712면.

이행항변권과 유사하다. 그러나 양자는 그 발생원인, 성질, 주장범위, 성립요건, 내용, 효력 등에서 비교되는 차이가 있다.

양자의 효력을 중심으로 비교해보면 유치권은 물권으로 물건이나 유가증권을 직접 지배할 수 있는 권리이며(민법 제320조 제1항) 어느 누구의 반환청구에 대해서도 대항할 수 있지만, 동시이행항변권은 쌍무계약의 효력으로 상대적 청구에 대한 항변이기 때문에(민법 제536조) 계약의 상대방에 대해서만 이를 행사할 수 있다.[18] 유치권은 타물권으로 유치물을 유치하는 권리이지만 동시이행항변권은 급부를 거절한다. 유치권은 타인의 물건에 대해서만 성립하지만 동시이행항변권은 자신의 물건에 대해서도 그 행사가 인정된다.[19] 유치권자에게는 경매권 및 간이변제충당권을 인정해주고 있지만(민법 제322조), 동시이행항변권은 채권법상의 제도이기 때문에 상대방이 채무를 이행하지 않는 경우 계약을 해제하고 손해배상을 청구할 수 있을 뿐 경매권은 가지지 않는다.

또한, 유치권의 채권과 상대방 소유의 물건 또는 유가증권 간에 법률상 서로 대가관계가 없으며 그 가치를 달리하는 경우가 많지만, 동시이행항변권에 의해 보호되고 있는 채권은 법률상 서로 대가관계에 있으며 사실상으로도 그러한 것이 보통이다. 이에 판례에서는 동시이행의 항변권을 행사하기 위한 쌍무계약상의 대가적 관계를 요구하지 않고 쌍무계약에서 발생한 대립적 채무가 아니라도 이행상의 견련을 인정해준다. 이에 신의칙과 공평에 맞는 여러 경우에도 동시이행항변권의 적용을 확대하고 있다.[20]

유치권자는 과실수취를 통하여 우선변제에 충당할 수 있다(민법 제323조 제1항). 유치권자가 수취하는 과실의 범위에는 천연과실과 법정과실이 포함되며 법정과실에는 일반적으로 목적물의 사용이득도 포함된다. 다만 유치권자의 유치물의 사용은 보존행위에 해당하지 않는 한 허락되지 않고 이를 위반하는 경우 유치권 소멸의 청구를 받을 수 있다(민법 제324조). 이에 유치권 소멸청구권은 형성권이기 때문에 유치물의 소유자가 소멸청구

---

18 藥師寺志光, 「留置權論」, 信山社, 1990, 50頁.

19 藥師寺志光, 「留置權論」, 信山社, 1990, 51頁; 石田文次郎, 「担保物權法論　上卷　オンデマンド版」, 有斐閣, 2001, 576頁.

20 我妻 榮, 「物權法(民法講義Ⅱ)(新訂 有泉亨補訂版)」, 岩波書店, 1983, 89頁.

권을 행사하는 경우 유치권자는 점유를 반환해야 한다. 동시이행항변권을 가지고 있는 자도 과실을 수취할 수 있다(민법 제587조). 부동산매매의 경우에는 매도인이 매수인으로부터 매매대금을 완전히 지급받지 않는 한 목적물을 매수인에게 인도해줄 때까지 매도인은 목적물에서 과실을 수취할 수 있다.[21] 다만 동시이행항변권은 목적물의 사용이 계약 목적에 위반되는 경우라도 손해배상책임을 지게 될 뿐 사용이 금지되는 것은 아니다.

3. 유치권의 비교법적 검토

(1) 일본

일본의 유치권은 우리와 매우 유사하다. 본서에서의 부동산 경매절차 3단계에서 유치권의 적용국면과 직접적인 비교가 가능하며 본 연구의 주요 논제와 관련된 학설 및 판례도 많이 축적되어 있다. 그에 비해 독일, 스위스, 프랑스에서의 유치권은 부동산 경매절차 3단계에서 유치권의 논의와 비교법적으로 검토하기 쉽지 않다.[22] 이에 아래에서는 부동산 경매절차를 단계별로 유치권의 적용국면과 비교함에 있어 본 연구의 주요 논제와 관련된 학설 및 판례를 일본의 논의로만 비중 있게 제시하는 것보다는 아래의 해당 장 안에서 주요 논제별로 비교 논의하는 것이 더 적절하다고 보아 일본의 유치권에서는 유치권의 전체적인 개관 정도만 살펴볼 것이다.

일본의 유치권은 일본 민법 제2편 물권편에 규정되어 있다. 일본 민법 제295조 제1항에서는 타인의 물건을 점유하는 자가 그 물건과 관련해 발생한 채권을 가진 경우 그 채권을 변제받기까지 물건을 유치할 수 있음을 규정하고 있다. 다만 채권이 변제기에 도래하지 않은 경우에는 유치권이 적용되지 않는다.[23]

---

21 판례도 동일한 입장이다. 부동산매매에서 매수인에게 소유권이전등기를 완료해주었으나 부동산을 인도해주지 않은 경우 부동산의 과실수취권자는 매도인이 된다고 판시하였다 (대법원 1992. 4. 28, 91다32527 판결).

22 아래의 각 국가별 비교법적 검토 부분 참조.

23 **日本民法 第二百九十五条(留置権の内容)**
　1 他人の物の占有者は、その物に関して生じた債権を有するときは、その債権の弁済を受け

일본 유치권의 법적 성격은 불가분성(일본민법 제296조)[24], 수반성이 인정된 담보물권으로 규정되어 있다.[25] 유치권의 성립요건은 타인의 물건을 점유한 자여야 하고(일본민법 제295조)[26] 물건과 채권 간의 견련관계를 요구하며[27] 채권이 변제기에 도달하였을 것을 그 요건으로 한다.[28] 다만 점유가 불법행위로 인한 경우에는 유치권이 성립되지 않는다.[29] 이는 우리 민법 제320조 규정과도 유사하다.[30]

일본 유치권의 효력은 유치권자가 선량한 관리자의 주의의무로 유치물을 점유해야 발생한다.[31] 유치권자는 채무자의 승낙이 없이 물건을 사용하

....
　る まで、その物を留置することができる。ただし、その債権が弁済期にないときは、この限りでない。

24　**日本民法 第296条 (留置権の不可分性)**
　留置権者は、債権の全部の弁済を受けるまでは、留置物の全部についてその権利を行使することができる。

25　목적물의 점유 없는 경우 유치권이 성립되지 않기 때문에 채권과 함께 점유도 이전되어야 한다(我妻榮/有泉亨/清水誠, 「民法Ⅲ, コンメンタ_ル 担保物権法」, (株)日本評論社, 1997, 21頁).

26　타인 물건이 유치권을 발생케 하는 채권의 채무자에게 속해져 있는 물건만을 의미하는지 아니면 채무자의 소유물이 아닌 다른 제3자의 소유에 속하는 물건을 의미하는지에 관하여는 柚木馨/高木多喜男, 「担保物権法」, 有斐閣, 1958, 21頁; 内田貴, 「債權總論·担保物権(民法 Ⅲ)」, 東京大学出版会, 2005, 504頁; 我妻榮, 「担保物権法」, 岩波書店, 昭和 43(1968), 35頁; 我妻榮/有泉亨/清水誠, 「民法Ⅲ, コンメンタ_ル 担保物権法」, (株)日本評論社, 1997, 22頁(다수설의 입장); 梅謙次郎, 「民法要義 卷之二(物權編)」, 有斐閣, 明治 42(1909), 304頁; 藥卽寺志光, 「留置権論 卷之二(物權編)」, 有斐閣, 明治42(1909), 60頁(소수설의 입장); 日本最高裁判所 昭和 47(1972).11.16 判決, 民集 26·1619(판례의 입장). 참조.

27　견련관계 논의에 관하여는 我妻榮, 「担保物権法」, 岩波書店, 昭和43(1968), 28頁 참조.

28　변제기 도래와 관련된 논의는 我妻榮, 「担保物権法」, 岩波書店, 昭和43(1968), 37頁 참조.

29　**日本民法 第二百九十五条(留置権の内容)**
　1 前項の規定は、占有が不法行為によって始まった場合には、適用しない。

30　현행 일본민법은 당시 기초위원 3인(富井政章, 穗積陳重, 梅謙次郎)이 참여한 법전조사위원회의 신민법전에 기초한다. 이는 독일법 체계를 따른 방침이 채택된 결과였고 판텍텐 제도의 체계로 민법과 유치권제도도 규정되었다. 현재 일본의 유치권 규정은 구민법에서 채권담보 편의 첫째 장에서 제92조 내지 제96조에 규정되어 있던 내용을 그대로 답습한 것이다. 한편, 이러한 규정은 프랑스민법의 학설의 영향도 받았다고 한다(我妻榮, 「担保物権法」, 岩波書店, 昭和43(1968), 22頁).

31　**日本民法 第二百九十八条(留置権者による留置物の保管等)**

고 타인에게 임대하는 것은 곤란하나 그 물건이 보존하는 데 필요한 경우에는 허용될 수 있다.[32] 유치권자에게는 과실수취권도 인정해주고 있기 때문에(일본민법 제297조) 유치물로 생긴 과실을 수취할 수 있고(일본민법 제297조) 다른 채권과 비교하여 먼저 이 과실을 자신의 채권 변제에 충당할 수 있다. 다만 과실의 경우에는 먼저 채권의 이자에 충당하고 잔여분이 있는 경우에는 원본에 충당해야 한다.[33] 유치권자가 유치물에 대하여 필요비를 지출한 경우 유치권자는 소유자에게 상환을 요청할 수 있다. 유치권자가 유치물에 대하여 유익비를 지출한 경우 가격증가의 가치가 현존하는 경우로 한정하여 소유자의 선택에 따라 지출금액이나 증가액을 상환하도록 요청할 수 있다. 이에 법원은 소유자의 청구가 있는 경우 상환 내용을 소유자가 이행하는 기간에 있어서 상당한 기한을 허여할 수 있다.[34]

또한, 효력 면에서 우리나라에서는 유치권자에게 경매청구권을 인정해주어 규정하고 있지만 일본에서는 유치권자에게 특별한 규정을 두어 경매청구권을 명시하고 있지 않다.[35] 이에 일본의 유치권 자체에는 우선변제적인 효력이 없기 때문에 유치권자는 스스로 담보권을 실행(경매절차) 등을 수행하지 못하고 피담보채무의 변제가 장기간 동안 이루어지지 않는 상황

---

1 留置権者は、善良な管理者の注意をもって、留置物を占有しなければならない。

32 **日本民法 第二百九十八条(留置権者による留置物の保管等)**
　2 留置権者は、債務者の承諾を得なければ、留置物を使用し、賃貸し、又は担保に供することができない。ただし、その物の保存に必要な使用をすることは、この限りでない。

33 **日本民法 第297条 (留置権者による果実の収取)**
　1 留置権者は、留置物から生ずる果実を収取し、他の債権者に先立って、これを自己の債権の弁済に充当することができる。
　2 前項の果実は、まず債権の利息に充当し、なお残余があるときは元本に充当しなければならない。

34 **日本民法 第299条 (留置権者による費用の償還請求)**
　1 第二百九十九条 留置権者は、留置物について必要費を支出したときは、所有者にその償還をさせることができる。
　2 留置権者は、留置物について有益費を支出したときは、これによる価格の増加が現存する場合に限り、所有者の選択に従い、その支出した金額又は増価額を償還させることができる。ただし、裁判所は、所有者の請求により、その償還について相当の期限を許与することができる。

35 우리 민법 제322조에서는 유치권자가 채권의 변제를 받기 위해 유치물 전부를 경매할 수 있음을 알 수 있다. 그러나 일본에는 이러한 규정이 없다.

에서도 목적물을 유치하는 방법을 취할 수밖에 없다. 이러한 유치는 유치권자에게 상당한 부담이 될 수 있기 때문에 이를 해결할 수 있는 방안으로 목적물에 대한 경매신청권을 인정해주어야 한다는 주장[36]도 있다.[37] 이에 대하여 최고재판소 판례는 아직 판시된 바 없으나 하급심판례에서는 유치권자의 경매신청권을 인정하는 판시[38]를 내리기도 하였다.[39]

일본 유치권의 소멸사유는 채무자가 상당한 담보를 제공한 경우 유치권이 소멸되도록 청구할 수 있다.[40] 유치권자가 채무자의 승낙 없이 유치물을 사용하거나 임대하고 담보를 제공하는 행위를 한 경우 채무자는 유

36　公井宏與, 「擔保物權法(民法講義3)」, 成文堂, 2008, 152頁; 道恒內弘人, 「擔保物權法(第3版)」, 有斐閣, 2008, 41頁.

37　일본에서는 다른 담보물권처럼 유치권에도 경매권을 인정해줄 것인가에 대해 견해의 대립이 있다. 다수설의 입장은 경매법상 유치권자를 여러 경매권자에 포함시키고 있기 때문에 유치권에도 경매청구권이 있는 것으로 해석하고 있다(我妻榮, 「担保物權法」, 岩波書店, 昭和43(1968), 44-45頁). 반면에 유치권 명문에 경매권이 규정되어 있지 않기 때문에 굳이 인정해줄 필요가 없다는 견해도 있다(소수설의 입장이다. 未弘嚴太郎, 「物權法」, 日本評論社, 1923, 102頁; 藥卽寺志光, 「留置權論 卷之二(物權編)」, 有斐閣, 明治42(1909), 25-26頁). 그리고 유치권은 목적물을 유치함으로써 담보적 작용이 발휘되는 권리이므로 우선변제권이 부여되는 권리가 아니라고 한다. 일본에서 이 견해는 유치권에 물상대위성을 인정하지 않고 일본파산법에서도 유치권에 별제권을 인정하지 않는 것을 근거로 한다(我妻榮, 「担保物權法」, 岩波書店, 昭和43(1968), 26頁). 그러나 유치권을 인정하기 때문에 명문 규정을 두는 것이고 이와 더불어 일본 민사집행법 규정에서는 유치권에 기한 경매신청권 규정을 명백하게 두고 있다([**第百九十五条(留置權による競売及び民法、商法その他の法律の規定による換価のための競売)**] 留置權による競売及び民法、商法 その他の法律の規定による換価のための競売については、担保權の実行としての競売の例による). 이 규정을 근거로 소수의 반대견해들이 있으나 유치권자에게 경매신청권을 인정해야 한다는 견해에는 대부분 어느 정도 이상 동의하고 있는 실정이다(石渡哲, "留置權による競賣の賣却條件と換價金の處理", 「白川和雄 先生古稀記念, 民事紛爭をめぐる法的諸問題」, 信山社出版, 1999, 449頁).

38　판례에서는 유치권에 기한 경매를 인정하였다. 일본에서는 유치권자의 경매신청권을 인정여부에 대하여 본 판결로 학설대립의 논란을 어느 정도 종식시켰다(日東京地方裁判所, 昭和60(1985. 5. 17. 判決), 弟125号, 執行異議申立事件(判例時報 1181号 111頁).

39　우선변제권이 없는 경매신청권이 실익이 있는지는 아직도 논쟁 중이다(장 건, "일본민법상 유치권자의 경매신청권에 관한 연구", 「법과 정책」 제18권 제1호, 2012, 352면.).

40　**第三百一条(担保の供与による留置權の消滅)**
債務者は、相当の担保を供して、留置權の消滅を請求することができる。

치물을 소멸하도록 청구할 수 있다.[41] 유치권자가 유치물에 대한 점유를 상실한 경우에도 유치권은 소멸한다.[42] 그러나 유치물을 임대 또는 질권의 목적으로 점유를 상실한 경우에는 유치권이 소멸하지 않는다. 유치권자는 선량한 관리자의 주의의무로 유치물을 점유할 것을 요구하고 있어[43] 이를 위반할 시에도 유치권은 소멸한다.[44] 그러나 유치권자가 유치물을 임대 또는 는 입질한 경우 유치권자가 간접점유를 보유하고 있기 때문에 점유가 상실되어도 유치권이 소멸하지 않는다(일본민법 제302조 단서).[45] 또한, 점유를 이탈하는 상황이 발생하여 점유회복청구권에 따라 점유의 계속이 의제될 수 있는 상황에서도 유치권은 소멸하지 않는다.[46]

....

[41] 第二百九十八条(留置権者による留置物の保管等)
　2 留置権者は、債務者の承諾を得なければ、留置物を使用し、賃貸し、又は担保に供することができない。ただし、その物の保存に必要な使用をすることは、この限りでない。
　3 留置権者が前二項の規定に違反したときは、債務者は、留置権の消滅を請求することができる。

[42] 第三百二条(占有の喪失による留置権の消滅)
　留置権は、留置権者が留置物の占有を失うことによって、消滅する。ただし、第二百九十八条第二項の規定により留置物を賃貸し、又は質権の目的としたときは、この限りでない。

[43] 第二百九十八条(留置権者による留置物の保管等)
　1 留置権者は、善良な管理者の注意をもって、留置物を占有しなければならない。
　3 留置権者が前二項の規定に違反したときは、債務者は、留置権の消滅を請求することができる。

[44] 일본파산법상에서도 소멸사유를 살펴볼 수 있는데 유치권에 의해 담보된 채권액수는 목적물의 가액과 비교해볼 때 그 액수가 적은 경우가 빈번하다고 한다. 이 경우 채권액 상당에 해당하는 담보를 제공하여 유치권을 소멸시킬 수도 있다. 또한 담보를 제공하는 자는 일반적으로 채무자인 경우가 많으나 채무자와 소유자가 다른 경우 소유자도 역시 담보를 제공하면서 그 유치권을 소멸시킬 수 있으며 담보의 종류에는 제한이 없다. 그 이외의 선관의무 위반이 있는 경우에도 유치권 소멸청구가 가능한데 이러한 청구는 형성권에 해당하며 유치권자에 대하여 행사하면 그 유치권은 소멸한다. 민법의 유치권은 파산재단에 대해서는 효력을 잃는다([日本破産法(留置権の取扱い] 3　第一項に規定するものを除き、破産手続開始の時において破産財団に属する財産につき存する留置権は、破産財団に対してはその効力を失う).

[45] 公井宏典,「擔保物權法(民法講義3)」, 成文堂, 2008, 152頁; 道恒内弘人,「擔保物權法(第3版)」, 有斐閣, 2008, 41頁; 宋尾弘/古積健三郎,「物權·擔保物權法」, 弘文堂, 平成20, 266頁.

[46] 内田貴,「債權總論·担保物權(民法 Ⅲ)」, 東京大學出版會, 2005, 507頁.

(2) 독일

독일에서 유치권[47]의 가장 특이한 점은 법적 성질이 채권이므로[48] 반대채권의 채무자에 대해서만 주장 가능한 권리에 불과하다는 것이다.[49] 독일 유치권의 법적 성질이 우리와 다르게 채권인 이유는 우리와 독일 간 거래 관행 차이 때문이다. 우리는 건축수급인이 비용을 먼저 들여 공사를 진행하며 완공한 이후 그 비용을 보전받는 거래 관행이 있다.[50] 따라서 이러한 비용을 보전받을 수 있게 유치권의 물권성이 강조된 것이다. 반면에 독일에서는 건축수급인이 비용을 먼저 들여 공사를 진행하는 거래관행이 없다. 계약관계를 토대로 건물을 완공하므로 공사수급인이 행사하는 유치권에 물권성을 강조할 필요가 없는 것이다.[51]

독일에서의 유치권(Zurückbehaltungsrecht)[52]은 독일민법(BGB)에 규정되어 있고 그 내용은 독일민법(BGB) 규정의 여러 곳에 산재되어 있다.[53] 어느

---

47 독일에서는 독일민법(BGB) 제273조에서의 일반적 유치권이 일반규정의 역할을 하고 동시이행항변권은 독일민법(BGB) 제320조에서 따로 규정하고 있다.

48 Claus Ahrens, Zivilrechtliche Zuruckbehaltungsrechte, 2002, S. 19.

49 김성욱, "유치권 제도의 운용과정에서의 법적 문제", 법학연구 제16권 제1호, 인하대학교 법학연구소, 2013, 8면.

50 실제 건축을 할 경우 은행에서는 먼저 토지를 담보로 대출해준다. 이후 공사수급인이 건축을 어느 정도 진행하게 되면 그 정도에 따라 은행은 재대출을 해준다. 여기서 어느 정도로 해당 건축을 완공할 때까지의 모든 비용의 경우 공사수급인이 지출하는 것이 우리 특유의 관행이다. 이러한 거래 관행이 만연해 있을지라도 공사수급인의 경우 수익을 창출하려면 어쩔 수 없이 응해야 한다. 이는 오늘날의 시장경제의 시대적 모습과도 맞닿아 있다.

51 Claus Ahrens, Zivilrechtliche Zuruckbehaltungsrechte, 2002, S. 33.

52 독일민법(BGB)의 연혁을 살펴보면 프로이센일반란트법(ALR)으로부터 영향을 받았다. 일례로 유치권을 채권 편에서 채권적인 급부거절권의 일종으로 파악하여 이후 통일적인 제도로 발전시킨 부분이 있다. 프로이센일반란트법(ALR)에서는 유치권을 타인의 물건을 보유하는 자가 자신의 반대채권의 만족을 얻을 때까지 물건을 점유할 수 있는 권능으로 정의하였다(ALR 제536조). 유치권이 인정되는 채권은 물건 자체와 관련해 성립한 것으로 규정하였다(ALR 제539조). 유치권에 물권적 효력을 부여하지 않았기 때문에 제3자에 대하여 유치권을 주장할 수 없게 규정하였다(ALR 제546조).

53 Claus Ahrens, Zivilrechtliche Zuruckbehaltungsrechte, 2002, S. 19; 유치권에 관해 일반규정 없이 아래에서 살펴볼 프랑스민법처럼 개별적인 규정만을 두고 있다. 독일에서는 유치권에 대해 독일민법(BGB) 제273조가 일반규정의 역할을 하고 동시이행항변권은 독일

하나의 통일적인 유치권 규정이 있는 것이 아니라 유치권이 필요한 상황마다 유치권이 규정되어 있는 것이다.[54]

독일에서는 유치권을 급부거절의 유형으로 구분하고 있다. 독일 유치권은 인적인 항변권 성격을 가지고 있는 일반적 유치권(Allgemeines Zurückbehaltungs recht, BGB § 273 Ⅰ), 특별유치권(BGB § 273 Ⅱ), 점유의 효력에 따라 인정되는 점유자의 유치권(Zurückbehal tungsrecht des Besitzers, BGB § 1000)으로 대별된다.

일반적 유치권(Allgemeines Zurückbehaltungrecht)은 독일민법(BGB) 제273조 제1항에 규정되어 있고[55] 동일 채권관계로부터 발생된 2개의 채권 간에 인적 항변권의 성격을 가진 채권적 유치권을 의미한다.[56] 일반적 유치권(Allgemeines Zurückbehaltungs recht)은 채무자가 자신의 급부가 실행될 때까지는 채권자에 대하여 의무의 급부를 거절할 수 있는 권리이다.[57] 이 규정은 목적물에 비용을 들인 경우 또는 목적물로 인한 손해배상채권이 있는 경우 그 유치권이 인정된다. 다만 고의적인 불법행위로 목적물을 점유한 경우에는 유치권 성립이 제한된다.[58]

....

민법(BGB) 제320조에서, 특별한 점유자의 유치권은 독일민법(BGB) 제1000조에서 규정하고 있는 등 그 사안별로 산재되어 있다.

54 채권자와 채무자의 사정이 어떠한지 채무와 채권 간의 결속 정도가 어떠한지에 따라 법규정은 여러 형태의 모습으로 곳곳에 자리 잡고 있다(Esser-Schmidt, Schuldrecht Band AT, 8Aufl, 1995, §16Ⅱ, S. 260).

55 제273조 제1항에서의 유치권은 넓은 의미의 담보권을 의미한다(Keller, Das Zurückbehaltungsrecht nach §273 BGB, JuS 1982, S. 665).

56 Palandt, Bürgerliches, Gesetzbuch, 70. Aufl., Verlag C.H.Beck, 2011, §273 Rn. 1.

57 **BGB § 273 (Zurückbehaltungsrecht)**
(1) Hat der Schuldner aus demselben rechtlichen Verhältnis, auf dem seine Verpflichtung beruht, einen fälligen Anspruch gegen den Gläubiger, so kann er, sofern nicht aus dem Schuldverhältnis sich ein anderes ergibt, die geschuldete Leistung verweigern, bis die ihm gebührende Leistung bewirkt wird (Zurückbehaltungsrecht).

58 **BGB § 273 (Zurückbehaltungsrecht)**
(2) Wer zur Herausgabe eines Gegenstands verpflichtet ist, hat das gleiche Recht, wenn ihm ein fälliger Anspruch wegen Verwendungen auf den Gegenstand oder wegen eines ihm durch diesen verursachten Schadens zusteht, es sei denn, dass er den Gegenstand durch eine vorsätzlich begangene unerlaubte Handlung erlangt hat.
이 규정은 유치권의 특별한 경우로 파악할 수 있으므로 특별유치권이라고도 불린다. 이

일반적 유치권(Allgemeines Zurückbehaltungrecht)의 법적 성격은 앞에서
도 설시한 바와 같이 채권이다.[59] 그리고 독일민법의 입법이유서에서는 유
치권의 유치(Zurückhaltung)를 실체법상 항변권[60]으로 파악하고 있다.[61] 실
체법적 항변권에는 청구권을 연속적으로 저지하는 실권적(영구적) 항변권
(Peremptorische (dauernde) Einrede)[62], 일시적으로만 저지하는 연기적 항변
권(Dilatorische Einrede)이 있다. 독일민법(BGB) 제320조에서의 항변권 및 제
1000조에서의 점유자의 유치권과 제273조의 일반적 유치권은 연기적 항변
권으로 분류되고 있다.[63]

　　일반적 유치권(Allgemeines Zurückbehaltungrecht)의 성립요건으로는 첫째,
채무의 견련성(Konnexität)을 들 수 있다. 이는 상대방의 청구권에 대응할
수 있는 반대청구권은 동일 법적 관계(dasselbe rechtliches Verhältnis)에 인
하여야 한다는 것이다.[64] 두 번째 요건으로는 청구권의 상환성을 들 수

....
는 대상물을 반환해야 하는 의무자가 반환청구권을 행사하고 채무자가 불법행위를 하
지 않은 상황이며 목적물에 지출한 비용이나 손해배상청구권을 가지고 있는 경우, 이때
변제기가 도래하면 유치권이 인정됨을 의미한다(MünchKomm/Krüger, Bürgerliches
Gesetzbuch, Bd. Ⅰ, 5. Aufl., Verlag C.H.Beck, 2007, §273 Rn. 92.); 여기에서 인
도거절의 대상은 유체물에 한정하지 않고 일반적인 권리 역시도 포함하고 있으므로 적
용범위는 동 법 제1000조에 의한 점유자의 유치권보다 넓다(Ahrens, Zivilrechtliche Zur
ückbehaltungsrechte, Verlag Erich Schmidt, 2002, S. 167).

59 김성욱, "유치권 제도의 운용과정에서의 법적 문제", 법학연구 제16권 제1호, 인하대학교
　　법학연구소, 2013, 8면.

60 H. Roth, Die Einrede des Bürgerlichen Rechts, 1988, S. 1.

61 Mudgan Ⅰ, S. 549/550(=Mot. Ⅰ, S. 359/360).

62 실권적(영구적) 항변권(Peremptorische (dauernde) Einrede)의 예로 독일민법(BGB) 제478
　　조에서의 사업자의 소구, 제490조 제3항, 제639조에서의 하자의 항변권, 제821조에서의
　　부당이득의 항변권, 그리고 제853조의 불법행위법에서의 악의의 항변권 등을 들 수 있다.

63 H. Roth, Die Einrede des Bürgerlichen Rechts, 1988, S. 169/216.

64 채무의 견련성으로는 채무자는 자신의 채무가 발생된 것과 동일한 법적관계에 의하여
　　채권자에 대해 이행기가 도래해버린 청구권을 가지고 있는 경우에, 상대방 채무가 이행
　　될 때까지의 기간 동안, 자신이 부담하고 있는 급부를 거절가능한 권리가 제273조 제1
　　항에 규정되어 있다. 즉, 상대방의 청구권에 대응할 수 있는 반대청구권은 동일한 법적
　　관계(dasselbe rechtliches Verhältnis)에 기인하여야 한다고 한다. 이는 견련성(Konnexität)
　　을 요건으로 하고 있음을 의미한다. 제273조 제1항에서의 법적 관계라는 것은 계약관계
　　의 개념보다 넓게 이해되고 있는 것이다(Larenz, Lehrbuch des Schuldrechts, Erster Band,
　　A.T, 14. Aufl, C.H.Beck, 1987, S. 215). 그리고 동일 법적 관계(dasselbe rechtliches

있다.[65] 이는 채무자는 채권자에 대하여 청구권을 가지고 있어야 하고 채권자와 채무자는 상황에 따라 채권자가 될 수도 있고 채무자가 될 수도 있는 동일 지위이어야 한다는 것이다.[66] 셋째, 채무자의 반대청구권의 변제기가 도래(fälligkeit der Ansprüche)하여야 한다.[67] 변제기가 도래하지 않은 채권에 대해서는 유치권이 인정되지 않는다.[68] 넷째, 신의성실의 원칙 등 유치권 배제사유에 해당하지 않아야 한다.[69]

일반적 유치권(Allgemeines Zurückbehaltungrecht)의 효력은 다음과 같다. 첫째, 독일 유치권은 법적 성질이 채권이기 때문에 반대채권의 채무자에 대해서만 주장할 수 있는 권리에 불과하다.[70] 이러한 이유로 부동산에 대

....
Verhältnis)는 채권관계에 대해서도 적용될 뿐만 아니라 물권적 청구권에 대해서도 (Larenz, Lehrbuch des Schuldrechts, Erster Band, A.T, 14. Aufl, C.H.Beck, 1987, II 18 II 5, S. 214; Blomeyer(Arwed), Allgemeines Schuldrecht, 2.Aufl., Franz Vahlen GmbH, 1957, § 21 I 3, S. 112; RGZ 114, 268[정정등기청구권 내용]; RGZ 163, 62[가등기말소의 절차하에서의 승낙청구권 내용]) 가족법 영역에서도(Emmerich(vollker), Grundlagen des Vertrags und Schuldrechts, Verlag Franz Vahlen, 1974, §9 I 1, S. 345) 인정될 수 있다(매우 순수한 가족관계하에서의 적용되기는 곤란한 측면이 있으며, 예를 들어, 부양청구권의 경우는 법률관계의 성질을 고려해볼 때, 유치권의 행사가 배제된다고 한다[RGZ 152, 75]); 판례의 입장으로는 견련성을 인정할 때에 고려해야 할 것으로 양 청구권이 i) 무효인 계약의 체결의 사례와 같이 "동일 사건(derselbe Vorgang)"에 기초하고 있는 경우(RGZ 72, 65; 85, 135; 108, 336), ii) 다른 계약이라 하여도, 그것이 동일하고, 경제적인, 그리고 계속적인 관계가 이루어지는 경우라면 견련성이 인정된다고 판단하고 있다. 즉, 견련성이라 함은 동일한 계약관계의 개념보다 더 넓은 개념으로 파악하고 있고(Larenz, Lehrbuch des Schuldrechts, Erster Band, A.T, 14. Aufl, C.H.Beck, 1987, S. 216) 자연적, 경제적인 관련 (natürlicher und wirtschaftlicher Zusammenhang)만 있게 되는 경우라면 그 견련성을 인정하는 입장임을 알 수 있다(J. Esser, Schuldrecht I, 4. Aufl., 1970, §24 I, S. 261).

65 Larenz, Lehrbuch des Schuldrechts, Erster Band, A.T, 14. Aufl, C.H.Beck, 1987, S. 213.

66 청구권의 상환성은 동일 법적 관계(dasselbe rechtliches Verhältnis)로부터 발생하나 동시이행항변권에서의 상환성은 쌍무계약으로부터 발생한다(J. Esser, Schuldrecht I, 4. Aufl., 1970, §24 I, S. 261).

67 Larenz, Lehrbuch des Schuldrechts, Erster Band, A.T, 14. Aufl, C.H.Beck, 1987, S. 213; Keller, Das Zurückbehaltungsrecht nach §273 BGB, JuS 1982, S. 665f; BGHZ 73, 317, 319 = NJW 1979, S. 1203).

68 Larenz, Lehrbuch des Schuldrechts, Erster Band, A.T, 14. Aufl, C.H.Beck, 1987, S. 213.

69 RG Recht 1906, 292; RGZ 152, 73.

70 RGZ 68, 278, 282; Bamberger/Roth/Unberath, Kommentar zum Bürgerlichen Gesetzbuch: BGB Band 2, C.H.BECK, 2012, Rdn. 7 zu §274; Medicus(Dieter)/Lorenz(Stephan), Schuldrecht I,

해 제3자에 의하여 강제집행절차가 개시된 경우 유치권자인 점유자는 채권법상의 지위에 있기 때문에[71] 담보권자에게 대항할 수 없다.[72] 유치권이 채권이기 때문에 부동산 경매절차상의 매수인 또는 저당권자에 대하여도 대항할 수 없는 것이다. 이 점은 우리와 매우 다르다. 우리는 유치권에 물권성을 부여하고 있기 때문에 부동산 경매절차상의 매수인 또는 저당권자에 대해서 대항할 수 있다. 따라서 본서의 주제인 부동산 경매절차에서 유치권과 다른 이해관계인 간 우열을 논의할 경우 그 직접적인 비교연구가 어렵다.

그러나 다음과 같은 예외가 있다. ① 점유자가 물건에 비용을 지출한 경우이다. 독일민법 제999조 제2항에서 비용을 지출한 점유자는 목적물의 양수인에 대하여 비용상환을 청구할 수 있다.[73] 제1000조에서도[74] 고의적인 불법행위에 의해 점유가 개시된 사정이 없는 한, 점유자는 자신의 비용을 상환받을 때까지 제3자에 대하여 목적물을 유치할 수 있다.[75]

....

Allgemeiner Teil. 18.Aufl., C.H.Beck, 2008, §22 Ⅲ 1; MünchKomm/Krüger, Bürgerliches Gesetzbuch, Bd. Ⅰ, 5. Aufl., Verlag C.H.Beck, 2007, Rdn. 103 zu §273.

71 이상태, "유치권에 관한 연구-대항력제한을 중심으로-(대법원 2009. 1. 15. 선고 2008다70763 판결)", 토지법학 제26-1호, 2010, 91면.

72 김성욱, "유치권 제도의 운용과정에서의 법적 문제", 법학연구 제16권 제1호, 인하대학교 법학연구소, 2013, 8면.

73 Münchener(Baldus), Münchener Kommentar zum Bürgerlichen Gesetzbuch, 5.aufl., Carl Heymanns Verlag, 2009, §999. Rn. 2.

74 **BGB § 1000 (Zurückbehaltungsrecht des Besitzers)**
    Der Besitzer kann die Herausgabe der Sache verweigern, bis er wegen der ihm zu ersetzenden Verwendungen befriedigt wird. Das Zurückbehaltungsrecht steht ihm nicht zu, wenn er die Sache durch eine vorsätzlich begangene unerlaubte Handlung erlangt hat.

75 독일민법 제273조 제2항에서의 유치권과 제1000조와의 유치권의 큰 차이는 전자는 이행기가 도래하였음을 요구하고 있는데 후자는 이와 같은 제한이 전혀 없다는 점이다 (Looschelders(Dirk), Schuldrecht Allgemeiner, Teil, 3.Aufl., Carl Heymanns Verlag, 2005, Rn. 346). 그리고 독일민법 제1001조를 살펴보면 비용상환의무의 변제기는 비용상환시이거나 비용지출승인시로 하여 아직은 변제기가 도래하지 않는 경우에는 독일민법 제273조 제2항에서의 유치권을 행사하지 못하게 된다. 이와 같은 문제를 방지하기 위해서 독일민법 제1000조에 의하여 방지가 되곤 한다(Münchener(Baldus), Münchener Kommentar zum Bürgerlichen Gesetzbuch, 5.aufl., Carl Heymanns Verlag, 2009, § 1001. Rn. 1).

② 유치물이 동산인 경우이다. 타인의 점유하에 있는 동산을 양도하게 되는 경우 현실의 인도에 갈음하여 양도인으로서는 점유자에 대해 가지고 있는 반환청구권의 양도를 통하여도 점유이전을 할 수 있다(BGB § 931). 이 경우 전득자가 매수하였던 물건의 점유를 취득하려면 자신의 앞의 권리자로부터 자신에게 양도된 권리를 행사하지 않을 수 없을 것이다. 이 경우 전득자로서는 점유자가 양도인에 대해 주장 가능한 일체의 항변으로 대항을 받는다. 따라서 만약 점유자가 유치권을 취득한 경우라면 점유자는 유치권으로 전득자에 대하여 대항할 수 있다.[76]

③ 채권양도의 경우이다. 독일민법 제404조에서는 "채무자는 채권양도를 할 당시 양도인에 대하여 대항사유를 근거로 하여 양수인에 대해 대항할 수 있다"고 규정되어 있다. 따라서 유치권자는 새로운 채권자에 대하여 대항할 수 있다.

둘째, 독일에서는 일반적유치권(Allgemeines Zurückbehaltungrecht)을 급부거절권으로 파악하고 있기 때문에 일반적유치권은 급부거절효의 효력을 가지고 있다. 이 급부거절권은 물건인도에 한정되는 것이 아니고 작위의무, 수인의무, 부작위의무에서도 행사될 수 있다.[77]

셋째, 권리형성효를 들 수 있다. 권리형성효는 무제한적인 의무의 의미로 판단되는 청구권의 의미를 동시이행에서의 급부의 의미로 변경시켜 준다.[78]

넷째, 지체면제효를 들 수 있다. 지체면제효로 인해 유치권자는 채무자에 대하여 자신의 반대급부를 제공하지 않아도 유치권이 있기 때문에 당초부터 지체에 빠지지 않는다.[79]

---

76 그런데 부동산의 경우는 전득자의 안전 문제가 공시원리에 의해 보장되기 때문에 일반적유치권상 대항력이 인정되지 않는다. 이는 비용지출을 근거로 하는 점유자의 유치권만이 제3자에 대해서도 대항력을 가지게 되는 것이다.

77 Brox(Hans), Allgemeiner Teil des BGB, Vahlen, 2017, §12 I 4 a.

78 H. Roth, Die Einrede des Bürgerlichen Rechts, 1988,, S. 183f.

79 Ahrens(Claus), Die Einrede des Bürgerlichen Rechts, C.H.Beck, 1994, S. 159.

지금까지는 일반적 유치권(Allgemeines Zurückbehaltungrecht)을 살펴보았는바, 다음으로는 특별유치권(BGB § 273 Ⅱ)을 검토한다. 독일민법(BGB) 제273조 제2항에서 목적물을 인도해야 하는 의무를 지는 자는 목적물에 대하여 비용을 지출한 경우 또는 목적물과 관련하여 손해가 발생하여 이행기가 도래한 청구권을 가지는 경우에 유치권을 행사할 수 있다고 규정하고 있는데, 이를 특별유치권(BGB § 273 Ⅱ)이라 한다.[80]

세 번째로 점유자의 유치권(Zurückbehal tungsrecht des Besitzers)은 점유자에게 소유물반환청구권에 대한 항변권을 제공해주는 권리이다. 점유자는 자신이 지출한 비용을 보전받기까지 해당 물건의 반환의 거절이 가능하다.[81] 점유자의 유치권의 요건으로는 소유자가 점유자에 대하여 소유물 반환청구의 소를 제기하여야 한다.[82] 그리고 점유자는 점유할 권리를 가지지 못한 부적법한 점유자가 아니어야 한다.[83] 또한, 점유자는 상대방이 반환을 요청하는 목적물에 대해 비용을 들였어야 한다.[84]

(3) 그 밖의 국가

1) 스위스

스위스 유치권의 대표적인 규정은 ZGB 제895조이다. 유치권자는 점유하는 동산, 유가증권에 대하여 채권이 변제기에 도달하고 목적물과 견련

---

80 MünchKomm/Krüger, Bürgerliches Gesetzbuch, Bd. I, 5. Aufl., Verlag C.H.Beck, 2007, § 273 Rdn. 82.

81 **BGB § 274 (Wirkungen des Zurückbehaltungsrechts)**
    (1) Gegenüber der Klage des Gläubigers hat die Geltendmachung des Zurückbehaltungsrechts nur die Wirkung, dass der Schuldner zur Leistung gegen Empfang der ihm gebührenden Leistung (Erfüllung Zug um Zug) zu verurteilen ist.

82 당연하게도 이 시점에서의 유치권자는 목적물의 점유자이어야 한다.

83 소유물반환청구권의 상대방인 점유자가 고의적인 불법행위를 근거로 물건의 점유를 획득한 경우에는 이 점유자의 유치권이 배제되어 그 대항력이 부정된다(BGB § 1000 [Zurückbehaltungsrecht des Besitzers])

84 여기에서 의미하는 비용은 BGB 제994조의 필요비(Notwendige Verwendungen), 제995조의 부담(Lasten), 제996조의 유익비(Nützliche Verwendungen) 등을 의미한다 (MünchKomm/Medicus, 3.Aufl, 1997, §1000).

성이 있는 경우에 채권을 변제받기까지 유치할 수 있다(ZGB 895 I).[85]

스위스 유치권의 법적 성질은 물권성이 인정되고 담보물권이다. 스위스에서 유치권의 대상은 부동산이 아닌 동산과 유가증권에 한정하였다. 유치권의 대상에 부동산을 제외한 이유는 부동산에 물권으로서의 유치권을 인정해주어 발생하는 폐해를 미리 예방하고자 한 것이다.[86] 스위스 유치권은 채권이 소멸할 때까지 유치권자는 그 채권을 담보로 유치할 수 있고 유치물을 질권(Faustpfand)에서의 경우와 같이 환가도 할 수 있다(ZGB § 898 I).[87]

스위스 유치권의 성립요건으로는 채권의 변제기가 도래해야 하고[88] 유치의 목적물로서의 동산과 유가증권이 존재해야 한다. ZGB 제895조 제1항에 따르면 유가증권은 스위스 채무법 제965조[89]에 규정되어 있는 무기명증권, 지시증권, 지명증권을 의미한다. 채무자 의사에 따른 채권자의 점유

---

85 Art. 895 B. (Retentionsrecht)

　　1 Bewegliche Sachen und Wertpapiere, die sich mit Willen des Schuldners im Besitze des Gläubigers befinden, kann dieser bis zur Befriedigung für seine Forderung zurückbehalten, wenn die Forderung fällig ist und ihrer Natur nach mit dem Gegenstande der Retention in Zusammenhang steht.

86 Art. 895 B. (Retentionsrecht)

　　1 Bewegliche Sachen und Wertpapiere, die sich mit Willen des Schuldners im Besitze des Gläubigers befinden, kann dieser bis zur Befriedigung für seine Forderung zurückbehalten, wenn die Forderung fällig ist und ihrer Natur nach mit dem Gegenstande der Retention in Zusammenhang steht.

87 Art. 898 B. (Retentionsrecht)

　　1 Kommt der Schuldner seiner Verpflichtung nicht nach, so kann der Gläubiger, wenn er nicht hinreichend sichergestellt wird, die zurückbehaltene Sache nach vorgängiger Benachrichtigung des Schuldners wie ein Faustpfand verwerten.

88 채권자가 유치권을 주장하는 그 당시에 그 채권의 변제기 도래가 개시되어야 한다. 변제기의 도래는 점유를 취득하는 시점이 아니고 물건을 반환해달라는 요청에 대해 거절하는 그 시점에 도래해야 한다(BGE 59 III 102).

89 Art. 895. (Begriff des Wertpapiers)

　　Wertpapier ist jede Urkunde, mit der ein Recht derart verknüpft ist, dass es ohne die Urkunde weder geltend gemacht noch auf andere übertragen werden kann.

가 있어야 하고[90] 목적물은 타인의 소유이어야 한다.[91] 유치목적물과 채권[92] 간 견련성도 있어야 한다(ZGB 제895조 제1항). 이처럼 견련관계가 성립하기 위한 요건은 상사유치권보다 민사유치권이 더 엄격하다.[93]

스위스 유치권은 채무자의 무권원에 대하여 악의인 제3자는 유치권을 취득할 수 없다.[94] 스위스 유치권은 유치적 효력 이외에도 경매청구권이 부여되어 있음이 우리와 유사하다. 그러나 우선변제권까지 부여되어 있다 는 점에서 우리와 차이가 있다(ZGB § 898, 897).[95]

스위스 유치권은 동산, 유가증권을 대상으로 하고 부동산은 제외하고 있기 때문에(ZGB 895 Ⅰ) 본서에서의 구성인 부동산 경매절차 3단계에서 유 치권의 적용국면과는 직접적인 비교논의가 어렵다. 그러나 동산, 유가증 권을 유치권의 대상으로 하고 있어 부동산을 제외하는 점은 입법론 측면 에 있어서는 소정의 검토가 가능하다.

2) 프랑스

프랑스의 유치권(droit de rétention)은 채무자의 물건을 소지하고 있는 채 권자가 자신의 채권이 실현될 때까지 해당 물건의 반환에 거절이 가능한 권능[96]이다.

---

90 Oftinger/Bär, Zürcher Kommentar ZGB, Das Fahrnispfand. Art. 884−918, 3. Aufl., Verlag Zürich, 1981, Art. 895, N. 49.

91 유치권의 목적물은 채권자의 소유가 아니어야 하고 타인의 물건만이 그 대상이 된다 (Bemerkomm/Zbol, ZGB, Art. 895, N. 47f).

92 BGE 86 Ⅱ 362, 71, Ⅱ 88, 20, 929.

93 **Art. 895 B. (Retentionsrecht)**
  2 Unter Kaufleuten besteht dieser Zusammenhang, sobald der Besitz sowohl als die Forderung aus ihrem geschäftlichen Verkehr herrühren.

94 Basler/Rampini/Vogt, 2003, Art. 895 ZGB N 49ff.

95 Riemer, Die beschrankten dinglichen Rechte, 2 Aufl. 2000, S. 170 ; Rampini/Vogt, N 7.

96 cf. M. Bourassin, V. Brémond et M.−N. Jobard−Bachellier, Droit des sûretés, 2e éd., Sirey, 2010, n°1346 ; M. Cabrillac, Ch. Mouly, S. Cabrillac et Ph. Pétel, Droit des sûretés, 8e éd.,Litec, 2008, n°589 ; etc.

1804년에 제정된 프랑스 민법전을 살펴보면 독일과 유사하게 유치권에 관한 통일적인 규정이 없음을 알 수 있다.[97] 또한, 프랑스 민법전에는 유치(rétention)의 개념 정의 자체도 없다.[98] 로마법과 유사하게 유치권과 관련된 여러 규정을 통합해놓은 형태가 아니라 각개의 경우에 따른 급부거절권(droit de rétention)의 모습으로 인정되고 있을 뿐이다.[99] 이 점에서 프랑스 유치권은 로마법적인 전통이 가장 강하게 남아 있다고 할 수 있다.

프랑스 민법전 이후 프랑스에서는 2006년에 담보법 개정[100]을 통해 프랑스 민법전에 있어서 제4권 '담보법'의 일반규정(제2286조)에 유치권과 관련한 명문규정이 신설되었다.[101] 신설규정된 제2286조를 살펴보면 총론 규정 중 유치권(droit de rétention)과 관련된 규정은 제2286조 규정 하나다.

이 규정에서는 종래에 인정되고 있었던 유치권의 3가지 견련성(connexité)을 명문화하고 있다.[102] 첫째, 약정에 의한 견련성(connexité)이다.

----

97 다른 국가와는 달리 프랑스에서 통일적인 유치권 규정을 두지 않은 이유는 과거 프랑스 학자들이 통일규정의 필요성에 대해 관심이 없었기 때문이다. 당시 분위기는 개별적 사례가 등장할 때마다 그 문제를 해결하기 위한 실질적인 해결책으로써 유치권을 이해하고 있었다(Bobes Le cas d'application droit de rétention, 1913, p. 67; Marty et Raynaud, Droit civil, t. Ⅲ, 1er vol, Les Suretès, La Publicitère, Sirey, 1971, n° 17). 따라서 여러 경우에 적용되는 유치권의 규정이 곳곳에 산재해 있는 형태가 되었다.

98 이상태, "유치권에 관한 연구―대항력제한을 중심으로―(대법원 2009. 1. 15. 선고 2008다 70763 판결)", 토지법학 제26―1호, 2010, 87면.

99 프랑스 민법 제1612조, 제1613조, 제 1948조 등, 이런 식으로 유치권 관련 규정은 통일적이지 않으며, 흩어져 있다(清水元, 「留置權槪念の再構成」, 一粒社, 1998, 8頁).

100 이러한 개정은 「담보에 관한 2006년 3월 23일, 오르도낭스(Ordonnance du 23 mars 2006 relative auxsûreté」에 의한 것이며 오르도낭스는 '법률 명령'으로 번역된다(이하 '2006년 개정담보법'으로 약칭한다).

101 유치권에 관한 일반규정인 제2286조 규정을 만들기 전까지는 유치권은 개별적으로 규정되어 있었다. 개별적 규정 부분은 다음과 같은 두 가지가 있다. 동시이행항변권의 일종으로 보는 유치권에는 Code civil des Français Article 제545조(공용징수된 토지소유자의 유치권), 제1612조, 제1613조,(매수인이 해당 대금을 지급할 때까지의 매도인의 유치권), 1673조(환매특약에서의 유치권), 제1948조(수취인의 유치권)가 있다. 그리고 채권과 물건 간 견련관계가 있는 경우에서의 유치권에는 Code civil des Français Article 제570조(공용징수 시 원소유자의 유치권), 제867조, 제2280조가 있다. 그런데 이 두 가지 권리는 독립된 권리로 판단하는 견해가 있다(정두진, "프랑스 민법에서의 유치권 제도에 관한 소고", 국제법무 제4집 제2호, 제주대학교 법과정책연구소, 2012, 71면).

102 김성욱, "유치권 제도의 운용과정에서의 법적 문제", 법학연구 제16권 제1호, 인하대학교

개정담보법 제2286조 제1항 제1호에서는 자신의 채권이 실현될 때까지 소지 가능한 물건을 제공받은 자의 경우 유치권을 행사할 수 있다고 규정한다. 이것은 채무변제를 담보할 목적으로 특정 물건이 채권자에게 제공된 모든 경우를 포함하는 것이다.[103]

둘째, 법적 견련성이다. 개정담보법 제2286조 제1항 제2호에서는 채권자의 채권이 계약으로부터 비롯되었고 계약에 의하여 물건의 인도를 부담하고 있는 자는 유치권을 행사할 수 있다고 규정하고 있다. 이것은 법적 견련성을 근거로 행사하는 유치권이다.[104]

셋째, 사실적 견련성이다. 프랑스 민법전 제2286조 제1항 3호에 따르면 물건을 소지하면서 발생한 채권이 미지불된 경우에 채권자는 유치권을 행사할 수 있다고 규정하고 있다. 이것은 사실적 견련성을 근거로 행사하는 유치권이다.[105]

유치권을 물권인 담보물권으로 볼 것인지에 대하여 프랑스 내에서도 학설이 대립하고 있다.[106] 담보물권과는 유사하긴 하나[107] 정확하게 담보물권의 지위를 가졌는지는 명확하지 않다.[108] 또한, 유치권이 담보물권으로 확정되려면 담보법 제2편에서의 "담보물권" 편에 있어야 하는데 프랑스 유치권은 이 담보물권 편에 있지 않고 담보법의 일반규정으로서 서두 부분에 있기 때문에 문제가 된다. 따라서 유치권 조항을 새롭게 개정하여 프랑스민법 부분에 명문규정을 두었다고 해도 프랑스 유치권의 담보물권성

....
     법학연구소, 2013, 7면.

103 L. Aynèis et P. Crocq, op. cit., n.447.

104 김성욱, "유치권 제도의 운용과정에서의 법적 문제", 법학연구 제16권 제1호, 인하대학교
     법학연구소, 2013, 7면.

105 기타 프랑스 유치권에 관한 내용은 남궁술, "프랑스민법전의 유치권에 관한 연구", 「민
     사법학」 제49-2호, 한국민사법학회, 2010, 50~78면; 정두진, "프랑스 민법에서의 유치권
     제도에 관한 소고", 국제법무 제4집 제2호, 제주대학교 법과정책연구소, 2012, 67~87면
     참조.

106 장 건/서진형, "프랑스민법상 유치권제도에 관한 연구", 민사집행연구 제10권, 2014,
     436면.

107 담보물권과의 유사성과 관련해서는 Bourassin, Brémond et Jobard-Bachellier, Droit des
     sûretés, 2e éd., Sirey, 2010, n° 1383 참조.

108 Bourassin, Brémond et Jobard-Bachellier, Droit des sûretés, 2e éd., Sirey, 2010, n° 1384.

인정 여부에 의문점이 해결되었다고는 볼 수 없다.[109]

유치권의 법적 성질 요건과 효과 등 논란이 있는 부분에서도 다수의 프랑스 판례에서는 유치권의 담보물권성을 부정하고 있지만[110] 프랑스 내에서는 이러한 입장에 대하여 문제를 제기하는 학자가 거의 없다.[111] 프랑스 개정담보법 서두 부분에 담보물권과는 전혀 무관한 채무자의 책임재산과 관련된 규정[112]이 있는 것을 보면 프랑스담보법 서두 부분에 유치권의 규정이 신설되었다 할지라도 이와 같은 유치권을 굳이 담보물권으로 판단하기에는 어려움이 따를 것으로 보인다.[113] 그러므로 프랑스의 유치권은 채권적 급부거절권으로 이해하여야 한다. 유치권을 명확하게 담보물권으로 체계화하고 있는 우리와 차이가 있다는 견해도 프랑스 유치권의 물권성을 인정할 수 없음을 뒷받침하고 있다.[114] 따라서 프랑스 유치권에 담보물권성을 인정해줄 것인지는 명확하지 않다.[115]

....

109 남궁술, "프랑스민법전의 유치권에 관한 연구", 「민사법학」 제49-2호, 한국민사법학회, 2010, 56면.

110 프랑스 판례의 입장은 유치권의 담보물권성을 부정하고 있다. 해당 사안에서의 논점은 도산절차에서 유치권자가 자신의 유치권을 신고해야만 하는 것인가와 관련된 것이다. 파기원(프랑스 대법원)은 이 유치권자의 신고의무를 면제시켜 유치권의 담보물권성을 부인하였다(Cass. com. 20 mai 1997, Bull. civ. IV.° n° 14(1)). 또한 질권과는 다르게 유치권에 유치물에 의한 재판상의 변제권을 부여해주지 않음으로써 담보물권성을 부인한 판례(Cass. com. 9 juin 1998, Bull. civ. IV.° n° 181)도 있다(남궁술, "프랑스민법전의 유치권에 관한 연구", 「민사법학」 제49-2호, 한국민사법학회, 2010, 54~55면). 물론 매우 엄격한 요건에 있어서만 프랑스 유치권의 물권적인 효력을 인정한 극소수 판례가 있긴 하다(곽윤직(편집대표), 「민법주해(VI) 물권(3)」, 박영사, 2006, 277면).

111 남궁술, "프랑스민법전의 유치권에 관한 연구", 「민사법학」 제49-2호, 한국민사법학회, 2010, 56면.

112 책임재산과 관련된 조항으로는 제2284조와 제2285조가 규정되어 있다.
제2284조 사적으로 채무를 부담하고 있는 자는 자신의 모든 현재와 장래의 동산 및 부동산으로 그 채무를 이해하여야 한다.
제2285조 채무자의 재산은 채권자들의 공동담보로 된다. 그 대금은 채권자 중 합법적인 우선권을 가지고 있지 않는 한, 각 채권액에 비례하여 채권자들 측에 분배된다.

113 Bourassin, Brémond et Jobard-Bachellier, Droit des sûretés, 2e éd., Sirey, 2010, n° 1384.

114 정두진, "프랑스 민법에서의 유치권제도에 관한 소고", 국제법무 제4집 제2호, 제주대학교 법과정책연구소, 2012, 87면.

115 오시영, "부동산유치권의 한계와 입법적 검토", (지암이시영박사 화갑기념논문집)토지법의 이론과 실무, 법원사, 2006, 185면; 프랑스의 유치권을 우리 유치권과 같이 담보물권

그런데 유치권 개념을 근거로 담보물권성을 부정하는 주목할 만한 견해가 있다. 프랑스에서의 유치권(droit de rétention)은 채무자의 물건을 소지하고 있는 채권자가 채권이 실현될 때까지 해당 물건의 반환에 거절 가능한 권능[116]이다. 이 점은 우리 유치권의 개념과는 다르다.[117] 우리 유치권은 확정된 담보물권이고 이에 상응하는 여러 법적 효과를 부여하고 있다.[118]

유치권은 사실상의 거절권능만을 인정하고 이는 동시이행항변권과도 차이가 있다. 따라서 프랑스의 유치권에는 어느 누구에 대해서도 대항할 수 있는 유치권의 담보물권성을 인정할 수 없는 것이다.[119]

유치권은 담보물권으로 파악하기에는 위험이 따르기 때문에, 본서 구성의 핵심인 부동산 경매절차 3단계에서 유치권의 적용국면을 논의하면서 직접적인 비교논의는 어렵다. 저당권자가 저당권을 실행하는 경우에 부동산에 있는 제3취득자가 지출하였던 비용에 기초한 증가분을 한도 내에서 제3취득자에게 인정해준다.[120] 그러므로 부동산에 대한 유치권의 성립 여부와 대항력 및 우열과 관련된 논의를 프랑스 유치권과 비교하는 것은 쉽

으로서 이론적 정립이 이뤄질지는 향후 더 지켜보아야 하므로(장 건/서진형, "프랑스민법상 유치권제도에 관한 연구", 민사집행연구 제10권, 2014, 457면) 담보물권으로 보기에는 무리가 따른다.

116 cf. M. Bourassin, V. Brémond et M.-N. Jobard-Bachellier, Droit des sûretés, 2e éd., Sirey, 2010, n°1346 ; M. Cabrillac, Ch. Mouly, S. Cabrillac et Ph. Pétel, Droit des sûretés, 8e éd.,Litec, 2008, n°589 ; etc.

117 남궁술, "프랑스민법전의 유치권에 관한 연구",「민사법학」제49-2호, 한국민사법학회, 2010, 50면.

118 우리 민법에서의 유치권은 타인 물건이나 유가증권을 점유한 자가 그 물건 또는 유가증권과 관련해 발생한 채권이 변제기에 있는 경우 변제를 받기까지 그 물건 또는 유가증권을 유치할 수 있는 권리(민법 제320조 1항)로 보고 있다.

119 남궁술, "프랑스민법전의 유치권에 관한 연구",「민사법학」제49-2호, 한국민사법학회, 2010, 51면.

120 김연우, "상사유치권에 부동산이 포함되는지 여부 및 선행 저당권자와의 관계 대상판결 : 대법원 2013. 2. 28. 선고 2010다57350 판결", 재판과 판례 제22집, 대구판례연구회, 2013, 352면; 프랑스 유치권의 추가 논의에 관하여는 남궁술, "프랑스민법전의 유치권에 관한 연구",「민사법학」제49-2호, 한국민사법학회, 2010, 49~80면; 정두진, "프랑스 민법에서의 유치권제도에 관한 소고", 국제법무 제4집 제2호, 제주대학교 법과정책연구소, 2012, 67~90면; 장 건/서진형, "프랑스민법상 유치권제도에 관한 연구", 민사집행연구 제10권, 2014, 420~464면 참조.

지 않은 것이다. 다만, 저당부동산에 대하여 제3취득자의 비용상환청구권으로 유치권을 주장할 수 있는 프랑스 민법 제2175조[121]는 우리 법제에 시사점을 가져다줄 수 있다.

Ⅱ. 부동산 경매절차에서 유치권의 문제점
– 부동산 경매절차 3단계를 중심으로

부동산 경매절차의 여러 문제점을 본서의 구성인 부동산 경매절차 3단계를 중심으로 유치권 작용상의 문제를 검토하였다.

부동산 경매 압류단계는 제1단계의 집행처분이다. 금전채권의 만족을 얻기 위해 채무자 소유의 부동산을 국가의 지배하에 놓고 채무자의 처분권한을 사실상으로 또는 법률상으로 금지하고자 하는 국가 집행기관의 강제적 행위이며 공권적 행위이다.[122] 부동산 경매 압류단계에서 유치권의 핵심 문제는 가압류 이후 유치권의 우열, 압류 이후 유치권의 우열논제 등이 있다.

부동산 경매 현금화단계는 압류된 채무자의 부동산을 현금으로 변경하는 단계이다. 부동산을 현금화하는 방법으로는 부동산 경매절차에서 집행기관이 해당 부동산을 양도(매각)하여 그 대금을 취득하는 형태로 진행된다. 부동산 경매 현금화단계에서 유치권의 문제점은 공시제도 결여에 의한 법적 불안정성, 현황조사보고서 및 매각물건명세서의 공신력 불인정 문제, 인수주의의 불합리성, 선행저당권자의 교환가치 침탈, 매수희망자의 입찰포기에 따른 부작용, 명도절차 지연이 있다.

부동산 경매 배당단계는 현금화한 대금을 각 채권자에게 배당해주는

---

121 **Article 2175**

Les détériorations qui procèdent du fait ou de la négligence du tiers détenteur, au préjudice des créanciers hypothécaires ou privilégiés, donnent lieu contre lui à une antion en indemnité; mails il ne peut répéter ses impenses et améliorations que jusqu'à concurrence de la plusvaluerésultant de 1'amélioration.

122 전병서, 「민사집행법」, Justitia(유스티치아), 2016, 168면.

단계이다. 배당단계에서 유치권의 문제점은 유치권자의 법률상 우선변제권 결여에 따른 문제와 이에 따른 선순위채권자의 교환가치 침해가 있다.

1. 압류단계

부동산 경매 압류단계에서 유치권을 적용하여 발생하는 주요 문제 상황으로는 가압류 이후 유치권, 체납처분압류 이후 유치권,[123] 압류 이후 유치권의 경우로 살펴볼 수 있다.[124]

유치권은 보통 수급인의 공사대금채권 또는 임차인의 필요비나 유익비 상환청구권을 피담보채권으로 하는 경우에는 문제가 되고 있지만 실무에서는 공사대금채권이 더 주로 문제가 된다. 이에 공사대금채권을 피담보채권으로 하는 유치권을 근거로 부동산 경매절차에서 가압류나 체납처분압류, 압류가 된 이후 가압류채권자나 체납처분압류채권자, 압류채권자에 대하여 대항할 수 있는지 또는 매각절차상의 매수인이 유치권을 인수해야 하는지에 대한 논의가 분분했다.[125] 이처럼 부동산 압류단계와 관련하여 법정담보물권으로서 유치권의 인정에 대한 논란이 많은데 이와 같은 유치권의 국면을 해소하기 위하여 여러 해석론 및 입법론이 제시되기도 하였다.[126]

이러한 논점과 관련하여 대법원 전원합의체 판결에서는 선행하는 체납처분압류[127]의 유치권자가 이후 민사집행절차인 부동산 경매절차의 매수인

---

123 체납처분압류 이후의 유치권의 경우는 본서의 구성인 부동산 경매절차 3단계에 따른 유치권의 적용국면과는 그 범위를 달리한다. 그러나 압류단계에서의 유치권의 문제점만을 설명할 경우에는 가압류 및 압류 이후의 유치권 논제와 함께 체납처분압류 이후 유치권 논제를 함께 논의하는 것이 합리적이다.

124 압류 전에 성립한 유치권의 우열논제는 그다지 문제가 되지 않고 있기 때문에 논의대상에서 제외하였다. 다만, 본 논의 범위는 매우 방대하므로 해당 문제 상황만을 살펴보고 그 집중적인 논의는 제2장 부동산 경매 압류단계에서의 유치권에서 검토한다.

125 오창수, "압류의 처분금지효와 유치권의 대항력", 서울법학 제22권 제3호, 서울대학교 법학연구소, 2015, 417면.

126 윤진수, "유치권 및 저당권설정청구권에 관한 민법개정안", 민사법학 제63~1호, 2013, 193면 이하 참조.

127 체납처분압류는 국세징수법을 근거로 하고 주체도 국세청이 된다. 반면에 압류는 민사집

에게 유치권을 행사 권한이 있는지에 대하여 다음과 같은 입장을 나타내고 있다. 다수의견으로는 유치권을 취득할 당시 체납처분압류가 있었더라도 이후 개시된 경매절차의 매수인에게 유치권으로 대항할 수 있다는 입장이다. 반대의견으로는 체납처분압류 이후 유치권을 취득한 경우 유치권자는 경매절차상 매수인에게 유치권을 행사할 수 없다는 입장이다.

이처럼 압류의 처분금지효의 의미 그리고 압류와 체납처분압류를 달리 판단해야 하는지에 대한 기본적인 시각차이로 인하여[128] 가압류 이후 유치권, 체납처분압류 이후 유치권, 압류 이후 유치권의 상황에서 여러 견해가 대립하고 있다.[129]

2. 현금화단계

부동산 경매 현금화단계에서는 경매절차에서 작동하는 유치권의 메커니즘과 문제 상황을 정확하게 인식하여 분쟁에서 선행저당권자와 유치권자 간 이해관계를 합리적으로 조정해나갈 필요가 있다.[130] 현금화단계에서

행법을 근거로 하고 주체는 집행관, 집행법원, 수소법원이라는 점에서 체납처분압류와는 그 범위가 다르다(김기수, "체납처분압류 후 경매개시 전에 취득한 유치권의 대항력 – 대법원 2014. 3. 20. 선고, 2009다60336 판결–", 재판과 판례 제23집, 대구판례연구회, 2014, 151면).

[128] 대법원 2014. 3. 20. 선고 2009다60336 전원합의체 판결.

[129] 이러한 문제 이외에도 집행관의 형식적인 현황조사에 따른 유치권 존재 여부 확인의 어려움, 매각물건명세서의 공신력 결여로 인한 매수인의 유치권 판별의 어려움 등의 문제가 상존하고 있다(이와 같은 추가 문제와 그 개선방안에 관하여는 이석근/권영수, "부동산집행절차에 있어 유치권의 문제", 부동산경영 제6집, 한국부동산경영학회, 2012, 61~81면 참조). 그러나 가압류 이후 유치권, 체납처분 이후 유치권, 압류 이후 유치권 쟁점은 선결적 해결과제로 검토하여야 한다. 이에 대해 어느 정도 정립되면 위 추가 문제상황은 자연적으로 해결될 수 있기 때문에 부동산 경매 압류단계에서의 문제상황에서 집중적으로 다루지 않는다.

[130] 이와 같은 문제 이외에도 부동산 경매 현금화단계에서는 공시제도 결여로 인한 문제, 매각물건명세서의 공신력 불인정, 인수주의의 불합리성, 허위·가장유치권의 폐해, 매수희망자의 입찰포기 사태 발생의 우려, 명도절차의 지연 등의 문제가 있다(이와 같은 추가 문제와 그 개선방안에 관하여는 이석근/권영수, "부동산집행절차에 있어 유치권의 문제", 부동산경영 제6집, 한국부동산경영학회, 2012, 61~81면 참조). 그러나 설시한 바와 같이 유치권이 저당권과 비교하여 후순위에 성립한 경우 즉, 선행저당권에 대한 유치

부당한 유치권으로 인하여 발생하는 폐해는 매각절차의 진행 시 경매절차의 지연, 매각부동산의 매각가격의 하락으로 나타난다.

부당한 유치권이 신고된 경우 입찰하고자 하는 희망자들은 그 부담의 우려 등으로 입찰을 포기하게 되고 이는 매각절차 지연으로 이어진다. 또한, 유치권이 신고되면 일반적으로 유찰되는 횟수가 더 많아진다. 가령 유치권 신고가 있는 경매물건의 평균적인 유찰 횟수는 2.22회이지만 유치권의 신고가 없는 경매물건의 평균 유찰 횟수는 1.27회인 것이다. 이는 유치권 신고 등의 부담이 있는 경우가 그렇지 않은 경우보다 0.95회 더 많이 유찰되는 것이다. 유치권 부담이 있는 경매목적물의 매각대금은 부담이 없는 경매목적물과 비교해볼 때 약 21.8% 더 적다고 한다. 1회 유찰될 때마다 일반적으로 최저매각가격은 20%씩 하락하여 결정되는 경우가 많고 여기에 추가로 유찰이 1회 더 진행되면 최저매각가격은 20% 더 하락한다고 한다.[131]

현금화단계에서 유치권신고가 있는 경우 입찰참여자는 신고한 피담보채권을 자신이 인수하게 될 가능성을 계산하여 그러한 가격만큼 매수가격을 낮게 잡는다. 또한, 경매부동산 가격이 그 가격만큼 하락할 시기까지 기다리는 것이 대부분의 관행이다. 그러나 이러한 관행은 선순위의 담보물권자에게 상당한 피해를 줄 수 있다.[132]

유치권이 신고된 부동산은 선행저당권자도 자신의 채권이 만족에 이르기까지 배당받지 못하는 경우가 많다. 유치권이 신고되고 또 매각기일에

권의 우열상 적용국면은 부동산과 관련된 유치권 문제 중 가장 부작용이 만연한 영역이며 부동산 경매절차의 현금화단계에서의 최대 쟁점이 되고 있다(박양준, "부동산 상사유치권의 대항범위 제한에 관한 법리 : 대법원 2013. 2. 28. 선고 2010다57350 판결", 청연논총 제12집, 2013, 108면. 또한 이 문제는 허위·가장유치권과의 결합으로 인한 문제가 발생될 경우 부동산의 이해관계인 간 첨예하게 대립되는 문제로 증폭되곤 하기 때문에 선결적 해결과제로서 먼저 검토되어야 한다(이와 같은 선결적 과제에 관한 집중적인 논의는 제3장 부동산 경매 현금화단계에서의 유치권에서 검토하도록 한다). 이 논제에 대한 검토가 어느 정도 정립이 되면 위 추가 문제상황은 자연적으로 해결될 소지가 높으므로 부동산 경매 현금화단계에서의 문제상황에서는 집중적으로는 다루지 않는다.

131 김종국/안정근, "유치권이 부동산 경매의 매각가율에 미치는 영향", 부동산학보 제47호, 한국부동산학회, 2011, 208면.

132 박상언, "저당권 설정후 성립한 유치권의 효력:경매절차에서의 매수인에 대한 대항가능성을 중심으로", 민사판례연구 제32권, 2010, 354면.

유찰기록이 몇 회 진행되면 매각가격은 하락한다. 이 때문에 매각부동산에 대한 선행저당권자는 재산상의 피해를 볼 가능성이 커진다.[133]

3. 배당단계

부동산 경매 배당단계에서 유치권의 문제점을 살펴보려면 먼저 유치권자에게 법률상 우선변제권을 부여하지 않는 점을 이해해야 한다. 유치권자는 담보물권자임에도 우선변제권을 가지고 있지 않기 때문에 경매절차에서 우선변제권을 행사할 수 없다. 이 경우 유치권자는 일반채권자의 지위에서 가압류 또는 집행력 있는 정본을 취득하여 배당을 요구하는 방법을 취하게 된다. 그러나 집행력 있는 정본을 소지해도 우선변제권이 없기 때문에 배당받을 가능성이 매우 희박하고 보호받기 힘들다. 따라서 유치권자는 점유를 근거로 하는 유치권을 행사하면서 소극적으로 변제할 것을 독촉하여 사실상으로 우선변제를 받는 방법을 취하게 되며[134] 채권변제와 관련해서는 불완전한 지위에 머물게 된다. 또한, 유치권자는 채권의 만족을 얻지 못하기 때문에 경매절차가 종료된 이후 경락인에 대하여 또 다른 분쟁상황에 속하게 된다. 이는 매각가액의 하락을 야기하거나 경매절차를 지연시키는 등 다른 이해관계인에게도 피해를 준다.[135]

배당단계에서의 유치권의 또 다른 문제는 선행담보권자의 피해발생이다. 선행저당권자는 어느 시기에 유치권이 성립했는지 관계없이 유치권자의 존재만으로 배당단계에서 피담보채권의 만족을 얻지 못하게 될 수 있

---

133 강정규/이용득, "부동산 경매에서 유치권 개선방안에 관한 연구", 부동산학보 제62권, 한국부동산학회, 2015, 66면; 선행저당권자에 대하여 등기로 공시되지도 않는 유치권으로 대항할 수 있다고 판단하는 것은 선행저당권자의 이익 침탈이 발생한다. 아래 배당단계에서의 문제상황에서도 동일 문제가 나타난다(여기에서는 선행저당권자의 기대 이익 침해의 문제에 집중하고 있다. 그런데 아래 배당단계에서는 주로 배당측면에서의 문제상황에 집중한다). 이에 대한 집중논의는 제3장 부동산 경매 현금화단계에서의 유치권에서 검토한다.

134 유치권자는 매수인에 대하여 적극적으로 피담보채권액을 지급하도록 청구할 수 있다(대법원 1996. 8. 23. 선고 95다8713 판결).

135 김상찬/정영진, "부동산 경매절차상 유치권제도의 문제점과 개선방안", 재산법연구 제27권 제3호, 2011, 71면.

다. 저당권보다 이후에 성립한 부당한 유치권(허위·가장유치권 등)은 부동산 경매절차의 불안정성, 집행법원에 대한 불신, 부동산 거래질서에서의 혼란야기의 원인이 된다. 이는 결국 국민의 법 감정에 반하게 되는 결과로 이어질 수 있다.[136]

---

136 강정규/이용득, "부동산 경매에서 유치권 개선방안에 관한 연구", 부동산학보 제62권, 한국부동산학회, 2015, 64면.

제 2 장

부동산 경매 압류단계에서의 유치권 :
압류 시 유치권이 나타났다!

부동산 경매 압류단계에서의 유치권 :
압류시 유치권이 나타났다!

　　부동산 경매 압류단계는 제1단계의 집행처분이다. 금전채권의 만족을 얻기 위해 채무자가 소유의 부동산을 국가의 지배하에 놓고 채무자의 처분권한을 사실상으로 또는 법률상으로 금지하는 국가집행기관의 강제적 행위이며 공권적 행위이다.[1] 압류단계에서 유치권의 핵심 문제는 가압류 이후 성립한 유치권의 우열, 압류 이후 성립한 유치권의 우열이다.[2]

　　본서에서는 가압류채권자와 유치권자 간 우열관계를, 압류채권자와의 우열관계에 앞서 논의한다. 이는 가압류는 본압류로 이행되어 강제집행이 된 경우와 그렇지 않은 경우로 나눌 수 있는바,[3] 이행되는 경우에는 압류

1　이시윤, 「신민사집행법 (제7판)」, 박영사, 2016, 211면; 전병서, 「민사집행법」, Justitia(유스티치아), 2016, 168면.

2　기존 논의는 이 쟁점에 대하여 학설 및 판례를 검토하고 주요쟁점을 일반론적으로 검토하는 구성을 취하였다. 그러나 이 구성은 주요쟁점을 검토할 때 기준을 제시하지 않고 문제점만을 제시하고 있다는 점에서 한계를 갖는다. 따라서 전체적 비판이 여러 갈래인 경향이 있다. 그리고 기존 논의는 대법원 판례를 검토할 경우에도 특정 판례만을 평석하는 선에 머물러 있다. 쟁점별 논의에서의 주장과 판례평석 논의에서의 주장 간 충돌이 나타나는 아쉬움도 있다. 이러한 한계로부터 차별성을 추구하고자 본서에서는 국내와 일본의 학설 및 판례를 검토하여 어느 특정한 학설을 중심으로 타당성을 도출하고자 한다. 그리고 그 특정 학설을 중심으로 주요쟁점을 검토하여 풀어내고자 한다. 해당 쟁점과 관련된 대법원 판례도 해당 학설을 중심으로 검토를 진행한다. 판례를 검토할 경우에도 기존 연구와는 차별성을 기하고자 주요 쟁점과 관련된 판례의 흐름까지도 파악하여 쟁점 안에서 그 의의를 도출하고자 한다. 이와 같은 구성을 취한 논의는 적어도 압류단계 본 주제에서는 거의 활성화되지 않았으므로 그 학습에 의의가 있을 것이다.

3　김건호, "부동산 경매절차에서의 유치권", 「법학논고」 제36집, 경북대학교 법학연구원, 2011, 387면.

이후 유치권의 논의로 준용할 수 있다.[4] 이 때문에 압류 이후 유치권에 앞서 가압류 이후 유치권 즉, 가압류 이후 압류 이전에 성립한 유치권을 먼저 살펴보고자 한다. 이에 가압류 이후의 유치권을 먼저 검토한 후 압류 이후의 유치권을 검토하고자 한다.

Ⅰ. 가압류 이후의 유치권

유치권은 유치적 효력을 본질로 하고 있기 때문에 유치권이 압류, 가압류등기, 저당권설정등기 이전 이후에 성립되었다고 해도 부동산 경매절차에서 매각에 의해 소멸하지 않는다고 보는 것이 통설적인 견해이다. 이는 민사집행법 제91조 제5항 규정에 따라 매수인(경락인)은 매각대금을 납부한 이후에도 유치권에 의하여 담보되고 있는 채권을 변제해야 할 책임을 부담하게 되기 때문이다.

그러나 이 때문에 부동산 경매절차상의 이해관계인은[5] 부동산등기부에 공시되지 않은 유치권으로 인하여 매각절차의 지연 또는 부동산의 매각가격 하락 등의 손해를 보게 되고 매수인은 예측하지도 못했던 유치권을 인수해야 하거나 유치권자라고 주장하는 자에 대하여 인도청구의 소를 제기해야 하는 등의 문제가 발생하게 된다. 경우에 따라 유치권은 신고가 되었다는 이유로 유치권자가 제3자를 배제하고 저가로 목적물을 매수할 수 있는 방법으로 악용되기도 한다.[6]

....
4 가압류권자가 집행권원을 얻은 후에 본집행인 경매를 신청하여 압류가 개시된 경우 가압류집행은 본집행에 포섭이 되는데 가압류를 행한 시기에 본집행이 존재하였던 것과 같은 효력이 있게 된다. 따라서 이 경우 가압류를 행한 시기에 본압류가 행해진 것으로 판단하여 압류 이후에 유치권을 취득한 경우와 동일하게 해석하면 된다(차문호, "유치권의 성립과 경매", 「사법논집」 제42집, 법원도서관, 2006, 403면).

5 제90조(경매절차의 이해관계인) 경매절차의 이해관계인은 다음 각 호의 사람으로 한다.
   1. 압류채권자와 집행력 있는 정본에 의하여 배당을 요구한 채권자
   2. 채무자 및 소유자
   3. 등기부에 기입된 부동산 위의 권리자
   4. 부동산 위의 권리자로서 그 권리를 증명한 사람

6 부동산 경매절차를 진행하는 도중 유치권 주장자는 집행법원에 유치권신고서를 제출하여

이처럼 부동산 경매절차에서 유치권으로 인하여 빈번하게 발생하는 위와 같은 여러 문제점을 미연에 방지하고 최소화하기 위해서는 부동산에 관한 유치권의 실체법적 성립요건의 검토를 통하여 실체법상 유치권이 인정되는 경우를 명확히 확정하는 것이 선행되어야 할 것이다.[7] 또한, 유치권이 인정될 경우 부동산 경매절차에서 유치권자와 경매목적 부동산을 대한 이해관계인 간의 법률상 우열관계를 정립해야할 것이다.

따라서 본 부동산 경매 압류단계에서는 유치권이 성립요건의 구비로 인정됨을 전제로 한다. 이러한 유치권자와 경매목적 부동산과 관련된 다른 이해관계인 특히 가압류채권자와 유치권자 간의 법률상 우열관계를[8] 정립하기 위해 먼저 그 기준에 대하여 검토하고자 한다.[9]

자신의 권리를 확보하는 것이 일반적인 모습이다. 그러나 이러한 신고는 법에 의해 강제되어 있지 않다. 또한, 집행법원은 유치권의 존부에 대하여 명확하게 결론을 내리지 않은 채 경매절차를 진행하고 있다. 유치권의 신고가 없는 경우 집행법원과 이해관계인은 유치권이 있는지 여부나 어느 시기에 성립하게 되었는지의 여부에 대해 알지도 못한 상태에서 경매절차가 진행되기도 한다(김건호, "부동산 경매절차에서의 유치권", 「법학논고」 제36집, 경북대학교 법학연구원, 2011, 388면 각주 2번).

7 유치권의 성립요건은 첫째, 물건 또는 유가증권을 그 대상으로 하여야 하고 둘째, 채권이 유치권의 목적물과 관련하여 발생하여야 하며 셋째, 채권이 변제기에 도래하여야 한다. 넷째, 유치권자는 타인 물건 또는 유가증권을 점유하는 자이어야 하고 다섯째, 점유는 불법행위에 의하여 개시된 것이어서는 안 되며 여섯째, 유치권의 발생을 배제하기로 하는 특약이 없어야 한다(김건호, "부동산 경매절차에서의 유치권", 「법학논고」 제36집, 경북대학교 법학연구원, 2011, 389면).

8 가압류채권자가 아닌 압류채권자와 유치권자 간 법률적 우열관계에 관한 검토는 아래 Ⅱ. 압류 이후 유치권에서 논의하고 저당권자 등 담보물권자와 유치권자 간 법률적 우열관계에 관한 검토는 전체논리 순서상 제3장 부동산 경매 현금화단계에서의 유치권에서 논의를 진행한다.

9 가압류채권자와 유치권자 간 우열관계를 압류채권자와의 우열관계에 앞서 논의하는 이유로는 압류의 처분금지효 법리에 의하여 부동산에 대하여 압류의 효력이 발생한 후에 취득한 유치권의 대항력이 제한되는 것은 아래 Ⅱ에서 다룰 것이므로 여기서 문제가 되는 영역으로는 압류의 효력이 발생하기 이전에 선행가압류가 존재하였고 그 이후에 압류의 효력이 발생하기 이전에 유치권을 취득하게 된 경우 유치권자가 부동산 경매절차상의 매수인에 대하여 대항할 수 있을 것인가이다.

1. 가압류 이후 유치권의 우열에 대한 학설 및 판례

(1) 국내의 학설 및 판례

1) 학설

① 대항력 취득설(다수설 및 판례의 입장)

대항력 취득설(다수설)의 견해는 다음과 같다. 가압류 이후 가압류채무자가 제3자 측에게 점유를 이전해주어 유치권을 취득하게 한 경우 이러한 점유이전은 가압류의 처분금지효에 저촉되는 처분행위에는 해당하지 않는다는 입장이다.[10] 가압류는 가압류채무자의 점유이전으로 인하여 유치권을 취득한 자가 가압류채권자에 대하여 대항할 수 없도록 해야 할 정책적 필요성이 압류 논제만큼 강하지 않음을 논거로 제시하고 있다.[11]

그러나 이와 같은 견해는 다음과 같은 측면에서 비판이 제기되고 있다. 민사집행법 제91조 제5항에 따라 매수인은 유치권자에게 이와 같은 유치권으로 담보하고 있는 채권을 변제할 책임이 있다고 규정되어 있기 때문에 유치권이라는 권리는 성립시기와 관련 없이 부동산 경매절차에서 매각으로 인하여 소멸하지 않음을 검토해보아야 한다고 한다. 이러한 우선변제적 효력이 없는 유치권을 가압류 이후 성립하였다는 이유로 매각 시 소멸하는 것으로 판단하게 된다면 유치권자의 담보물에 관한 이익이 완전히 박탈될 수 있다는 것이다. 이는 유치권에서 담보물권의 기능과 공평의 원

---

10 김상원 외 3인 편집대표, 「주석 민사집행법Ⅲ」, 한국사법행정학회, 2004, 338면; 이학수, "유치권이 요구하는 점유의 정도", (부산판례연구회)판례연구 제8집, 1998, 103면; 양삼승 집필 부분, 「주석 강제집행법(Ⅲ)」, 한국사법행정학회, 1993, 84면; 이시윤, 신민사집행법(제5판, 2009), 박영사, 250면; 이학수, 유치권이 요구하는 점유의 정도, 판례연구 8집(1998), 부산판례연구회, 6면; 김상수, 민사집행법(제2판, 2010), 법우사, 170면; 하상혁, "가압류 후에 성립한 유치권으로 가압류채권자에게 대항할 수 있는지 가부", 「대법원 중요판례해설 2011 하반기(민사·형사편)」, 사법발전재단, 2012, 49면.

11 이와 같은 견해는 점유이전 그 당시에 매각절차가 현실적으로 진행되고 있었는가에 따라 매각절차가 진행되고 있었던 경우(압류 이후)에 있어서는 점유이전을 처분행위로 판단하고 그렇지 않았던 경우(가압류 이후 압류 이전)에 있어서는 처분행위로 판단하지 않는 것일 뿐 압류의 처분금지효, 그리고 가압류의 처분금지효 자체를 다르게 판단하는 것은 아니라고 한다(하상혁, "가압류 후에 성립한 유치권으로 가압류채권자에게 대항할 수 있는지 가부", 「대법원중요판례해설 2011 하반기(민사·형사편)」, 사법발전재단, 2012, 49면).

칙에 따라 목적물과 관련된 채권을 변제받을 때까지 유치할 수 있게 한 유치권제도의 취지를 몰각시킬 수 있기 때문에 부당하다고 한다.[12]

② 대항력 부인설(소수설)

대항력 부인설의 견해는 다음과 같다. 가압류 이후 압류 이전에 유치권이 성립한 경우 유치권자가 가압류권자 또는 매수인에게 대항할 수 있는지에 대한 것이다. 가압류가 본집행으로 이전한 경우 가압류한 시기에 본압류가 된 것으로 판단하여 압류 이후 유치권을 취득한 경우와 동일하게 해석한다. 가압류가 본집행으로 이전하지 않게 된 경우에도 가압류의 처분금지효에 의한 유치권으로 가압류권자에 대하여 대항할 수 없다는 견해이다. 이처럼 가압류에 대항할 수 없게 된 유치권은 경매로 인하여 소멸하게 되고 매수인 측으로 인수되지 않게 된다는 것이다. 이러한 견해는 압류의 처분금지효 그리고 가압류의 처분금지효를 다르게 볼 이유가 없다고 한다.[13]

대항력 부인설의 논거는 다음과 같다. 가압류의 처분금지효에서 말하는 처분의 의미는 목적물의 교환가치에 감소를 야기시킬 수 있는 재산권의 변동행위를 말한다. 그러나 점유권도 재산권에 포함되어 있고 점유이전으로 인하여 목적물의 교환가치의 감소가 야기될 수도 있기 때문에 점유이전을 처분으로 보지 않을 수 없다는 점을 들고 있다. 또한, 민사집행법 제91조 제5항 규정에 따라 유치권자는 모든 유치권자를 지칭하는 것이 아니고 가압류채권자에 대하여 대항 가능한 유치권자만을 지칭하는 것으로 판단해야 한다고 한다.[14]

---

12 하상혁, "가압류 후에 성립한 유치권으로 가압류 채권자에게 대항할 수 있는지 가부", 「특별법연구」 제10권(전수안 대법관 퇴임기념), 사법발전재단, 2012, 994면.

13 차문호, "유치권의 성립과 경매", 「사법논집」 제42집, 법원도서관, 2006, 438면.

14 하상혁, "가압류 후에 성립한 유치권으로 가압류 채권자에게 대항할 수 있는지 가부", 「특별법연구」 제10권(전수안 대법관 퇴임기념), 사법발전재단, 2012, 994면.

2) 판례

선행가압류채권자에 대하여 유치권의 우열과 관련한 대법원 판결의 판시내용은 다음과 같다. 부동산에 가압류등기가 경료된 이후 채무자는 부동산에 대한 처분행위를 하였더라도 이와 같은 행위를 통해 가압류채권자에 대하여 대항할 수 없게 된다고 한다. 처분행위란 부동산을 양도하였거나 이에 대하여 용익물권, 담보물권 등을 설정해주는 행위를 의미하고 특별 사정이 없는 한 점유이전행위와 같은 사실행위는 이에 해당하는 것은 아니라고 보았다. 다만, 부동산에 대해 경매개시결정 기입등기가 경료되어 압류 효력이 발생한 이후 채무자가 제3자에게 부동산의 점유를 이전해줌으로써 유치권을 취득하도록 한 경우라면 이러한 점유이전행위는 처분행위에 해당한다는 것이 당원의 판례이다(가압류가 아닌 압류 이후 유치권의 법리임). 경매개시결정 기입등기가 경료되어 압류 효력이 발생한 이후 채무자가 부동산의 점유를 이전해줌으로써 제3자가 취득한 유치권을 근거로 압류채권자에 대하여 대항할 수 있다고 한다면 부동산 경매절차에서의 매수인은 매수가격을 결정하는 데 기초로 삼았던 현황조사보고서 또는 매각물건명세서 등에서 드러나지 않았던 유치권의 부담을 인수하게 된다고 한다. 매수인이 이와 같은 유치권을 인수하게 되는 것은 부동산 경매절차에서의 공정성, 신뢰를 현저하게 훼손하게 된다는 것이다. 또한, 유치권 신고 등을 통하여 매수 신청인이 이와 같은 유치권이 존재하는 것을 인지하게 된 경우에는 부동산의 매수가격에 즉각적 하락이 발생되어 책임재산을 신속·적정하게 환가하여 채권자 측의 만족을 얻도록 하려는 민사집행제도의 운영에도 심각한 지장을 줄 수 있다고 판시하였다. 그러나 부동산에 가압류등기가 경료만 되어 있을 뿐 실질적인 매각절차가 행해지지 않은 상황에서는 채무자의 점유이전행위를 통하여 제3자가 유치권을 취득한 경우라도 이를 처분행위로 볼 수 없다고 판시하였다.[15]

....

15 이 판례는 토지에 관한 담보권 실행 등을 위한 경매의 개시 이후에 그 지상건물에 가압류 등기가 경료되었고 갑이 채무자인 주식회사로부터 건물 점유를 이전받아서 건물과 관련한 공사대금채권을 피담보채권으로 하는 유치권을 취득하였고 그 이후에 건물에 대한 강제경매가 개시가 되어 병이 토지, 건물을 낙찰받게 된 사안에서 건물에 대해 가압류등기가 경료된 후에 을 회사가 갑에게 건물의 점유를 이전해주는 행위는 처분행위에 해당하

(2) 일본의 학설 및 판례

1) 학설

① 대항력 취득설

일본의 대항력 취득설의 견해는 다음과 같다. 우리나라와 같은 다수설의 입장으로 부동산 가압류 후의 점유이전행위는 처분금지효에 저촉이 되는 처분행위로 판단하지 않는다. 이에 따라 취득한 유치권은 압류채권자나 가압류채권자에 대하여 대항할 수 있다는 입장이다.[16]

② 대항력 부인설

일본의 대항력 부인설의 견해는 다음과 같다. 부동산 압류 또는 가압류 후의 점유이전행위는 처분금지효에 저촉이 되는 처분행위에 해당한다. 이에 따라 취득한 유치권은 압류채권자나 가압류채권자에 대하여 대항할 수 없다는 것이 우리나라와 일본의 소수설 입장이다.[17]

유치권 득실의 문제는 점유라는 공시방법에 의하여 표상되는 것이고 가압류와의 선후 관계는 유치권의 성립요건이 충족되었을 시기를 기준으로 하여 판명하면 된다는 것이다. 따라서 유치권이 등기가 불가능하다는 이유를 근거로 가압류 이후 유치권을 취득한 제3자가 가압류채권자에 대

지 않아 역시 가압류의 처분금지효에 저촉이 되지 않으므로 병에게 갑은 건물에 관한 유치권을 주장 가능하다고 한 사례이다. 결론적으로 압류채권자에 대하여 대항할 수 있는 유치권은 매수인에게 인수가 되어 매수인에 대해서도 대항할 수 있고 압류채권자에 대하여 대항할 수 없는 유치권은 소멸하게 되어 매수인에 대하여 대항할 수 없다는 점을 묵시적으로 전제하고 있다. 이와 동시에 가압류 이후(즉 압류 이전에) 점유이전을 통하여 유치권이 성립한 경우에는 그러한 점유이전행위의 처분행위성을 부정하였고 이와 같은 유치권을 주장하면서 매수인에 대하여 대항할 수 있다는 판시내용이다(대법원 2011. 11. 24. 선고 2009다19246 판결).

16 鈴木忠一/三ケ月章 編輯代表(中山一郎 執筆), 「注解 民事執行法(3)」, 第一法規, 1984, 296頁. ; 石川明 外 2人 編(廣田民生 執筆), 「注解民事執行法(上卷)」, 1991, 615頁; 福永有利, "不動産上の權利關係の解明と賣却條件", 「民事執行法の基本構造」, 西神田編輯室, 1981, 356頁; 吉野衛/三宅弘人 編輯代表(大橋寬明 執筆), 「注釋 民事執行法(3)」, 文唱堂, 1983, 293~294頁; 竹下守夫, 「不動産競賣におはる物上負擔の取扱い 不動産執行法の研究」, 有斐閣, 1977, 141~142頁.

17 鈴木忠一/三ケ月章 編輯代表(石丸俊彦 執筆), 「注解 民事執行法(2)」, 1984, 167頁.

하여 대항할 수 있다고 판단하는 것은 설득력이 없다는 점을 논거로 제시하고 있다.[18]

2) 판례

선행가압류채권자에 대한 유치권의 우열과 관련한 판례는 다음과 같다. 가압류 이후 임대차가 행해지고 부동산 경매절차에 의하여 건물이 매각됨에 따라 신청인의 임대차가 실효된 사례에 대한 판시이다. 유치권 주장자가 건물을 명도하지 않으면 안 된다는 사실을 인지하였거나 이러한 사실을 예측 가능한 상황이었음에도 감히 필요비 또는 유익비를 지출하였던 경우 임대차 및 점유에 따른 신청인의 위 비용지출 행위는 집행방해로 볼 수 있다는 것이다. 이에 신청인은 일본 민법 제295조 제2항을 유추 적용하여 매수인에 대해 대항할 수 없다고 판단한 판례에 잘못이 있지 않다고 판시하였다.[19]

가압류가 이미 완료된 부동산의 전차인은 소유자의 재산 상태가 좋지 않았기 때문에 부동산이 경매될 수도 있다는 가능성을 충분히 인식하고 있었던 것으로 인정된다고 판시한 판례도 있다. 전차인은 이 건물

---

18 하상혁, "가압류 후에 성립한 유치권으로 가압류 채권자에게 대항할 수 있는지 가부", 「특별법연구」 제10권(전수안 대법관 퇴임기념), 사법발전재단, 2012, 994면.

19 仙台高等裁判所(센다이지방재판소) 1992. 12. 2. 결정(判例時報 1408号, 85頁).

(1) 사실관계

A는 이미 가압류등기가 완료된 이 사건 건물을 임차한 자이고, 집행재판소로부터 부동산 인도명령을 발령받게 되자 집행항고를 하였지만, 인용되지는 않았다. A는 특별항고를 하면서 동시에 부동산 인도명령에 대하여 집행정지를 구하였다. 이 사건에서 A는 필요비, 유익비상환청구권에 기한 유치권을 주장하였다.

(2) 판단 요지

신청인이 이 사건 특별항고에 있어서 주장하는 내용을 검토하여 보아도, 신청인의 주장은, 이 사건 임대차가 가압류가 이미 완료되고 난 이후의 것으로서 경매절차에 의한 이 건물의 매각에 의하여 신청인의 임대차가 실효하고, 이 건물을 명도하지 않으면 안 된다는 것을 알았거나 이를 예측할 수도 있는 상황이었음에도, 감히 필요비 또는 유익비를 지출하였다는 것으로 인정될 수 있다. 이에, 신청인의 임대차 및 점유에 따른 위 비용 지출 행위는 집행방해로 볼 수 있으므로 이에 대해 민법 제295조 제2항 규정을 유추 적용하여 매수인에 대해 대항함에 있어 이유가 없다고 인정, 판단한 것에 잘못이 없다. 따라서 이 사건 인도명령의 집행을 정지해야 할 이유 및 필요도 없다고 판단되므로 강제집행정지는 하지 않는 것으로 한다고 판시하였다.

의 점유로 경락인에 대하여 대항할 수 없다는 사실을 알았거나 알 수도 있었다고 판단된다는 것이다. 전차인에게는 이 건물의 점유권한도 존재하지 않는 사실에 관해 적어도 과실이 인정되고 전차인이 다액의 내장공사 비용을 지출한 사실이 있다고 하더라도 이 경우에서의 지출행위는 점유권원이 없다는 사실에 대하여 과실이 인정되는 자가 경락인이 출현할 수도 있다는 가능성을 예상하면서도 감히 행한 것으로 볼 수 있다고 한다. 이는 일본 민법 제295조 제2항 규정을 유추 적용하여 신청자의 유치권 주장은 불가하다고 한 사례이다.[20] 이러한 1990년대 초반 판례의 해석 법리는 2000년대 초중반 우리나라 판결에 영향을 끼친 것으로 보인다.[21]

(3) 소결

가압류 이후 유치권의 우열에 대하여 우리나라와 일본의 학설 및 판례

---

20 名古屋地方裁判所(나고야지방재판소) 1993. 3. 17. 결정(判例タイムズ 842号, 207頁).
   (1) 사실관계
   A가 소유하고 있는 이 사건 부동산에 관해서는 1991. 12. 17. 이미 가압류등기가 경료되어 있었다. B는, 1992. 1. 10. 이 사건 부동산을 A로부터 임차하여, 같은 날 C에게 전대해 주었다. 이 사건 부동산을 부동산 경매절차에서 매수하게 된 자가, 위 재판소에 C에 대하여 부동산인도명령을 내려줄 것을 신청하였다. 이에 대하여 C는 A의 승낙을 얻어서 1992년 1~2월경에 이 부동산을 개축공사하여 227만 738¥을 지출하였던 사실이 있으므로 자신은 당연히 유치권을 가지는 것이라고 주장하였다. 위 재판소에서는 C의 주장을 인정하고 않고, 부동산 인도명령을 내리는 결정을 하면서 다음과 같은 요지의 판단을 표명하였다.
   (2) 판단 요지
   C는, A의 재산상태가 좋지 아니하여 이 부동산이 경매에 붙여질 수도 있는 가능성이 있음을 충분하게 인식하고 있었던 상태로 인정된다. 이와 더불어 이 부동산에는 이미 가압류등기가 1991. 12. 17.에 경료되어 있었다는 점을 고려해보면 C는 이 사건 건물의 점유가 매수인에 대하여 대항할 수 없다는 것을 알았거나 또는 이와 같은 사정을 알 수 있었다 할 것임이 인정된다. 또한, 이 건물의 점유권한이 없다는 사실에 관하여 적어도 과실이 존재한다고 인정된다. 따라서, C가 내장공사 비용을 다액으로 지출하였다고 하더라도, 이와 같은 지출행위는 점유권한이 없다는 것에, 과실을 부담하고 있는 자가 매수인이 출현할 수도 있는 가능성을 예상하면서 감히 행한 지출행위로 보아야 할 것이다. 이에 민법 제295조 제2항을 유추적용하여 C는 유치권을 주장할 수 없다고 보는 것이 합리적이다.
21 대법원 2006. 6. 29. 선고 2004다11971 판결; 대전고법 2004. 1. 5. 선고 2002나5475 판결.

를 검토하였다. 유치권이라는 권리는 성립시기와 관련 없이 유치권의 요건이 충족되면 당연하게 성립한다. 따라서 유치권을 가압류에 대하여 대항할 수 있도록 판단하자는 대항력 긍정설의 법리가 타당하다.[22]

가압류는 채무자의 처분행위만을 제한하는 것이지 사실행위를 제한하는 것은 아니다. 선행가압류채권이 있는 경우 선행가압류채권자는 채무자의 점유이전이라는 사실행위로 제3자가 법률규정에 따라 취득한 유치권을 저지할 만한 힘을 가지고 있지는 않다.[23]

유치권의 효력은 등기 선후에 의하여 우열이 결정되는 것이 아니기 때문에 가압류등기 이후에 유치권이 발생한 사실이 있더라도 가압류채권자에 대하여 유치권으로 대항할 수 있다. 또한, 유치권은 유치적인 효력만을 본질로 하기 때문에 유치권의 성립이 가압류등기 이전인지 이후인지를 막론하고 매각 시 소멸하는 것으로 판단해서는 안 된다.[24] 따라서 위 근거를 전제로 대항력 취득설의 견해가 타당하다. 이에 아래 주요 쟁점을 대항력 취득설을 중심으로 검토하고자 한다.

2. 대항력 취득설에 따른 가압류의 처분금지효와 유치권의 우열

(1) 가압류의 처분금지적 효력

1) 채무자의 처분이 금지되는 행위

가압류의 목적을 고려하여 채무자는 가압류 이후 집행을 보전함에 있어 목적달성을 불가능하게 하는 행위 또는 현저하게 곤란하게 할 가능성이 있는 행위를 할 수 없다. 가압류의 목적물을 객체로 하는 법률행위 등을 통하여 목적물의 교환가치에 대하여 일반채권자의 배당적격 박탈이나 배상순위 하락을 초래해서는 안 되며 목적물의 교환가치의 감소 또한 초래해서는 안 된다.

----

22 하상혁, "가압류 후에 성립한 유치권으로 가압류 채권자에게 대항할 수 있는지 가부", 「특별법연구」 제10권(전수안 대법관 퇴임기념), 사법발전재단, 2012, 994면.

23 김상원 외 3인 편집대표(윤경 집필 부분), 「주석 민사집행법Ⅲ」, 한국사법행정학회, 2004, 338면; 양삼승 집필 부분, 「주석 강제집행법(Ⅲ)」, 한국사법행정학회, 1993, 84면.

24 이시윤, 「신민사집행법(제5판)」, 박영사, 2009, 250면.

이와 관련한 판례의 입장으로는 처분행위의 의미를 부동산에 양도하거나[25] 용익물권,[26] 담보물권[27] 등을 설정하는 행위로 판단하고 있다. 이에 판례는 가압류 이후의 점유이전을 처분행위에 해당하는 것으로 판단하지 않아 유치권자의 대항력을 인정하는 판시를 하였다.[28]

2) 가압류의 효력(상대적 무효)

가압류의 목적이란 채권 집행을 보전하기 위한 것이기 때문에 이러한 목적달성에 필요 범위를 넘어서는 채무자는 처분상의 자유를 제한하여 거래에서의 안전을 해하지 않게 하는 것이다.

판례에서도 가압류에 반하게 되는 처분행위는 당사자 간은 유효하지만 가압류채권자와 가압류에 기한 집행절차에 참가하게 되는 다른 채권자에 대해서는 무효로 판단하여 가압류의 처분금지효를 상대적 무효로 판시하였다.[29]

....

25 이것은 배당적격을 박탈시키는 처분행위라 할 것이다. 부동산의 양도는 전부양도와 일부양도를 포함한다(이재석, "가압류의 처분금지적 효력이 배당관계에 미치는 영향", 「사법논집」 제53집, 법원도서관, 2011, 362면; 대판 1998.11.13. 97다57337 판결).

26 용익물권을 설정하는 행위는 부동산의 교환가치를 감소시킬 수 있는 처분행위로 판단하고 있다. 일반적으로 유치권의 취득, 그리고 임차인의 대항력 취득(대판 1983.4.26. 83다카116 판결), 지상권 취득 등이 이러한 처분행위에 해당하는 것으로 판단하고 있다.

27 담보물권을 설정하는 행위는 배당순위 하락을 초래할 수 있는 처분행위라 할 것이다. 저당권을 설정하는 것(대법원 1994. 11. 29. 선고, 94마417 판결) 담보가등기를 설정하는 것(대법원 1987. 6. 9. 선고, 86다카2570 판결; 대법원 1992. 10. 13. 선고, 92다30597 판결). 전세권을 설정하는 것이나 임차인의 우선변제청구권 취득(대법원 1992. 3. 27. 선고, 91다44407 판결)이 이에 해당한다 할 것이다(이재석, "가압류의 처분금지적 효력이 배당관계에 미치는 영향", 「사법논집」 제53집, 법원도서관, 2011, 362면).

28 대법원 2011. 11. 24. 선고 2009다19246 판결.

29 대법원 2003. 5. 30. 선고, 2001다10748 판결 외 다수; 다만, 가압류가 취소되거나 해제되는 사정 또는 피보전권리의 변제 등으로 인하여 소멸하게 되는 경우, 그리고 가압류가 무효로 판명된 때에는 가압류의 처분금지효는 발생하게 되지 않는다 할 것이다(대법원 1982. 9. 14. 선고, 81다527 판결; 대법원 1982. 10. 26. 선고, 82다카884 판결 등); 한편 가압류에 의한 처분금지효에 의하여 채무자와 제3자의 법률행위가 가압류채권자에 대하여 무효가 되는 것은 당연하다. 그런데 가압류집행 이후 배당요구 등과 같은 형태로 집행절차에 참가하게 되는 다른 채권자(배당요구채권자)와의 관계에 있어서도 모두 무효로 보아야 할지 문제가 되는데 이를 가압류의 상대적 효력 중에 주관적 범위의 문제라 한다. 통설(이우재, 「민사집행법에 따른 배당의 제문제」, 진원사, 2008, 296면; 이재석, "가압류

(2) 채무자의 점유이전이 가압류 처분금지효에 저촉되는지 여부

대법원 판결(2009다19246)에서는 부동산에 대해 가압류 등기가 완료된 이후 채무자의 점유이전을 통하여 제3자가 유치권을 취득한 경우 이와 같은 점유이전은 가압류의 처분금지효에 저촉되지 않는다고 판시하였다.[30]

대법원 판결(2009다19246)에서는 경매개시결정 기입등기가 경료되어 압류효력이 발생한 이후 채무자가 부동산의 점유를 이전해줌으로써 제3자가 취득한 유치권을 근거로 압류채권자에 대하여 대항할 수 있다고 한다면 부동산 경매절차에서의 매수인은 매수가격을 결정하는 데 기초로 삼았던 현황조사보고서 또는 매각물건명세서 등에서 드러나지 않았던 유치권의 부담을 인수하게 된다고 한다. 매수인이 이와 같은 유치권을 인수하게 되는 것은 부동산 경매절차에서의 공정성, 신뢰를 현저하게 훼손하게 된다는 것이다. 또한, 유치권 신고 등을 통하여 매수 신청인이 이와 같은 유치권이 존재하는 것을 인지한 경우에는 부동산의 매수가격에 즉각적 하락이 발생되어 책임재산을 신속·적정하게 환가하여 채권자 측의 만족을 얻도록 하는 민사집행제도 운영에도 심각한 지장이 된다고 판시하였다.[31]

그러나 위에서 살펴본 대법원 판결(2005다22688)에서의 사안과는 다르게 부동산에 가압류등기가 경료되기만 했을 뿐 현실적 매각절차가 행해지지 않는 경우에는 채무자의 점유이전행위를 통하여 제3자가 유치권을 취득한 경우라도 이를 처분행위로 볼 수 없다고 판시하였다. 가압류라는 것은 단지 강제집행을 하기 위한 보전단계에 불과한 것이기 때문에 채무자가 점유사용을 통하

의 처분금지적 효력이 배당관계에 미치는 영향", 「사법논집」 제53집, 법원도서관, 2011, 364면)과 판례(대법원 1987. 6. 9. 선고, 86다카2570 판결; 대법원 1994. 11. 29. 선고, 94미417 결정; 대법원 1998. 11. 13. 선고, 97다57337 판결 등)의 입장은 가압류에 반하게 되는 처분행위는 가압류채권자, 그리고 그러한 처분 이전에 집행에 참가하게 된 채권자와의 관계에서만 무효가 되는 것일 뿐 그러한 처분 이후에 집행에 참가하게 된 다른 채권자에 관해서는 유효를 주장 가능하다고 판단하고 있으며 이를 개별상대효설이라 한다. 그리고 가압류에 있어서 상대적 효력이 가압류 목적물에 대하여 그 교환가치 중에 어느 범위까지 미치게 되는 것인지를 가압류의 상대적 효력 중에 객관적 범위의 문제라고 한다(서종희, "유치권자의 강제경매신청의 의미와 가압류등기경료 후 성립한 유치권의 대항력인정 여부", 외법논집 제36권 제4호, 2012, 336면).

30 대법원 2011. 11. 24. 선고 2009다19246 판결.
31 대법원 2005. 8. 19. 선고 2005다22688 판결.

여 목적물의 가치를 현저하게 훼손하여 보전의 목적이 달성하기 어렵게 되지 않는 한 점유사용이 용인되는 것으로 보아야 할 것이다.[32]

압류에 의해 금지되는 처분이란 목적물의 교환가치를 감소시킬 수 있는 재산권의 변동행위를 의미한다.[33] 유치권은 채무자가 설정하는 것이 아니고 민법 제320조 제1항 규정에 의하여 요건이 충족되는 경우라면 법률상 당연하게 성립하기 때문에 유치권의 성립 그 자체를 압류의 처분금지효 법리에 저촉이 되는 것으로 판단할 수 없다.

그러나 채무자의 점유이전을 통하여 유치권이 성립하고 목적물의 교환가치가 감소하는 상황이 발생한 경우라면 이와 같은 점유이전은 넓은 의미에서 압류에 의해 금지되는 처분으로 판단해야 한다. 이러한 해석은 가압류채권자의 보호, 부동산 경매절차에 대한 신뢰, 책임재산을 신속·적정하게 환가하여 채권자의 만족을 얻도록 하는 집행절차상의 공정성 등의 고려가 그 근거를 이루게 된다.[34] 이에 대법원 판결(2009다19246)은 압류의 처분금지효 법리에 근거를 두면서도 민사집행제도를 적정하게 운영하고자 하는 측면을 고려한 판결로 이해할 수 있다. 이와 같은 면을 비추어볼 때 현실적 매각절차가 이뤄지지 않은 가압류에까지 이러한 개념을 무한정으로 확대하는 것은 신중을 기한 판결로 해석할 수 있을 것이다.[35]

....

32 이선희, "부동산유치권의 대항력 제한", 민사법학 72권, 한국민사법학회, 2015, 229면; 이와 같은 대법원 2011. 11. 24. 선고 2009다19246 판결의 판시를 이유로 하여 대법원 2005. 8. 19. 선고 2005다22688 판결에서는 압류의 처분금지효에 직접적인 근거를 두지 않고 이러한 논의에서 진일보하여 부동산 경매절차의 공정성, 그리고 신뢰의 훼손우려, 민사집행제도의 적정한 운영과 같은 정책적인 이유를 들어 특별한 경우에 있어서 유치권의 대항력을 제한하는 판시를 한 것이라는 견해도 있다(이승규, "유치권자와 경매절차에서의 매수인 사이의 대항관계", 민사판례연구 제36권, 2015, 259면).

33 강민성, "민사집행과 유치권─이미 가압류 또는 압류가 이루어졌거나 저당권이 설정된 부동산에 관하여 취득한 점유 또는 견련성 있는 채권으로써 경매절차에서 그 부동산을 매수한 사람을 상대로 유치권을 내세워 대항하는 것이 허용되는지 여부에 관하여", 사법논집 제36집, 2003, 75~76면.

34 이선희, "부동산유치권의 대항력 제한", 민사법학 72권, 한국민사법학회, 2015, 229면.

35 하상혁, "가압류 후에 성립한 유치권으로 가압류채권자에게 대항할 수 있는지 가부", 특별법연구 제10권, 2012, 997~999면; 이 견해는 대법원 2005. 8. 19. 선고 2005다22688 판결 등은 이와 같은 정책적인 고려에 의하여 채무자의 점유이전행위를 예외적으로 처분행위에 해당되는 의미로 해석한 것으로 판단하고 있다.

대법원은 가압류가 있는 경우를 민사집행법상 압류가 있는 경우(대항력 부정설)와는 다르게 취급(대항력 긍정설)하고 있다. 이는 부동산 경매절차가 개시된 상태에서 부동산 경매절차에 대한 신뢰, 경매절차상의 안정성 측면을 중시하는 취지로 압류의 처분금지효 법리를 언급한 것으로 보인다. 또한, 압류 또는 가압류 등에서 인정되고 있는 처분금지효 법리에 따른 유치권의 대항력을 제한하려는 취지가 아니었음을 사후적으로나마 설명한 것으로 볼 수 있다.[36]

강제경매개시결정을 등기한 이후 성립한 유치권의 경우 민사집행법 제92조 제1항,[37] 제83조 제4항,[38] 제94조[39] 규정과 민법 제320조 규정에 의하여 압류의 처분금지효에 저촉되어 대항력이 제한되는 것이 타당할 것이다.[40] 그러나 민사집행법에서는 가압류에서 집행과 관련해서만 강제집행에 관련된 규정을 준용한다고 규정하고 있을 뿐(민사집행법 제291조) 압류와 관련한 위에 효력 규정(민사집행법 제92조 제1항)을 가압류에서 준용한다는 규정은 존재하지 않는다. 따라서 가압류에서는 이러한 집행만으로 압류의 처분금지효 법리가 적용되지 않는 것이다.[41]

가압류 이후 유치권이 성립한 경우 원칙적으로 민사집행법 제91조 제5항 규정[42]에 따라 부동산 경매절차상 매수인은 유치권자에 대해 이러한 피

---

36 이선희, "부동산유치권의 대항력 제한", 민사법학 72권, 한국민사법학회, 2015, 230면.

37 민사집행법 제92조(제3자와 압류의 효력) ① 제3자는 권리를 취득할 때 경매신청이나 압류가 있다는 것을 알았을 경우에는 압류에 대항하지 못한다.

38 민사집행법 제83조(경매개시결정 등) ④ 압류는 채무자에게 그 결정이 송달된 때 또는 제94조의 규정에 따른 등기가 된 때에 효력이 생긴다.

39 민사집행법 제94조(경매개시결정의 등기) ① 법원이 경매개시결정을 하면 법원사무관 등은 즉시 그 사유를 등기부에 기입하도록 등기관(登記官)에게 촉탁하여야 한다.
② 등기관은 제1항의 촉탁에 따라 경매개시결정사유를 기입하여야 한다.

40 압류 이후 유치권에 관하여는 아래 Ⅱ. 압류 이후 성립한 유치권에서 집중적으로 논의하도록 한다.

41 다만, 가압류가 본압류로 이행이 되는 경우라면 가압류 집행 시기에 본압류 집행이 존재하였던 것과 같은 효력이 있으므로 그와 같은 경우에는 가압류시기가 유치권의 성립시기보다 앞서 있으므로 이러한 유치권의 대항력은 제한될 것이다(김세진, "부동산 경매절차에서의 유치권의 대항력에 관한 판례평석",「토지법학」제31권 제2호, 한국토지법학회, 2015, 83면 각주 51번).

42 민사집행법 제91조(인수주의와 잉여주의의 선택 등) ⑤ 매수인은 유치권자(留置權者)에

담보채권을 변제해야 할 책임이 있으며 이러한 유치권에는 대항력이 인정될 수 있을 것이다. 이 법리를 따를 경우 가압류 이후 성립한 유치권의 대항력을 인정해주었던 대법원 판결(2009다19246)의 법리에 수긍할 수 있을 것이며 일응 타당한 법리로 판단된다.[43]

(3) 유치권자의 비용지출 시 선행가압류채권자와의 우열

판례가 유치권의 채권과 목적물 간 견련관계를 인정하는 경우는 목적물에 대한 비용지출로 인하여 발생한 채권[44]과 목적물로부터 발생한 손해배상채권[45]으로 한정한다. 대항력 부정설이 선행가압류채권에 대한 채무자의 점유이전행위를 처분행위로 판단하는 이유는 선행가압류채권에 대하여 점유이전행위에 따른 제3자의 유치권 취득이 목적물의 교환가치를 감소시키기 때문이다.[46] 이러한 점을 고려하면 선행가압류채권에 대하여 유치권자가 목적물에 비용을 지출한 경우 목적물의 가치를 감소시키는 것이 아니라 증가시킨다. 따라서 선행가압류채권이 있는 경우 채무자의 점유이전을 통하여 제3자가 유치권을 취득하였는데 유치권자가 지출한 비용으로 부동산의 가치가 증가하였다면 본 점유이전행위는 가압류의 처분금지효에 저촉되지 않는다.[47]

....
게 그 유치권(留置權)으로 담보하는 채권을 변제할 책임이 있다.

43 김세진, "부동산 경매절차에서의 유치권의 대항력에 관한 판례평석", 「토지법학」 제31권 제2호, 한국토지법학회, 2015, 83면.

44 대법원 1967. 11. 28. 선고 66다2111 판결; 대법원 1979. 3. 27. 선고 77다2217 판결; 대법원 2006. 1. 26 선고 2004다69420 판결 등.

45 대법원 1969. 11. 25. 선고 69다1592 판결; 대법원 1976. 9. 28. 선고 76다582 판결 등.

46 이재석, "가압류의 처분금지적 효력이 배당관계에 미치는 영향", 「사법논집」 제53집, 법원도서관, 2011, 362~363면.

47 이와 같은 이유로 가압류 이후 성립한 유치권의 대항력을 인정하는 법리 및 판례(대법원 2011. 11. 24. 선고 2009다19246 판결)에 찬동하는 견해로는 하상혁, "가압류 후에 성립한 유치권으로 가압류채권자에게 대항할 수 있는지 가부", 특별법연구 제10권, 2012, 105면; 사봉관, "유치권관련 주요 판례 정리", 청연논총 제9집, 2012, 100~101면; 민법개정안의 입장도 비용지출한 부분에 한정하여 유치권의 피담보채권을 인정해주는 법리를 채택하고 있다(김미혜, "부동산유치권 관련 개정안에 대한 몇 가지 제언 −2013년 민법 일부개정 법률안을 중심으로−", 아주법학 제8권 제1호, 2014, 160면); 비용 지출의 경우를 예외로

비교법적 검토를 할 경우에도 물건의 가치증가는 유치권의 성립에 가장 중요한 기준이 된다. 독일에서는 독일 민법 제273조 제1항, 제2항에 따라 유치권이 채권으로 규정되어 있다.[48] 따라서 독일 유치권은 누구에게도 대항할 수 있는 대세적 권리를 가지고 있지 않다. 이에 집행절차와 도산절차에서 유치권자는 제3자에 대하여 대항할 수 없다.[49] 그러나 독일 민법 제999조 제2항에 의하면 비용을 지출한 점유자는 목적물의 양수인에 대하여 비용상환을 청구할 수 있다.[50] 독일 민법 제1000조에서도[51] 고의적인 불법행위에 의하여 점유가 개시된 사정이 없는 경우 점유자로서는 자신의 비용을 상환받기까지 제3자에 대하여 목적물을 유치할 수 있다.[52] 이는 점유

인정해주는 것이지 비용 지출의 사실을 근거로 전면적으로 대항력 취득설이 타당하다는 것은 아니다.

48 **BGB § 273 (Zurückbehaltungsrecht)**

(1) Hat der Schuldner aus demselben rechtlichen Verhältnis, auf dem seine Verpflichtung beruht, einen fälligen Anspruch gegen den Gläubiger, so kann er, sofern nicht aus dem Schuldverhältnis sich ein anderes ergibt, die geschuldete Leistung verweigern, bis die ihm gebührende Leistung bewirkt wird.

(2) Wer zur Herausgabe eines Gegenstands verpflichtet ist, hat das gleiche Recht, wenn ihm ein fälliger Anspruch wegen Verwendungen auf den Gegenstand oder wegen eines ihm durch diesen verursachten Schadens zusteht, es sei denn, dass er den Gegenstand durch eine vorsätzlich begangene unerlaubte Handlung erlangt hat.

49 Münchener(Krüger), Münchener Kommentar zum Bürgerlichen Gesetzbuch, 5.aufl., Carl Heymanns Verlag, 2009, § 273. Rn. 56f; Staudinger(Bitner), Kommentar Zum Bürgerlichen Gesetzbuch mit Einführungsgesetz und Nebengesetzen: Buch 2: Recht der Schuldverhältnisse, § 273. Neubearbeitung, 2009, Rn. 60.

50 Münchener(Baldus), Münchener Kommentar zum Bürgerlichen Gesetzbuch, 5.aufl., Carl Heymanns Verlag, 2009, §999. Rn. 2.

51 **BGB § 1000 (Zurückbehaltungsrecht des Besitzers)**

Der Besitzer kann die Herausgabe der Sache verweigern, bis er wegen der ihm zu ersetzenden Verwendungen befriedigt wird. Das Zurückbehaltungsrecht steht ihm nicht zu, wenn er die Sache durch eine vorsätzlich begangene unerlaubte Handlung erlangt hat.

52 독일민법 제273조 제2항에서의 유치권과 제1000조와의 유치권의 큰 차이는 전자는 이행기가 도래하였음을 요구하고 있는데 후자는 이와 같은 제한이 아무런 제한이 없다는 점이다(Looschelders(Dirk), Schuldrecht Allgemeiner, Teil, 3.Aufl., Carl Heymanns Verlag, 2005, Rn. 346). 그리고 독일민법 제1001조를 살펴보면 비용상환의무의 변제기는 비용상환 시이거나 비용지출승인 시로 하여 아직은 변제기가 도래하지 않는 경우에는 독일민법 제273조 제2항에서의 유치권을 행사하지 못하게 된다. 이와 같은 문제를 방지하

자의 비용지출에 의하여 물건의 가치가 증가한 측면을 고려한 것이다.

프랑스에서는 프랑스 민법 제2103조 제4호에 따라 유치권자(건물공사수급인) 에게 보수 내지 공사대금청구권의 우선변제권을 인정하고 있다. 이를 위해서 공사를 완공하기 전에 법인이 선임해놓은 감정인에게 검수를 받아야 하고 검수 이후 가치증가분에 한정하여 우선변제권을 인정해주고 있다.[53] 이는 부동산에 대해 가치증가분에 한정하여 우선변제권을 인정해주고 있다는 점에서 선행가압류채권에 대한 유치권자는 가치증가 부분에 한정하여 대항할 수 있음을 보여준다.

스위스에서는 스위스 민법 제837조 제1항 제3호에 따라 공사수급인은 비용을 들인 경우 법정저당권 설정청구권을 행사할 수 있음을 알 수 있다. 이 권리는 소유자, 소유자의 파산관재인 및 양수인에 관하여도 행사 가능하다는 측면을 고려할 경우 공사수급인을 강력하게 보호하는 것으로 파악할 수 있다.[54]

오스트리아에서는 오스트리아 민법 제471조에 의하여 물건을 반환해야만 하는 의무가 있는 자는 물건에 대하여 비용을 지출하였거나 물건으로부터 발생한 손해로 인하여 채권이 변제기에 도달한 경우 채권 담보의 목적으로 유치 가능하다고 한다. 이 경우 물건을 반대급부와 상환하여 반환해야 할 것을 명하는 판결을 받게 될 수 있다고 규정하고 있다.[55]

일본에서는 유치권자가 비용을 지출한 경우로 인해 증가된 비용 부분에 한정하여 유치권을 인정하고 있다.[56] 이처럼 각 나라에서의 가치증가의 원칙을

기 위해서 독일민법 제1000조에 의하여 방지가 되곤 한다(Münchener(Baldus), Münchener Kommentar zum Bürgerlichen Gesetzbuch, 5.aufl., Carl Heymanns Verlag, 2009, §1001. Rn. 1).

53 그런데 이 절차가 번거롭다는 실무상 문제로 인하여 오히려 재판상 보전저당권이 이용되기도 한다(Philippe Simler et Philippe Delebecque, 「-Droit civil-Les sûretés」 4" édition, la publicité foncière, 2004, nO 425).

54 Dieter Zobl, Das Bauhandwerkerpfandrecht de lege lata und de lege ferenda, 2. Halbband, ZSR, 1982, S. 77; BaslerKomm/Hofstetter, ZGB, Art. 837, 2007, N. 13ft.; BGE 95 11 31.

55 그런데 실무적으로 오스트리아에서는 이 규정을 다소 넓게 해석하고 있다. 즉, 목적물에 대하여 필요비 또는 유익비 이외에 무효인 매매로 인해 지출한 매매대금반환청구권, 그리고 하자담보로 인한 손해배상청구권 등을 들 수 있다(Rummel/Hofmann, ABGB(오스트리아 민법총전-Das Allgemeine Bürgerliche Gesetzbuch) Kommentar, 3. Aufl., 2000, §471 Rdnr. 8 참조).

56 座談會, "近未来の抵当権とその實行手続_改正のあり方お探る", 経済法, 令究會刊・銀

고려해보면 최소한 대법원 판결(2009다19246)처럼 가압류 이후 유치권이 성립되었다 해도 목적물에 비용을 지출한 경우에 따라 유치권 성립은 가압류의 처분금지효에 저촉되지 않는다.[57]

3. 가압류와 압류 간의 차이에 따른 유치권의 우열

압류는 실질적인 매각절차를 진행을 전제로 한다. 따라서 압류 이후 유치권으로 대항할 수 없으며 이것은 유치권이 현황조사보고서 또는 매각물건명세서에 드러나지 않아 예상하지 못한 불공정한 결과 발생을 방지하려는 것이다. 그러나 가압류는 가압류만으로 현실적인 매각절차까지는 진행되지는 않는다는 점을[58] 근거로 압류와 구별할 수 있다.

가압류는 채권의 존재 범위를 판단하기 이전에 채권자의 소명만으로 결정되기 때문에 법원의 판단에 의한 강제집행절차인 압류와는 차이점이 있다. 그리고 가압류는 기본적으로 목적물의 처분만을 제한시켜 책임재산을 보존할 목적으로 행하는 것이지 가압류채권자 측에게 우선변제권을 부여해주는 제도가 아니다.[59] 이러한 일반채권자의 지위에 불과한 가압류채권자가 유치권자와의 관계에서 우선적 권리를 부여받지 못했다고 하여 압류채권자와의 형평에 어긋난다고 보기는 어렵다.[60] 따라서 가압류채권과

行法務21, 第600號, 2002, 37頁.

57 판례의 입장을 따르는 견해로는 하상혁, "가압류 후에 성립한 유치권으로 가압류채권자에게 대항할 수 있는지 가부", 특별법연구 제10권, 2012, 105면; 사봉관, "유치권관련 주요 판례 정리", 청연논총 제9집, 2012, 100~101면.

58 가압류등기가 경료되어 있기만 할 뿐 현실적인 매각절차까지는 이뤄지지 않고 있는 경우에는 채무자의 점유이전행위로 인하여 제3자가 유치권을 취득하는 경우라 하여도 압류효력이 발생한 이후와 같은 문제 즉, 압류의 처분금지효에 위배되지 않게 된다.

59 가압류 이후에 담보물권을 설정한 자, 그리고 가압류채권자는 동일 순위로 배당받는다. 즉, 가압류채권자는 일반채권자와의 관계에서만 우선적인 효력이 있는 것이다(이재석, "가압류의 처분금지적 효력이 배당관계에 미치는 영향", 「사법논집」 제53집, 법원도서관, 2011, 359면).

60 이와 같이 해석하는 경우에 채무자가 가압류를 회피하고자 하는 수단으로써 유치권을 활용할 수도 있다는 견해도 있으나 이와 같은 문제는 다른 법리를 통하여 해결해야 할 듯하다(서종희, "유치권자의 강제경매신청의 의미와 가압류등기경료 후 성립한 유치권의 대항력인정 여부", 외법논집 제36권 제4호, 2012, 338면).

압류채권의 보호 정도는 차이가 있으며 선행가압류채권과 선행압류채권에 대하여 유치권자의 대항 여부를 달리 볼 수 있는 것이다. 그러므로 선행압류채권에 대한 유치권은 선행압류채권과는 달리 대항할 수 있는 것으로 판단하는 것이 타당하다.[61] 이는 대항력 취득설의 법리와도 일맥상통하기 때문에[62] 합리적이다.

4. 가압류가 본압류로 이행된 경우 유치권의 우열

가압류가 본압류로 이행된 경우 부동산에 대한 가압류와 본압류의 집행법원은 일치하지 않고 압류절차도 다르다. 이 경우 관할법원은 다시 강제경매개시결정을 통하여 본압류로 이행하고 경매개시결정 기입등기를 새롭게 촉탁하게 된다.[63] 가압류집행이 본집행으로 이행되는 경우 가압류 처리과정에 대하여 이견이 있으나 판례는 가압류집행 이후 가압류가 강제경매개시결정으로 인해 본압류로 이행된 경우 가압류집행이 본집행에 포섭되어 가압류 집행시기부터 본집행이 이뤄졌던 것과 같은 효력이 있다고 판시하였다.[64]

판례 법리에 따르면 가압류가 본압류로 이행된 경우 가압류 집행시기에 본압류 집행이 존재하였던 것으로 판단하여 압류 이후 유치권을 취득한 법리와 동일하게 해결하는 것이 합리적이다.[65] 예를 들어 선행가압류채권에 대하여 유치권이 성립한 경우 유치권으로 대항할 수 있지만 선행가압류가 본압류로 이행되면 선행압류채권에 대한 유치권의 경우가 되어 유

61 이재석, "유치권의 행사를 제한하는 판례이론에 관한 제언", 사법논집 제16집, 법원도서관, 2016, 372면.

62 대항력 취득설의 법리와 일맥상통하는 논리와 법리 논의는 반대 견해도 존재하는바, 구체적 논의는 추후 문헌에서 진행하고자 한다.

63 이시윤, 「신민사집행법 (제7판)」, 박영사, 2014, 599면; 법원행정처, 「법원실무제요」 민사집행「Ⅳ」 부동산집행, 법원행정처, 2003, 406면.

64 대법원 2002. 3. 15. 자 2001마6620 결정; 대법원 2012. 5. 10. 자 2012마180 결정; 대법원 2004. 12. 10. 선고 2004다54725 판결; 대법원 2010. 10. 14. 선고 2010다48455 판결.

65 차문호, "유치권의 성립과 경매", 「사법논집」 제42집, 법원도서관, 2006, 403면; 김세진, "부동산 경매절차에서의 유치권의 대항력에 관한 판례평석", 「토지법학」 제31권 제2호, 한국토지법학회, 2015, 84면.

치권으로 대항할 수 없게 된다.[66]

5. 대항력 취득설에 따른 대법원 판례의 검토

대법원은 압류 이후 성립한 유치권의 사안에 관한 판단을 먼저 하면서 이 사안과는 다르게 가압류 이후 유치권에 대해서는 판단을 달리하였음을 보여주고 있다.[67]

부동산에 압류등기가 경료된 이후 채무자는 부동산에 처분행위를 한 경우 이와 같은 행위를 통하여 압류채권자에 대해 대항할 수 없다. 여기서 처분행위란 부동산을 양도하는 행위 또는 용익물권, 담보물권 등을 설정해주는 행위를 의미하고 특별 사정이 없는 한 점유이전행위와 같은 사실행위는 이에 해당하지 않는 것으로 판시하였다. 다만, 부동산에 대해 경매개시결정 기입등기가 경료되면서 압류 효력이 발생한 이후 채무자가 제3자에게 부동산의 점유를 이전해줌으로써 유치권을 취득하도록 한 경우라면 이러한 점유이전행위는 처분행위에 해당한다는 것이 당원의 판례이다 (가압류가 아닌 압류 이후 유치권의 법리임).[68]

....

66 차문호, "유치권의 성립과 경매", 「사법논집」 제42집, 법원도서관, 2006, 403면; 김세진, "부동산 경매절차에서의 유치권의 대항력에 관한 판례평석", 「토지법학」 제31권 제2호, 한국토지법학회, 2015, 85면.

67 선행가압류에 대한 유치권의 우열에 관한 여러 쟁점을 위에서 검토하였고 해당 쟁점 논의 내에서 선행가압류에 대한 유치권의 우열에 관한 대법원 판결(2009다19246)의 법리와 관련 논의도 함께 검토하였다. 그런데 여러 쟁점별 논의를 검토함에 있어 대법원 판결(2009다19246)의 법리와 결부지어 검토를 하였음에도 그러한 쟁점과 중복되지 않는 선행가압류와 유치권의 우열과 관련된 대법원 판결(2009다19246)상의 법리 검토가 필요한 부분은 여기에서 논의하고자 한다.

68 그런데 이는 어디까지나 경매개시결정 기입등기가 경료되면서 압류 효력이 발생한 이후에 채무자가 부동산의 점유를 이전해줌으로써 제3자가 취득하였던 유치권을 근거로 하여 압류채권자에 대하여 대항할 수 있다고 한다면 경매절차상의 매수인 입장에서는 매수가격 결정을 할 때 기초로 삼았던 현황조사보고서 또는 매각물건명세서 등에서 나타나지 않는 유치권 부담을 그대로 인수하게 되어서 경매절차상의 공정성과 신뢰를 현저히 훼손하는 것이고 유치권 신고 등을 통해 매수신청인이 위와 같은 유치권이 있다는 것을 인지하는 경우에는 부동산의 매수가격의 하락이 발생하여 책임재산을 신속하고 적정하게 환가함으로 인하여 채권자 만족을 얻을 수 있도록 하려는 민사집행제도를 운영함에 있어서 심각한 지장을 줄 수 있다. 이에 위와 같은 상황에서는 제3자에 대한 채무자의 점유이전

그러나 부동산에 가압류등기가 경료되었을 뿐 현실적 매각절차가 진행되지 않는 경우 채무자의 점유이전행위로 제3자가 유치권을 취득한다고 해도 처분행위에 해당한다고 판단할 수 없다고 판시하였다.[69] 이러한 판례는 압류 이후 성립한 유치권의 경우와 다르게 가압류 이후 압류 이전에 가압류채무자가 점유이전한 경우는 가압류의 처분금지효에 저촉되는 처분행위에 해당하지 않음을 최초로 판시하였다는 점에서 그 의의를 찾을 수 있다.[70] 이와 같은 판례로 보아 가압류 이후 성립한 유치권으로 대항할 수 있다는 법리는 원칙적으로 타당한 것으로 판단되며 대항력 취득설의 법리와도 일맥상통하는 점이 있다. 다만 예외적으로 가압류 이후 점유를 개시하였고 견련관계가 존재하는 채권자라 해도 가압류가 존재하였었다는 사실을 유치권자가 인지 또는 인지하지 못한 것에 있어서 과실이 있는 경우라면 이와 같은 점유는 압류채권자 또는 매수인에 대하여 대항할 수 없는 불법점유라고 판단해야 할 것이며 이에 따라 유치권의 성립을 부정하는 법리가 합리적이다.[71]

II. 압류 이후의 유치권

부동산 경매 압류단계에서 유치권과 관련한 가장 큰 논제는 압류효력이 발생한 이후 취득한 유치권의 대항여부이다.[72] 압류단계에서는 유치권

행위를 압류의 처분금지효에 저촉이 되는 처분행위로 봄이 타당하다고 판시하였다(대법원 2011. 11. 24. 선고 2009다19246 판결).

69　대법원 2011. 11. 24. 선고 2009다19246 판결.

70　하상혁, "가압류 후에 성립한 유치권으로 가압류채권자에게 대항할 수 있는지 가부", 특별법연구 제10권, 2012, 1007면.

71　名古屋地方裁判所(나고야지방재판소) 1993(平成5年). 3. 17. 決定, 判例タイムズ842號, 207頁.

72　압류 이전에 취득한 유치권의 적용국면의 경우는 유치권이 압류보다 앞서 성립하였기 때문에 압류에 의한 처분금지효 법리에 영향을 받지 않는다. 따라서 이러한 유치권은 압류에 대하여 대항할 수 있게 되고 또 매수인에 대해서도 대항할 수 있어 매수인은 유치권을 인수하게 된다. 이와 같은 사안은 큰 문제의식이 제기되고 있지 않고 학설이나 판례도 따로 존재하지 않아 논의의 실익이 떨어질 것이므로(김기찬/이춘섭, "부동산 경매에서 유

자와 배당받을 수 있는 채권자(배당적격자)[73] 간의 이해관계가 경합·충돌하고 있고 있으며 유치권자와 매수인 간의 이해관계도 경합·충돌하고 있기 때문에 문제가 된다.[74] 이에 직접적인 문제가 되는 유치권자와 매수인 간의 경합·충돌을 해결하고자 한다면 선결적 해결과제로 유치권자와 압류채권자 간의 경합·충돌[75]을 먼저 논의해야 할 것이다. 이러한 선결적 논의를 통하여 직접적인 문제는 자연스럽게 해결이 될 것으로 보인다.[76]

압류 이후 유치권의 주요쟁점은 부동산이 압류된 이후 부동산에 대한 유치권을 취득한 자가 압류채권자에 대하여 대항할 수 있는지의 여부가 될 것이며 이 부분을 중심으로 검토하고자 한다.[77]

....

치권의 한계에 관한 연구", 부동산학연구 제13집 제2호, 2007, 98면) 본 연구에서 주요 논의대상으로 삼지는 않았다.

73 배당적격자로는 배당요구를 행하지 않아도 당연하게 배당받을 수 있는 자와 '배당요구를 할 수 있는 자로 적법하게 배당요구를 행한 자를 의미한다. 전자의 범위로는 ⅰ) 배당요구 종기까지 경매신청을 행한 압류채권자(이중압류채권자 포함) ⅱ) 처음 경매개시결정등기 이전에 등기한 가압류채권자, ⅲ) 처음 경매개시결정등기 이전에 등기(저당권등기, 전세권등기, 임차권등기, 체납처분으로서의 압류등기 등)를 행하고 매각으로 인하여 소멸하게 되는 우선변제권을 가지고 있는 채권자를 의미한다(민사집행법 제148조). 후자의 범위로는 ⅰ) 집행력 있는 정본을 가지고 있는 채권자 ⅱ) 경매개시결정등기 이후에 가압류를 행한 채권자 ⅲ) 민법·상법 그 밖의 법률에 의해 우선변제권을 가지고 있는 채권자를 의미한다(민사집행법 제88조 제1항). 민법·상법 그 밖의 법률에 의해 우선변제권을 가지고 있는 채권자에는 처음 경매개시결정등기 이후에 등기를 하고 매각으로 인하여 소멸하게 되는 것을 가지고 있는 채권자, 그리고 (최)우선변제권 있는 임차인 등이 포함되나 유치권자는 포함되지 않는 것이 통설 및 실무의 입장이라고 한다(이재석, "유치권의 행사를 제한하는 판례이론에 관한 제언", 사법논집 제16집, 법원도서관, 2016, 341면 각주 4번).

74 이재석, "유치권의 행사를 제한하는 판례이론에 관한 제언", 사법논집 제16집, 법원도서관, 2016, 341면.

75 주로 압류채권자와 유치권자 간 우열의 문제가 될 것이다.

76 압류채권자와 유치권자 간 경합·충돌에 관한 논의를 통하여 유치권의 제한 여부를 논의함으로써 압류의 처분금지효에 따른 유치권의 우열을 검토하게 된다. 이와 같은 검토를 통하여 매수인 측으로 유치권이 인수될지가 결정된다는 점에서 압류채권자와 유치권자 간의 문제가 선결적 해결과제로 볼 수 있는 것이다. 이는 입법론적으로는 인수주의와 관련이 있다.

77 이와 같은 논제는 곧 매수인에 대하여 민사집행법 제91조 제5항에 따라 유치권을 주장하면서 대항할 수 있는지에 관한 쟁점으로도 연결되는 문제이기도 하다.

1. 압류 이후 성립한 유치권의 우열에 대한 학설 및 판례

부동산 경매절차에서의 압류는 처분금지효에 의하여 압류 효력이 발생한 이후 성립한 유치권은 압류채권자에게 대항할 수 없도록 진행하는 것이 원칙이다. 압류 이후 성립한 유치권의 대항력에 대한 학설은 크게 유치권의 대항력을 인정할 수 있다는 대항력 인정설과 대항력을 인정할 수 없다는 대항력 부정설이 대립하고 있으며 제한적 인정설 등의 견해도 있다. 판례에서도 과거부터 현재까지 유치권자의 대항력을 인정하였다가 부정하는 판례가 나오는 등 그 입장이 흔들리고 있다.

따라서 아래에서는 부동산 경매절차에서 부동산에 대한 압류 이후에도 유치권자가 유치권의 성립요건을 충족시킨 경우라면 이와 같은 유치권은 압류의 처분금지효에 저촉되는 것으로 판단해야 하는지 그리고 매수인 (경락인)에 대해 대항 가능한지 등의 문제의식을 토대로 우리나라와 일본의 학설 및 판례 등을 검토하고자 한다.

(1) 국내의 학설 및 판례

1) 학설

① 대항력 인정설(종래 통설)과 비판

ㄱ) 법리

대항력 인정설의 입장은 부동산에 대한 압류 이후에도 유치권이 성립하고 더 나아가 이와 같은 유치권으로 모든 압류채권자 또는 매수인에게 대항할 수 있다는 견해이며 종래의 우리와 일본의 통설의 입장이다.[78]

대항력 인정설의 논거로는 ⅰ) 압류 효력은 법률행위에 따른 처분만을 금지하는 것이고 사실행위는 금지하지 않는 것을 논리로 들 수 있다. 압류 이후 유치권을 취득하는 것은 사실행위를 바탕으로 법률규정에 따라 발생하기 때문에 압류의 처분금지효에 저촉되지 않으므로 유치권이 성립하

---

[78] 김상원 외 3인 편집대표, 「주석 민사집행법Ⅲ」, 한국사법행정학회, 2004, 338면; 이학수, "유치권이 요구하는 점유의 정도", (부산판례연구회)판례연구 제8집, 1998, 103면.

고 대항력도 인정된다는 것이다.[79] ⅱ) 유치권의 효력이란 등기 선후에 따라 그 우열이 결정되는 것이 아니라는 점을 근거로 압류보다 뒤에 성립한 유치권도 반드시 부정되는 것이 아니고 인정될 수도 있다는 측면[80]을 고려해야 한다는 것이다. 또한, ⅲ) 유치권은 등기를 필요로 하지 않기 때문에 다른 등기와 비교하여 선행과 후행으로 우열을 판단하는 것은 옳지 않다는 점과, ⅳ) 민사집행법 제91조 제5항에 따라 매수인은 유치권자에 대하여 그 유치권으로 담보하고 있는 채권을 변제해야 할 책임이 있다고 규정되어 있지만 인수되는 유치권의 범위에 관련해서는 그 어떤 제한도 나타나 있지 않다는 점[81] 등을 근거로 유치권자의 대항력이 있음을 인정하고 있다.[82]

ㄴ) 대항력 긍정설에 대한 비판

대항력 긍정설의 입장은 다음과 같은 점에서 비판을 받고 있다. 대항력 긍정설 견해의 논거 중 유치권의 효력이란 등기 선후에 의하여 우열이 결정되는 것이 아니기 때문에 압류등기와의 선후관계 판단은 곤란하다는 점은 검토가 요구된다는 것이다.[83] 유치권 효력에 제한을 가하는 이유 중 하나는 유치권이란 부동산에 있어 일반적인 공시방법인 등기와는 달리 점유라는 불완전한 공시방법에 의하여 성립되는 권리이기 때문에 이를 제한해야 할 필요성이 크다는 측면을 고려할 때 이와 같은 논거는 수긍하기 쉽지 않다고 한다. 유치권의 취득 및 상실은 점유라는 공시방법을 통해 결정되고 압류등기와의 선후관계 문제는 점유와 피담보채권을 취득한 시기 등과

79 이학수, "유치권이 요구하는 점유의 정도", (부산판례연구회)판례연구 제8집, 1998, 103-104면.

80 김상원 외 3인 편집대표, 「주석 민사집행법Ⅲ」, 한국사법행정학회, 2004, 338면.

81 吉野衛/三宅弘人 編輯代表(大橋寬明 執筆), 「注釋 民事執行法(3)」, 文唱堂, 1983, 293-294頁.

82 김상원 외 3인 편집대표, 「주석 민사집행법Ⅲ」, 한국사법행정학회, 2004 348면; 이학수, "유치권이 요구하는 점유의 정도", (부산판례연구회)판례연구 제8집, 1998, 103-104면. 일본에서도 국내의 이와 같은 입장을 살펴볼 수 있다(鈴木忠一/三ケ月章 編集代表(竹下守夫 執筆者), 「註釋 民事執行法(2)」, 第一法規, 1984, 253頁).

83 김상원 외 3인 편집대표, 「주석 민사집행법Ⅲ」, 한국사법행정학회, 2004, 340면.

같은 유치권의 성립요건이 충족된 시기를 기준으로 판명해야 한다는 것이다.[84]

대항력 긍정설의 견해 중 유치권에 법률상 우선변제청구권이 인정되지 않으나 사실상의 우선변제권의 실효성을 보장하기 위한 것이라는 논거가 있다. 그러나 사실상 우선변제권을 인정해주어야 하는 유치권은 압류 이전에 성립한 유치권에 한정되어 있는 것이라고 한다. 압류 이후 성립한 유치권의 경우 압류채권자 또는 매수인에게 유치권의 우선변제권을 보장해줄 필요가 없다는 비판도 있다. 따라서 위 논거는 우선변제권의 일면적인 측면만을 고려한 것이고 압류 이후 성립한 유치권이 압류의 처분금지효에 저촉됨을 고려하지 못한 비판이 있다.[85]

그리고 대항력 긍정설의 견해 중 i) 압류 효력은 법률행위에 의한 처분행위만을 대항할 수 없도록 할 뿐 사실행위에 따른 처분행위를 금지하는 것은 아니기 때문에 사실행위를 근거로 법률 규정에 따라 발생하게 되는 유치권 취득을 저지할 힘은 없는 것으로 보아야 한다는 논거와,[86] ii) 유치권은 채무자의 처분행위에 의하여 발생되는 것이 아니기 때문에 압류 효력이 발생한 후 취득한 유치권이라 해도 압류채권자에 대하여 대항할 수 있고 이에 따라 매수인도 이 유치권을 인수해야만 된다는 점을 논거로 제시하고 있다.[87]

그러나 부동산이 압류되면 처분금지효가 발생하는데 이것은 부동산에 대한 처분권을 국가에게 귀속시키는 것을 의미하고 그 소유자인 채무자의 처분행위를 금지시키는 것이다. 여기서 처분의 의미는 부동산에 대한 교환가치의 감소를 야기할 수도 있는 가능성이 있는 재산권의 변동을 일으키는 일체의 행위를 말한다. 이와 같은 행위는 법률적 처분행위, 사실적

84 김건호, "부동산 경매절차에서의 유치권", 「법학논고」 제36집, 경북대학교 법학연구원, 2011, 394면.

85 김건호, "부동산 경매절차에서의 유치권", 「법학논고」 제36집, 경북대학교 법학연구원, 2011, 394면.

86 이학수, "유치권이 요구하는 점유의 정도", (부산판례연구회)판례연구 제8집, 1998, 103면.

87 福永有利, "不動産上の權利關係の解明と賣却條件", 「民事執行法の基本構造」, 西神田編輯室, 1981, 356頁.

처분행위 모두를 포함하는 것이고 점유권은 재산권의 일종이기 때문에 점유이전으로 인하여 목적물에 대한 교환가치가 감소될 가능성이 있기 때문에 점유이전행위는 처분행위에 해당한다고 볼 수 있다고 한다.[88] 또한, 부동산 압류 이후에 채무자가 부동산에 대한 임차권이나 용익물권 등을 설정하고 이러한 점유를 이전해주는 행위는 부동산 자체의 교환가치를 감소시킬 수 있는 가능성이 있는 행위이기 때문에 압류에 의해 금지되는 처분행위에 해당됨이 당연시되는 이상 위 논거 역시 타당하지 않다는 것이다.[89]

② 대항력 부정설(판례의 입장)과 비판

ㄱ) 법리

대항력 부정설의 입장은 우리 대법원의 입장으로 이미 압류 효력이 발생한 부동산의 점유를 채무자가 임대차 또는 사용대차 등의 행위를 통하여 제3자에게 이전해주는 것은 압류의 처분금지효[90]에 저촉되는 행위라고 본다. 또한 이러한 견해는 민사집행법 제91조 제5항 규정에 따라 유치권자를 모든 유치권자로 이해하는 것이 아니라 압류채권자 또는 경락인에 대하

---

88 이와 같은 주장은 해당 판례에 관한 검토에서의 점유이전행위의 처분행위 여부 논의와 반대되는 견해를 피력하는 것이 아니다. 판례의 법리를 살펴보면 압류의 효력이 발생한 이후에 점유가 이전된 경우뿐만 아니라 점유이전이 압류의 효력이 발생하기 이전에 행해진 경우 유치권의 성립은 처분금지효에 저촉되어 압류채권자 등에 대해 대항할 수 없다고 판시하였다. 여기서 이와 같은 판례의 입장을 단순히 점유이전행위=처분행위로 판단하고 있지 않다고 보았다. 즉, 점유이전이 처분행위에 해당하는지의 쟁점보다는 점유이전으로 인하여 최종적으로 유치권이 성립하게 되는지의 여부에 더 초점을 맞추고 있는 것으로 해석하였다. 그리고 판례의 법리는 점유이전이라는 사실행위가 원칙적으로는 처분행위에 해당되지 않아 본 주장과 일맥상통하나 예외적인 면에서 압류 등의 정책적 목적, 그리고 기타 사정 등을 고려한 판단을 통하여 처분행위로도 인정이 될 수 있음을 시사한 것으로 판단하여야 한다고 설시하였다. 따라서 앞서 논의한 판례에 관한 검토에서의 점유이전행위의 처분행위 해당 여부 논의와 본 주장과는 양립가능하며 보완적인 해석으로써 작용하고 있는 것이다(김건호, "부동산 경매절차에서의 유치권", 「법학논고」 제36집, 경북대학교 법학연구원, 2011, 394면).

89 이시윤, 「민사집행법」, 박영사, 2009, 240면.

90 처분금지효는 상대적 효력만을 가지고 있다(김기찬/이춘섭, "부동산 경매에서 유치권의 한계에 관한 연구", 부동산학연구 제13집 제2호, 2007, 83-86면; 김원수, "압류(가압류)의 효력이 발생한 후에 유치권을 취득한 자가 매수인(경락인)에게 대항할 수 있는지 여부", (부산판례연구회)판례연구 제18집, 2007, 668면).

여 대항할 수 있는 유치권자로 파악하고 있다.[91]

ㄴ) 대항력 부정설에 대한 검토

압류 이후 유치권자의 점유 또는 채권 취득이 압류의 처분금지효에 반하게 되기 때문에 압류채권자에 대하여 대항할 수 없다고 판단하였다는 점에서 타당하다는 견해가 있다. 다만, 압류채권자에 대해 대항 불가능한 유치권을 주장하는 자가 자신의 점유권원이 매수인에 대하여 대항할 수 없는 사실을 인식하였거나 과실로 인해 인식하지 못하였던 경우 그 점유는 민법 제320조 제2항을 유추 적용할 필요가 있다고 한다. 원칙적으로 대항력 부정설의 입장을 견지하되 이 점유는 불법행위로 인한 점유이기 때문에 이 유치권은 성립 자체가 인정되지 않는 법리를 취하는 것이 합리적이라는 견해도 있다.[92]

③ 제한적 대항력 인정설과 비판

ㄱ) 법리

제한적 인정설의 입장은 압류 이전에 점유가 이루어진 경우는 유치권의 대항력을 인정할 수 있지만 압류 이후에 점유가 이루어진 때에는 유치권의 대항력을 부인해야 한다고 본다.[93] 이 견해는 일본 학계로부터 발생

....
91 강민성, "민사집행과 유치권-이미 가압류 또는 압류가 이루어졌거나 저당권이 설정된 부동산에 관하여 취득한 점유 또는 견련성 있는 채권으로써 경매절차에서 그 부동산을 매수한 사람을 상대로 유치권을 내세워 대항하는 것이 허용되는지 여부에 관하여", 사법논집 제36집, 2003, 76면; 김기찬/이춘섭, "부동산 경매에서 유치권의 한계에 관한 연구", 부동산학연구 제13집 제2호, 2007, 85면; 김원수, "압류(가압류)의 효력이 발생한 이후 유치권을 취득한 자가 매수인(경락인)에게 대항할 수 있는지 여부", (부산판례연구회)판례연구 제18집, 2007, 684면.

92 東京地裁民事執行実務研究会 , 「不動産執行の理論と実務(改訂上)」, 財団法人 法曹会, 1999, 544頁; 石川明 外 2人 編(佐藤歳二 執筆), 「注解民事執行法(上卷)」, 1991, 615頁; 佐藤歳二, "不動産引渡命令", ジュリスト, 876号, 1987, 62頁; 関 武志, 「留置 の研究」, 信山社, 2001, 439~440頁.

93 제한적 인정설에 대하여는, 장요성, 「유치권사건처리실무」, 법률정보센터, 2009, 427면; 김기찬/이춘섭, "부동산 경매에서 유치권의 한계에 관한 연구", 부동산학연구 제13집 제2호, 2007, 93면 등 참조.

한 학설로 압류 이후 유치권의 성립요건을 갖추게 된 자라 하여도 유치권을 취득함에는 지장이 없지만 유치권자의 점유개시의 시기에 따라 대항력을 제한해야 한다고 주장하고 있다. 즉, 압류 이전에 부동산에 대한 점유권원을 가지고 점유했던 자가 압류 이후 피담보채권의 취득으로 유치권을 취득한 경우 압류채권자 또는 경락인에 대하여 유치권으로 대항할 수 있으나 압류 이후 부동산을 점유하면서 유치권을 취득한 유치권자는 압류채권자 또는 경락인에 대하여 대항할 수 없다는 법리를 주장하는 것이다.[94]

ㄴ) 제한적 대항력 인정설에 대한 비판

위에서 살펴본 법리는 압류 효력이 발생하기 전부터 대항력을 갖추지 않은 임대차 또는 사용대차 등 제3자에 대하여 대항력 없는 점유권원을 기초로 부동산을 점유하는 자가 그러한 압류가 있었다는 사실을 인식한 채로 부동산에 대해 필요비 또는 유익비를 지출하였던 경우에는 문제가 될 수 있다고 한다. 압류가 있었다는 것을 인식하고 있었음에도 불구하고 유치권자에게 유치권의 성립을 인정하고 대항력까지 인정해주면 경매절차가 개시되었던 부동산에 대한 대항력을 갖추지 못한 점유권원에 의해 점유하는 자가 경매절차가 진행되어 조만간 발생하게 될 점유상실의 결과를 회피할 목적으로 유치권이라는 제도를 원 기능 외적으로 악용하는 것을 막기 힘들기 때문에 역시 합리적이지 못하다는 것이다. 따라서 점유자가 압류가 있었다는 사실을 인식하였거나 과실로 인하여 이러한 사정을 인식하지 못한 채로 부동산에 대해 필요비 또는 유익비를 지출한 경우 민법 제320조 제2항 규정을 유추 적용하여 부동산 경매절차에서의 매수인에 대하여 유치권을 주장할 수 없도록 할 필요가 있다고 한다.[95]

----

94 鈴木忠一/三ケ月章 編輯代表(石丸俊彦 執筆), 「注解 民事執行法(3)」, 253頁.

95 강민성, "민사집행과 유치권―이미 가압류 또는 압류가 이루어졌거나 저당권이 설정된 부동산에 관하여 취득한 점유 또는 견련성 있는 채권으로써 경매절차에서 그 부동산을 매수한 사람을 상대로 유치권을 내세워 대항하는 것이 허용되는지 여부에 관하여", 사법논집 제36집, 2003, 74면.

④ 제한설(또는 유형구분설)과 비판

ㄱ) 법리

제한설(또는 유형구분설, 이하 편의상 유형구분설이라 한다)은 압류의 처분금지효에 의하여 제한받게 되는 처분행위는 유치권을 성립시켜주는 처분행위를 의미한다고 한다. 유치권은 채무자의 점유이전행위로 인한 처분행위에 의해 성립되는 것이 아니며 어떠한 원인으로든 부동산을 점유한 이후에는 부동산에 대해 비용을 투입하여 상환청구권 채권을 취득함으로써 법률 규정에 따라 유치권을 취득한다고 주장하고 있다.

이 견해에 따르면 ⅰ) 압류 이전에 부동산에 비용을 지출하고 압류 이후에 부동산의 점유를 취득한 유치권을 주장하는 경우(비용지출 → 압류 → 점유취득으로 유치권 주장), ⅱ) 압류 이전에 부동산을 점유하다가 압류 이후에 유익비 등을 지출하고 유치권을 주장하는 경우(점유 → 압류 → 유익비 지출하며 유치권 주장), ⅲ) 압류 이후 부동산에 대한 점유를 시작하였고 그 이후의 비용도 지출하며 유치권을 주장하는 경우(압류 → 점유 → 비용지출로 유치권 주장) 이 3가지의 형태로 나누어 논의하고 있다. ⅱ), ⅲ)의 경우는 유치권을 성립시킬 목적으로 채무자의 처분행위가 존재하지 않고 압류 이후 해당유치권자가 부동산에 비용을 지출하여 이익이 매각될 때까지 현존하고 있기 때문에 이를 유치권자 측에 반환해도 공평의 원칙에 반하는 행위가 아니라고 한다. 그러나 ⅰ)은 압류 이전에 비용이 이미 투입되어 있는 상황이었고 목적물의 점유이전만 있다면 유치권은 취득되는 것이기 때문에 이와 같은 점유이전행위는 유치권을 성립시켜주는 처분행위에 해당한다고 보아 유치권을 인정하지 않고 있다.[96]

ㄴ) 제한설(유형구분설)에 대한 비판

유형구분설의 견해는 지나치게 기술적이고 기교적인 측면이 있기 때문에 동의하기 힘들다는 비판이 있다. 그리고 3가지 유형에 따라 유치권의 대항을 인정해줄 것인지의 여부가 달라진다는 논리는 실무상 사안마다 그

---

96 김원수, "압류(가압류)의 효력이 발생한 후에 유치권을 취득한 자가 매수인(경락인)에게 대항할 수 있는지 여부", 판례연구 제18집, 부산판례연구회, 2007, 666면; 이계정, "체납처분 압류와 유치권의 효력", 「서울대학교 법학」 제56권 제1호, 서울대학교 법학연구소, 2015, 226면.

복잡성으로 인하여 적용하기도 난해한 측면이 있기 때문에 유치권의 법정 성립요건인 점유와 채권의 변제기 도래의 시점이 압류 이전이었는지 아니면 압류 이후였는지를 판단하면 충분하다는 것이다.[97]

2) 판례

압류 효력이 발생한 이후 유치권의 문제에 대하여 대법원 판결의 판시내용은 다음과 같다. 부동산에 대해 압류 효력이 발생한 이후 채무자가 채권자에게 부동산의 점유를 이전해주는 행위를 통하여 유치권을 취득하도록 해준 경우 이와 같은 점유이전행위는 목적물의 교환가치를 감소시킬 수도 있다는 우려가 있는 처분행위에 해당한다. 이는 민사집행법 제92조 제1항, 그리고 제83조 제4항에 따라 압류의 처분금지효에 저촉되기 때문에 점유자는 이와 같은 유치권을 내세워 부동산에 진행되는 경매절차의 매수인에 대하여 대항할 수 없다고 판시[98]하였다(대항력 부정

---

97 이호행, "유치권이 설정된 부동산의 경매-유치적 효력을 중심으로-", 홍익법학 제19권 제1호, 홍익대학교 법학연구소, 2018, 247면; 강구욱, "부동산 압류의 처분금지효와 유치권", 한국민사집행법학회 2018년 하계발표회(2018. 6. 16.) 발표논문집, 2018, 26면; 또한 위와 같은 유형구분설의 입장을 취하게 되는 경우에는 실무상 유치권 관련 사건이라는 것이 점점 더 복합화되고 있으므로 이처럼 3가지 유형으로 파악하는 것 자체가 쉽지 않은 측면이 있다. 그리고 3가지 유형으로 나누어 유치권 사건을 판단하게 되면 여기에서의 논의뿐만 아니라 제3장 부동산 경매 현금화단계에서의 유치권 장에서 선행 저당권에 대한 유치권 논의, 그리고 선행 저당권에 대한 상사유치권 논의에 있어서도 이처럼 3가지로 유형화하여 판단하여야 할 것이므로 타당하지 않다. 또한 2가지 유형화를 하는 경우에 압류 이후에 비용을 지출한 경우라면 이와 같은 비용을 지출한 부분에 대한 유치권은 대항을 인정해주어야 한다는 법리가 도출된다. 그런데 비용을 지출한 부분만이 존재하는 경우에 바로 유치권을 인정해주는 것은 합리적인지는 검토가 요구된다. 즉, 그 비용을 지출한 부분의 가치가 현존하고 있는지의 여부에 따라서 비용지출 부분에 있어서도 그 유치권의 대항여부가 갈리게 될 수 있다는 점에 있어서도 위와 같은 3가지 유형을 통한 법리는 지나치게 기술적인 측면이 있다고 볼 수 있으며 실무상 적용함에 있어 명확하지 않은 문제가 있다.

98 대법원 2005. 8. 19. 선고 2005다22688판결과 유사한 판례로 채무자가 소유하고 있는 부동산에 경매개시결정의 기입등기가 경료가 완료되어 압류의 효력이 발생한 후에 채무자로부터 채권자가 부동산의 점유를 이전받았고 이에 관하여 공사 등을 실시하면서 채무자에 대하여 공사대금채권 및 이러한 채권을 피담보채권으로 하는 유치권을 취득하게 된다는 판례가 있다. 이와 같은 사례에서 법원은 점유이전 행위는 목적물의 교환가치를 감소시킬 수도 있는 우려가 있는 처분행위로 보아 민사집행법 제92조 제1항, 그리고 제83조

설).[99]

대법원 판결에서는 경매개시결정등기 이전에 점유를 취득하였지만 압류 효력이 발생한 이후의 피담보채권 즉, 공사대금채권을 취득한 사안에 대하여 판시를 내린 바 있다. 유치권은 목적물과 관련하여 생긴 채권이 변제기에 도달한 경우에 이르러서야 비로소 성립하고(민법 제320조) 채무자가 소유하고 있는 부동산에 경매개시결정의 기입등기가 완료되어 압류 효력이 발생한 이후 유치권을 취득한 경우에는 부동 경매절차에서의 매수인에 대하여 대항할 수 없다고 하였다. 그런데 채무자가 소유하고 있는 건물에 대하여 증·개축 등의 공사를 도급받았던 수급인이 경매개시결정의 기입등기가 완료되기 전에 채무자로부터 건물의 점유를 이전받은 사실이 존재함에도, 경매개시결정의 기입등기가 완료되어 압류의 효력이 발생한 이후 공사를 완공하여 공사대금채권을 취득하게 됨으로써 그 시기에 비로소 유치권이 성립한 상황에서의 수급인은 이러한 유치권을 주장하여 경매절차의 매수인에 대하여 대항할 수 없다는 판결을 내렸다.[100] 이 판례는 유치권의 대항력을 부인하는 근거로 기존 법리인 압류의 처분금지효 법리를 직접적으로 언급하지 않은 판결임에 의의가 있다.

최근에는 압류의 처분금지효에 반한다는 법리를 근거로 유치권의 대항력을 부인하는 해석론이 아닌 또 다른 법리로 판결을 내린 대법원 전원합의체 판결이 나타나기 시작하였다. 대법원 전원합의체 판결은 전원합의체 다수의견인바, 부동산에 이미 경매절차가 개시되어 경매가 진행되는 상태에서 비로소 부동산에 대한 유치권을 취득한 경우 어떠한 제한도 없이 이러한 유치권자가 경매절차의 매수인에 대하여 유치권의 행사를 허용하게

제4항에 의하여 압류의 처분금지효에 저촉되기 때문에 이러한 경위로 부동산을 점유하게 된 채권자는 이 유치권으로 그 부동산에 관하여 경매절차에서의 매수인에 대하여 대항할 수 없다고 판시하였다(대법원 2006. 8. 25. 선고 2006다22050 판결).

99 대법원 2005. 8. 19. 선고 2005다22688판결; 과거의 판례의 입장은 대항력 긍정설의 입장이었으나 이 판결 이후로 이 판례의 법리가 반영된 판례가 나타나기 시작하였다. 대법원 2017. 2. 8. 선고 2015마2025결정의 법리도 같은 요지의 판시를 내린 것을 알 수 있다(강구욱, "부동산 압류의 처분금지효와 유치권의 효력", 법학논고, 경북대학교 법학연구권, 145면).

100 대법원 2011. 10. 13. 선고 2011다55214 판결.

된다면 경매절차에 대한 신뢰가 저하되고 절차적인 안정성 역시도 크게 위협받게 된다고 한다. 또한, 경매 목적 부동산을 신속하고 적정한 가격에 환가하려는 노력이 매우 어려워지고 경매절차의 여러 이해관계인에게 불측의 손해를 끼치게 되는 상황이 발생할 수도 있다는 것이다. 이러한 경우까지 압류채권자를 비롯한 여러 다른 이해관계인들의 불측의 손해 등에 희생을 강요하면서 유치권자만을 우선으로 보호하는 것은 집행절차에서의 안정성 측면에서도 수인하기가 매우 어려운 것이라고 한다. 따라서 부동산에 경매개시결정등기가 완료된 이후 비로소 부동산의 점유를 이전받는 경우이거나 또는 피담보채권이 발생하면서 유치권을 취득하게 된 경우 경매절차상 매수인에 대해 유치권의 행사는 불가능하다고 판단한 판례인 것이다.[101]

이 판결은 부동산 경매절차에서 법적 안정성을 중시한 판단으로 매각절차인 경매절차가 개시된 이후 유치권을 취득한 경우 이러한 유치권은 경매절차의 매수인에 대하여 그 대항력이 인정되지 않는다고 판단한 것이다. 부동산에 대하여 저당권이 설정되었거나 가압류등기가 완료된 이후 유치권을 취득한 사정이 발생해도 경매개시결정등기가 완료되기 이전에 민사유치권을 취득한 경우라면 경매절차에서의 매수인에 대해 유치권을 행사할 수 있으므로 그 대항력이 인정됨을 보여주기도 하였다.[102] 이와 같이 법적 안정성을 중시하는 법리를 근거로 하는 판례가 나오면서 유치권의 대항력을 부인하는 근거에 대해 집행절차에서의 법적 안정성이라는 또 다른 새로운 근거를 내세우고 있는 것이다. 또한, 과거 대항력 부인의 대표적 근거인 압류의 처분금지효라는 판결의 해석론적 법리를 판례의 근거로 제시하지 않기 시작한 것이다.[103]

---

101 대법원 2014. 3. 20. 선고 2009다60336 전원합의체 판결.

102 대법원 2014. 3. 20. 선고 2009다60336 전원합의체 판결에서 주로 다수의견의 내용이다. 이 판례와 관련하여 참조하여야 하는 판례로는 대법원 2009. 1. 15. 선고 2008다70763 판결; 대법원 2011. 11. 24. 선고 2009다19246 판결 등이 있다.

103 대법원 2014. 3. 20. 선고 2009다60336 전원합의체 판결에서 신영철, 민일영, 박보영 대법관의 반대의견도 살펴볼 필요가 있다. 반대의견의 주요 주장은 경매절차에 있어서 압류효력이 발생한 이후에 유치권을 취득하게 된 것이 압류의 처분금지효에 저촉되는 논리와 마찬가지로, 체납처분압류 이후에 유치권을 취득하게 되는 것도 체납처분압류의 처분금

위 대법원 전원합의체 판결에서와 같이 부동산 경매절차에서 법적 안정성을 중시한 법리의 판결이 나타나면서 이후의 판결에도 영향을 주고 있음을 파악할 수 있다. 즉, 대항력을 제한하는 기준을 새롭게 제시한 법리인 '경매절차의 법적 안정성'을 기준으로 하는 판례가 지속해서 나타나고 있다. 최근 대법원은 어느 부동산에 경매개시결정등기가 완료된 이후 비로소 민사유치권을 취득한 자는 경매절차의 매수인에 대하여 자신의 유치권을 주장할 수 없다고 한다.[104] 이와 같은 법리는 어디까지나 부동산 경매절차에서의 법적 안정성을 보장할 목적으로 제시하는 것이기 때문에 경매개시결정등기가 완료되기 이전에 그 부동산에 대해 민사유치권을 이미 취득한 자는 이러한 취득에 앞서 저당권설정등기 또는 가압류등기, 체납처분압류등기가 선행적으로 이행되고 있어도 경매절차에서의 매수인에 대하여 자신의 유치권으로 대항할 수 있다고 판시하였다.[105] 따라서 본 판례에서는 저당권자, 가압류채권자, 체납처분압류채권자에 따른 경매개시결정이 내려지기 이전에 유치권이 성립한 경우 유치권의 대항을 인정할 수 있다고 한다.

지효에 저촉되는 것으로 보아야 이론적인 모순이 없게 된다는 것이다. 즉, 반대의견은 부동산에 경매개시결정의 등기가 완료되어 압류의 효력이 발생한 이후에 채무자로부터 제3자가 점유의 이전을 받아 유치권을 취득하게 된 경우 그러한 점유이전은 해당 목적물의 교환가치를 감소시킬 수도 있는 우려가 있는 처분행위에 해당하게 된다. 이에 민사집행법 제92조 제1항, 제83조 제4항에 의거한 압류의 처분금지효에 저촉되기 때문에 점유자는 그러한 유치권을 주장하여 경매절차상 매수인에 대해 대항할 수 없다는 것이 대법원의 확립된 판례라고 강조한다. 이와 더불어 다수의견의 주장도 비판하였는데 즉, 다수의견은 이러한 논리와는 달리 압류의 처분금지효 저촉문제는 비껴가고 그 대신 '집행절차의 법적 안정성' 또는 '경매절차에 대한 신뢰'라는 해석론을 전면에 부각시키면서 동시에 체납처분압류로부터 경매절차가 개시되는 것이 아니므로 경매절차가 개시되기 전에 유치권을 취득하게 된 상황인 이상, 그러한 취득 당시 이미 부동산에 체납처분압류가 되어 있었다 하더라도 '집행절차의 법적 안정성' 또는 '경매절차에 대한 신뢰'를 해치는 것이 아니므로 경매절차의 매수인에 대하여 유치권을 행사하는 것은, 아무런 지장이 없다는 식으로 결론을 내린 논리를 비판하고 있다.

104 대법원 2005. 8. 19. 선고 2005다22688 판결 등 참조.
105 대법원 2014. 4. 10. 선고 2010다84932 판결.

(2) 일본의 학설 및 판례

1) 학설

① 긍정설
긍정설에는 4가지 견해가 있다.

ㄱ) 제1설(다수설)과 비판

일본에서는 압류 이후 성립한 유치권의 대항력을 인정하는 입장이 다수설이다. 이 견해는 법률규정을 고려해볼 때, 경매절차에서의 매수인에게 인수되는 부동산유치권에는 어떠한 규정상의 제한도 있지 않는 점을 근거로 유치권은 매수인에 대해 대항 가능하다는 것이다. 그리고 유치권이란 실체법상 우선변제청구권이 부여되지 않기 때문에 이러한 유치권이 매각을 이유로 소멸하게 된다면 유치권자는 대금으로부터 우선적인 만족을 얻을 수도 없는 상태에서 유치권이 상실되기 때문에 그 이익이 침해되는 것이 부당하다고 한다. 또한, 유치권의 피담보채권은 대부분 공익적 성격을 가지고 있다는 측면을 고려하여 모든 유치권은 경매절차상에서 매수인에 대하여 대항할 수 있기 때문에 경매절차상의 매수인에게도 인수되는 것으로 파악하고 있다.[106]

그런데 대항력 긍정설의 견해 중 부동산유치권의 피담보채권은 대부분 공익성과 소액성의 특성이 있기 때문에 보호해야 한다는 논거는 다음과 같은 비판이 있다. 유치권의 피담보채권만이 압류채권자 또는 선순위의 담보물권자를 배제하면서까지 보호해야 할 정도로 그 공익성이 강하다고 판단하기는 어렵다는 것이다.[107] 무엇보다 최근 실무에서 주장되고 있는 유치권의 공사대금채권 등은 소액이 아닌 매우 높은 액수의 피담보채권도 많고 그 금액의 많고 적음에 따라서 유치권을 인정할 것인지의 여부

---

106 鈴木忠一/三ケ月章 編集代表(竹下守夫 執筆者), 「註釋 民事執行法(2)」, 第一法規, 1984, 253頁.

107 강민성, "민사집행과 유치권―이미 가압류 또는 압류가 이루어졌거나 저당권이 설정된 부동산에 관하여 취득한 점유 또는 견련성 있는 채권으로써 경매절차에서 그 부동산을 매수한 사람을 상대로 유치권을 내세워 대항하는 것이 허용되는지 여부에 관하여", 사법논집 제36집, 2003, 74면.

를 판단하는 것 또한 불합리하다고 한다.[108]

ㄴ) 제2설과 비판

유치권자의 피담보채권은 대부분 그 액수가 소액인 경우가 많은데 이런 경우까지 보호할 필요성은 적다는 비판이 있다. 유치권은 등기에 의해 공시가 되지 않기 때문에 대항요건의 구비가 어려워 다른 등기와의 선후관계 판단이 곤란하다는 견해도 있다. 유치권은 채무자의 처분행위를 원인으로 발생하는 것이 아니기 때문에 압류 효력 발생 이후 취득한 유치권이라 해도 압류채권자에 대하여 대항할 수 있다는 것이다.[109]

그러나 앞서 국내의 대항력 긍정설에서 검토한 것처럼 유치권의 효력에 제한을 두는 이유는 유치권이 일반적인 공시방법인 등기와는 달리 점유라는 불완전한 공시방법에 의하여 성립되는 권리이기 때문이라는 비판이 있다.[110]

ㄷ) 그 밖의 학설

압류의 효력이 발생한 이후 유치권은 채무자의 처분행위에 의해 발생하는 것이 아니기 때문에 압류 이후 취득한 유치권이라 해도 압류채권자에 대하여 대항할 수 있다는 견해도 있다(제3설). 이 견해에 따르면 유치권은 매수인이 인수해야 하는 것으로 파악하고 있으며 유치권의 처분행위성을 부인하기 때문에 매수인에 대해서도 대항할 수 있다고 한다.[111]

....

108 서울중앙지방법원에서 경매실무를 하는 동안 유치권이 주장되고 있는 사건 중의 대부분은 공사대금채권에 기한 사건이 많은데 그 피담보채권의 금액은 1,000만 원 이하의 사건은 거의 찾아보기 힘들고 보통 수천만 원에서 수억 원 이상에 이른다(차문호, "유치권의 성립과 경매", 「사법논집」 제42집, 법원도서관, 2006, 각주 176번).

109 福永有利, "不動産上の權利關係の解明と賣却條件", 「民事執行法の基本構造」, 西神田編輯室, 1981, 356頁.

110 김건호, "부동산 경매절차에서의 유치권", 「법학논고」 제36집, 경북대학교 법학연구원, 2011, 394면.

111 민사집행법에 있어서는 압류에 위반하여 행하여진 처분행위는, 경매절차 전체와의 관계를 고려해볼 때, 상대적으로 무효이기 때문에(일본에서는 압류의 효력에 있어서 절차상 대효설을 취하고 있다. 우리나라의 경우도 판례와 통설이 개별상대효설의 입장에 있긴 하나, 결론적으로 처분행위의 효력을 부인하고 있다는 측면에 있어서는 다르지는 않다),

압류의 효력이 발생하기 전에 이미 적법한 권원을 가진 채로 부동산을 점유한 자가 그 이후에 취득한 유치권은 경매절차 중에 현황조사보고서, 감정평가서, 매각물건명세서상에 기재되었었는지의 여부와는 상관없이 경매 매수인에게 인수된다는 견해가 있다(제4설).[112]

② 부정설

ㄱ) 제1설과 비판

제1설은 주로 일본 법원의 실무의 입장으로 일정한 경우에는 유치권의 성립을 부인할 필요가 있다는 것이다. 이것은 압류 이후 유치권의 성립요건을 갖추게 된 자에 대하여 무제한적으로 유치권의 성립을 인정해줄 경우 압류채권자 또는 매수인을 해할 수도 있는 대항력 긍정설의 단점을 극복하고자 일본에서 논의된 입장이다. 이 견해에 따르면 압류 이후 유치권의 성립요건을 갖추게 된 경우 그 유치권자의 점유 또는 채권 취득이 압류의 처분금지효에 반하기 때문에 압류채권자에 대하여 대항할 수 없다고 한다.[113]

위 견해는 다음과 같은 비판이 있다. ⅰ) 경매개시결정 기입등기 이후 유치권을 어떠한 제한도 없이 인정하게 될 경우 압류채권자 또는 경락인의 이익을 해할 수 있기 때문에 이를 제한해야만 한다는 취지나 ⅱ) 유치권을 주장하는 자는 경매개시결정 기입등기 이후의 점유취득이 압류의 처

압류의 효력이 발생한 이후에 설정되거나 또는 대항요건을 구비한 부동산 질권의 경우는, 경매절차상 무시되는 것으로 된다.

그러나 유치권은 채무자의 처분행위를 통하여 발생하는 것은 아니므로 압류의 효력이 발생한 후에 취득된 유치권이라 하여도 압류채권자에 대항할 수 있다. 따라서 매수인도 이것을 인수하여야만 하는 것이다. 다만, 이와 같이 무제한적으로 유치권을 보호해주는 것이 정당한가에 관하여 유치권자가 점유를 취득하기 전에 성립된 저당권 또는 우선특권을 부당하게 해할 염려가 있을 수도 있다는 점이 문제로 된다(福永有利, "不動産上の權利關係の解明と賣却條件", 「民事執行法の基本構造」, 西神田編輯室, 1981, 356頁).

112 鈴木忠一/三ケ月章 編輯代表(石丸俊彦 執筆), 「注解 民事執行法(2)」, 1984, 298頁.

113 東京地裁民事執行実務研究会 , 「不動産執行の理論と実務(改訂上)」, 財団法人 法曹会, 1999, 544頁; 石川明 外 2人 編(佐藤歳二 執筆), 「注解民事執行法(上卷)」, 1991, 615頁; 佐藤歳二, "不動産引渡命令", ジュリスト, 876号, 1987, 62頁; 関 武志, 「留置権の研究」, 信山社, 2001, 439~440頁; 이와 같은 견해를 취하고 있는 일본 판례는 앞서 살펴본 福岡高等裁判所(후쿠오카 고등재판소) 1973. 4. 25. 결정(判例時報 726号, 60頁)이 있다.

분금지효에 반하므로 압류채권자를 대하여 대항할 수 없다는 점에 대해서는 찬동한다고 한다. 그러나 압류채권자에 대하여 대항할 수 없는 경우 유치권주장자의 점유도 곧바로 불법행위가 되기 때문에 유치권이 아예 성립조차 하지 않는다는 주장에는 동의하기 어렵다는 것이다. 압류의 처분금지효에 반하게 되는 부동산의 처분행위는 일본에서의 민사집행법상 절차상대효설 또는 개별상대효설(우리나라에서의 통설 및 판례의 입장) 둘 중 어느 입장에서도 압류채권자가 행하게 되는 집행절차와의 관계 또는 압류채권자와의 관계에서는 효력이 없다는 것이다.[114]

이에 따라 소유자가 경매개시결정 기입등기 이후 이러한 기입등기 사실을 인식하면서 점유를 이전해준다고 해도 그것이 다른 압류채권자와의 관계 또는 제3자와의 관계에서까지 불법행위가 되는 것으로 보기는 어렵다고 한다. 그리고 경매개시결정 기입등기 이후 이러한 기입등기의 사실을 인지하게 된 채로 개시된 점유이전을 불법행위로 판단하게 된다면 ⅰ) 압류채권자의 집행취소신청이 있는 경우 또는 ⅱ) 매각절차가 취소되었을 경우에 처음부터 불법행위였던 점유이전이 이러한 취소로 인해 적법행위가 되는 것인지 아니면 여전히 불법행위가 되는 것인지에 관해서도 합리적으로 풀어내기 어려운 문제가 상존하게 된다는 것이다.[115]

또한, 경매개시결정 기입등기 이후 점유를 취득하게 되었다는 이유로 추후에 비용을 투입하였던 임차인 등의 점유자 측에게 유치권의 성립 그 자체도 부정하도록 해석하게 된다면 점유자는 점유자와 소유자 간의 관계에서 유효한 계약도 문제가 될 수 있다는 비판도 있다. 이와 같은 유효한 계약을 기초로 이뤄진 비용투입 등을 근거로 소유자에 대하여 유치권을 취득하지 못하게 되는 불합리한 상황까지 나타나게 된다는 것이다. 그리고 이 견해에 따르면 점유자 입장에서 압류가 있었다는 사실을 전혀 인식하지 못하였고 이에 대한 과실이 없는 경우 그리고 점유는 압류 전에 취득하였고 피담보채권은 압류 후에 취득한 경우에는 점유자 입장에서 유치권을 취득하여 압류채권자 등에 대해 대항 가능하다고 해석하게 된다. 그런데 이와 같은 해석을 행하게 된다면 압류의 처분금지효 제도와 취지를 퇴

114 법원행정처, 「법원실무제요」민사집행「Ⅱ」부동산집행, 2003, 48면.
115 차문호, "유치권의 성립과 경매", 사법논집 제42집, 2006, 399면.

색시키게 되는 것이고 압류채권자 또는 경락인 등에게 피해를 줄 수도 있는 측면도 있기 때문에 타당하지 않다고 한다.[116]

ㄴ) 그 밖의 학설

압류 효력이 발생한 이후의 저당권은 배당요구조차 인정되지 않고 있는데 이와 비교해본 유치권의 경우는 지나치게 우대하는 경향이 있기 때문에 압류의 효력이 발생한 이후 생긴 유치권에 대해서는 유치권의 효력을 제한적으로 해석해야 한다는 견해이다. 즉, 압류의 효력이 발생한 이후 경매부동산을 점유한 자는 처분금지효에 반하는 것으로 보거나 불법점유임을 이유로 하여 경매절차상에서 보호할 가치가 없다고 보아 유치권의 대항력은 부정되어야 한다는 것이다(제2설).[117]

압류 효력에 따라 유치권자가 경매매수인에 대하여 대항할 수 없게 되는 경우에는 이후 부동산에 투입하였던 비용상환청구권과 관련된 유치권의 행사를 인정할 수는 없다는 견해도 있다.[118] 예를 들어, 부동산의 압류 이후 부동산을 임차한 자가 부동산에 대한 비용을 지출하였었다고 주장하면서 그 상환청구권을 근거로 경매절차상 매수인에 대해 유치권을 행사한 상황을 들 수 있다. 이 당사자는 압류 효력에 의하여 자신의 임차권으로 경매절차상 매수인에 대해 대항할 수 없기 때문에 유치권 행사 역시도 부정되어야 하고 유치권이 부정되기 때문에 유치권을 근거로 임차부동산을 지속해서 점유하는 것도 인정되지 않는다고 한다. 그리고 압류된 부동산 경매절차상의 매수인에 대하여 유치권의 대항력이 인정되지 않는 근거로는 일본 민법 제295조 제2항을 언급하고 있다. 이외에도 부동산 압류 효력이라는 측면도 제시하고 있다(제3설).[119]

③ 절충설

절충설의 첫 번째 견해로는 불법행위에 따른 유치권의 적용배제조항을

---

116 차문호, "유치권의 성립과 경매", 사법논집 제42집, 2006, 399면.

117 鈴木忠一/三ケ月章 編輯代表(石丸俊彦 執筆), 「注解 民事執行法(3)」, 167頁.

118 關武志, 「留置權の硏究」, 前揭論文, 信山社, 2001, 439-440頁.

119 關武志, 「留置權の硏究」, 前揭論文, 信山社, 2001, 440頁.

근거로 하여 ⅰ) 점유권원이 존재하지 않는 압류 이후의 점유자나 소유자, 또는 압류 이후 자신의 권원이 경매매수인에 대하여 대항할 수 없다는 사실을 알았던 경우 또는 ⅱ) 알지 못했던 것에 과실이 존재하는 자가 주장하는 유치권에 관해서는 일본 민법 제295조 제2항을 유추적용하여[120] 불법으로 점유가 개시된 것으로 판단하여 경매매수인에 해하여 대항할 수 없다는 입장의 판례를 지지하는 입장이다.[121]

절충설의 두 번째 견해로는 하나의 예를 들어서 설명하고 있다. 일본의 실무에서 압류 이후의 점유자 또는 소유자가 건물에 내장공사를 실시하여 그 필요비 내지 유익비를 지출하였던 경우의 유치권은 점유자 또는 소유자가 점유권원으로 주장하는 예가 종종 존재한다는 것이다. 그런데 압류 이후의 점유자가 물건이 경매물건으로 된 것을 이미 인식한 채로 위와 같은 비용을 투하하는 행위는 악의의 점유자 내지는 과실이 있는 선의의 점유자의 지출로 평가될 수 있다는 것이다. 따라서 일본 민법 제295조 제2항 (우리민법은 제320조 제2항) 규정에 따라 이처럼 비용을 피담보채권으로 보아 유치권의 주장은 불가능하다고 보는 판례[122]가 존재하는데 이와 같은 법리가 타당하다는 입장이다.[123] 이 견해의 입장에 따르게 되면 압류 이후의 점유자가 물건이 경매물건으로 될 것을 인식하였던 부분을 가지고 고의 또는 과실 있는 선의자의 점유자의 지출로 보는 취지는 저당권이 설정된 부동산에 비용을 지출한 경우에도 동일하게 취급해야 한다고 주장한다.[124]

----

120 **第二百九十五条(留置権の内容)**
   1 他人の物の占有者は、その物に関して生じた債権を有するときは、その債権の弁済を受けるまで、その物を留置することができる。ただし、その債権が弁済期にないときは、この限りでない。
   2 前項の規定は、占有が不法行為によって始まった場合には、適用しない。

121 佐藤歳二, ジュリスト 876号, 民事執行判例展望, 日最高裁判所 昭和51(1976). 6. 17, 同年判例解説 21사건······); 石川明 外 2人 編, 前揭注解民事執行法(上卷), 615頁(廣田民生).

122 日最高裁判所 昭和51(1976). 6. 17 判決.

123 石川明 外 2人 編(佐藤歳二 執筆), 「注解民事執行法(上卷)」, 857頁; 佐藤歳二, "不動産引渡命令", ジュリスト, 876号, 1987, 62頁.

124 이 부분에 관하여는 뒤의 '제3장에서 Ⅲ. 2. 목적물의 가치가 증가된 경우에서의 유치권자의 우열의 법리 및 한계 부분에서 집중적으로 논의해본다.

2) 판례

압류 이후의 유치권 유형과 관련하여 우리나라처럼 선행압류채권에 대해서는 압류의 처분금지효에 반하므로 유치권으로 대항할 수 없다는 원칙적 법리를 보여주는 최고재판소의 판례는 존재하지 않고 있다. 다만, 채무자의 점유이전이 압류에 의해 금지되는 처분행위에 해당한다는 법리는 일본에서는 자명한 것으로 받아들여지고 있기 때문에[125] 최고재판소에서 굳이 이와 같은 원칙적 법리의 판례가 나타나지 않은 측면이 있다고 볼 수 있을 것이다.[126]

그런데 최고재판소에서는 실체법적인 판단으로 대항력 부정설의 법리를 보여주고 있다는 점을 유의해야 할 필요가 있을 것이다. 또한 하급심 판결 역시도 여러 법리가 제시되고 있으므로 검토를 요한다.

먼저 일본 최고재판소에서는 일본 민법 제295조 제2항에 따라 '점유가 불법행위에 의해 개시된 경우'에 규정내용의 의미를 확장 해석하여 점유 개시 당시에는 유치권자가 점유할 권리가 있었지만 목적물에 대하여 비용을 지출한 당시에는 점유권원이 존재하지 않은 사실이 있거나 점유할 권한이 존재하지 않음을 인지하거나 이 사실을 과실로 몰랐던 경우까지 위 조항을 적용하여 유치권의 성립을 부정하는 판단을 한 것이다(실체법적인 판단).[127] 그런데 압류 이후 성립된 유치권으로는 경매매수인에 대하여 대

---

125 강민성, "민사집행과 유치권―이미 가압류 또는 압류가 이루어졌거나 저당권이 설정된 부동산에 관하여 취득한 점유 또는 견련성 있는 채권으로써 경매절차에서 그 부동산을 매수한 사람을 상대로 유치권을 내세워 대항하는 것이 허용되는지 여부에 관하여", 사법논집 제36집, 2003, 75면.

126 강구욱, "부동산 압류의 처분금지효와 유치권의 효력", 법학논고, 경북대학교 법학연구권, 145면.

127 日本 大審院(최고재판소의 구 명칭) 昭和13(1938) 4. 16. 判決(判決全集 5輯 9号, 9頁); 日最高裁判所 昭和49(1974) 9. 20. 判決(金融法務事情 734号, 27頁).
이 판례의 사례와 관련하여 우리의 통설도 일본 최고재판소와 동일한 입장을 취하고 있기도 하다(곽윤직 「물권법(신정수정판)」, 박영사, 1999, 389면). 이러한 일본 판례의 논리와 관련하여 우리판례의 논의에서 앞서 살펴본 유사판례가 있다. 즉, 점유권원이 소멸하였음에도, 귀책사유로 인하여 목적물을 지속적으로 점유하는 경우까지도, '점유가 불법행위에 기한 경우'에 해당되는 것으로 해석해야 한다는 논리는 통설의 입장과 동일하다. 그런데 이 판례는 위와 같은 상황에서, 그러한 무권원의 점유에 대한 귀책사유의 내용에 관해 점유할 권한이 없다는 사실을 알았거나, 이를 중과실로 몰랐던 경우로 한정하여, 유치

항할 수 없다는 입장을 취하면서 점유할 권한을 가지고 있는 상황하에서 점유 목적물에 대해 유익비를 지출한 사정이 있더라도 추후에 이러한 점유권한이 소급적으로 소멸된 사정이 발생하였고 비용을 지출한 당시에 이러한 소멸 가능성을 인지하였거나 몰랐다 하더라도 소멸될 가능성을 의심하지 않은 측면에 있어서 과실이 있는 경우에도 목적물 점유자의 유치권 행사는 불허된다는 입장이다.[128]

일본의 하급심 판례에서는 압류 효력이 이미 발생한 이후 이러한 점유를 가지고 있는 항고인은 이 사건 건물의 점유권한을 가지고 경락인에 대해 대항 불가능하다는 것을 인지하고 있는 악의의 점유자이거나 이와 같은 악의의 점유자로는 볼 수는 없다고 하더라도 최소한 알지 못한 것에 있어 과실이 존재하는 점유자 즉, 과실이 있는 선의의 점유자라고 하지 않을 수 없다고 판단한 판례가 있다.[129] 그리하여 일본 민법 제295조 제2항의 내

권 행사행위를 인정하지 않은 입장인 것이다(대법원 1966. 6. 7. 선고 66다600,601 판결).
그리고 동일한 상황에서, 점유할 권한이 존재하지 않는다는 사실을 인지한 경우로 한정하여서, 유치권 행사를 할 수 없다는 입장의 판례도 있다(대법원 1984. 7. 16. 자 84모38 결정).

128 日最高裁判所 昭和 51(1976) 6. 17. 判決(判決全集 30輯 6号, 616頁).
본 판례는 일본 최고재판소 佐藤歲二 상석조사관과 神戸地方裁判所 廣田民生 판사가 자신의 주장의 논거로써 이 판례를 제시하고 있다. 이 판례의 주요내용을 살펴볼 필요가 있다. 즉, 일본 최고재판소는 다음과 같은 이유로 이 사건 토지에 대한 전득자의 유치권 주장을 배척하였다.
日最高裁判所 昭和51(1976) 6. 17. 判決(判決全集 30輯 6号, 616頁)
국가가 자작농법에 의하여, 농지로서 매수하였었다가, 이후 매도한 토지를 전득하게 되어 그 인도를 받은 자를 상대로, 토지의 원소유자가 위 매수, 매도처분의 무효를 주장하면서, 소유권에 기한 토지반환소송을 제기한 사례에 관한 판례였다. 이후에 위 전득자가 토지에 대해서 유익비를 지출하였던 사실이 있었다고 하더라도, 그 후 위 매수, 매도처분이 매수계획취소판결의 확정에 의하여 당초에 소급하게 되어 무효로 되고, 위 전득자가 유익비를 지출하였던 그 당시 위 매수, 매도처분 자체가 모두 무효로 될지도 모른다는 것을 의심하지 않은 것에 과실이 존재하는 때에는 이러한 전득자는 민법 제295조 제2항의 유추적용에 의해, 위 유익비상환청구권에 기한 토지의 유치권 주장을 할 수 없다고 해석하는 것이 합리적이라고 판시하였다.

129 福岡高等裁判所(후쿠오카 고등재판소) 1973. 4. 25. 결정(判例時報 726号, 60頁).
일본의 淸水元 학자도 이 판례와 같은 입장을 취하고 있음을 알 수 있다(淸水元, 「留置權」, 一粒社, 1995, 168頁). 본 판례도 일본에서 중요한 위치를 가지고 있으므로 구체적으로 살펴보는 것은 의의가 있다.
福岡高等裁判所(후쿠오카 고등재판소) 1973. 4. 25. 결정(判例時報 726号, 60頁)

용을 유추 적용하여 이와 같은 경우에서는 유치권을 행사할 수 없어 그 대항력이 인정되지 않는다고 판시하였다.[130]

앞선 판례들과는 다른 법리를 제시한 판례도 있다. 즉, 압류 이전에 점유를 하던 자가 압류 전후에 걸쳐서 자신의 비용을 지출한 경우 유치권은

----

(1) 사실관계

이 사건 건물에 관해 1971. 7. 22. 경매신청등기가 경료되었다. 1971. 8. 7. A는 그 소유자로부터 이 사건 건물을 3년의 기간 동안, 차임 월 5만¥에 임차하였고, 이 사건 건물을 인도받게 되었다. 경매절차에서 이 건물을 경락받은 B의 신청에 의해 1972. 11. 11. A에 대하여 부동산 인도명령이 내려졌다. 이에 A는 집행방법에 대한 이의를 신청하였지만, 받아들여지지 않자, 즉시항고를 제기하게 된 사례이다.

(2) 후쿠오카 고등재판소 판단 요지

"이 사건에서 항고인 즉, A가 주장하고 있는 유익비란 이미 압류의 효력이 발생한 이후에 그 점유를 가지고 매수인에 대하여 대항할 수 없는 상태에서 지출한 것이다. 게다가 이 사건 건물에 대하여 점유를 취득하게 되는 과정을 살펴볼 때, 항고인은 이 건물의 점유권한을 가지고서 매수인에 대하여 대항할 수 없다는 사실을 알고 있는 악의의 점유자라고 할 수 있다. 따라서 항고인이 점유자 또는 유치권자의 지위로 위 유익비상환청구의 소를 제기하여 설사 인정된다고 하더라도, 상대방인 회복자 또는 소유자의 청구에 의하여 재판소로서는 당연하게 기한의 허여를 해야 할 성질의 채권이라고 하지 않으면 안 되고(민법 제196조 제2항, 제295조 제2항), 유치권의 보호를 받아야 할 가치가 있는 채권이라고 볼 수 없다.

항고인을 악의의 점유자라고는 단정지을 수 없다고 하더라도, 최소한은 '알지 못한 것에 있어 과실이 존재하는 점유자'(과실이 있는 선의의 점유자)라고 하지 않을 수 없으므로 민법 제295조 제2항의 취지를 유추 적용하여 항고인에게 유치권을 인정할 수 없다고 해석하는 것이 상당하며 합리적이다. 다만, 동항에서 의히하는 '점유가 불법행위로 인해 개시된 경우'의 의미는 점유의 탈취, 사기, 강박에 의한 점유취득과 같이 점유취득행위의 그 자체가 불법행위를 구성하는 경우로 한정하지 않고, 유치권에 의하여 담보되고 있는 채권의 기초를 형성하는 점유 그 자체가 채무자에 대하여 대항할 수 있는 권한이 아닌 것까지 의미하는 것이다.

나아가, 그 대항할 수 없는 점을 알거나, 과실로 그러한 점을 알지 못한 채로 점유를 시작한 경우도 포함하는 것으로 해석하는 것이 상당하다고 보기 때문이다. 이것은 유익비상환청구권을 부정하는 논리가 아니고, 다만 유치권의 보호를 받지 못한다고 하는 것일 뿐이다.

이와 같이 해석하지 않는다면, 제3자뿐만 아니라 채무자가, 매수인에 대하여 대항할 수 없는 점유 중의 유익비상환청구권을 이용하여, 용이하게 점유취득을 방해할 수 있게 되어, 매수인의 부동산 인도명령의 권능은 대부분 박탈되는 결과로 나타날 수 있다. 또한, 부동산 경매 자체가 무력화될 수도 있는 것이다. 항고인이 들고 있는 판례(당원 1955. 11. 5. 결정)는 본 사건과 사안이 다르기 때문에, 이 사건에 적용하기에는 적절하다고 볼 수 없다."

130 福岡高等裁判所(후쿠오카 고등재판소) 1973. 4. 25. 결정(判例時報 726号, 60頁).

성립하게 되며 그 대항력도 인정해주었던 판례다.[131] 또한, 이 판례는 행위가 경매절차개시결정에 따른 압류 효력이 발생한 이후 행해졌다 하더라도 이와 같은 압류는 압류 이후의 처분행위를 금지하게 되고 이에 저당권자 즉, 해당 사례에는 경매매수인에 대하여 대항할 수 없는 효력을 가지는 것에 그치게 된다고 보았다. 그리고 이미 정당하게 행위를 지속해서 하던 중에 압류 효력이 발생한 경우나 압류 이후의 행위가 불법행위로 여겨지는 것이 아니고 그 비용에서는 유치권이 성립한다는 법리를 보여주기도 한다.[132]

이와 같은 판결에 따라 압류 이후 부동산에 대해 비용을 지출한 경우 부동산 경매절차의 매수인에 대하여 유치권을 주장하며 대항할 수 있다고 판시한 해석론이 일반론이라고 판단한 견해[133]도 존재한다. 그러나 위 판례의 사안은 압류 전후에 걸쳐 비용을 지출한 행위가 행해져서 압류채권자가 유치권의 부담에 대해 예측할 수 있었다는 특수사정이 존재하였던 것이기 때문에 이 판례의 해석론을 일반론으로 확대하는 것은 신중한 검토를 요한다.[134]

(3) 소결

앞서 국내와 일본의 학설 및 판례에 대하여 검토하였다. 다양한 논리의 학설·판례가 있지만 원칙적으로 부동산에 대해 압류 효력이 발생한 이후 유치권을 취득한 경우에는 유치권을 주장하는 자가 압류 효력이 발생한 이후의 점유 또는 채권을 취득하는 것이 압류의 처분금지효에 반하는 것이기 때문에 압류채권자에 대하여 대항할 수 없다는 대항력 부정설의 입

---

131 福岡高等裁判所 1955. 11. 5. 결정(下民集 8卷 8号, 579頁).

132 福岡高等裁判所 1955. 11. 5. 결정(下民集 8卷 8号, 579頁).

133 清水元,「留置權」, 一粒社, 1995, 113-114頁.

134 강민성, "민사집행과 유치권-이미 가압류 또는 압류가 이루어졌거나 저당권이 설정된 부동산에 관하여 취득한 점유 또는 견련성 있는 채권으로써 경매절차에서 그 부동산을 매수한 사람을 상대로 유치권을 내세워 대항하는 것이 허용되는지 여부에 관하여", 사법논집 제36집, 2003, 78면.

장이 타당하다고 판단된다.[135]

민사집행법 제91조 제5항에 따라 매수인은 유치권자에 대하여 자신의 유치권으로 담보하고 있는 채권을 변제해야 할 책임이 있다고 규정하고 있다. 이 규정에서 의미하는 유치권자는 모든 유치권자를 지칭하는 것이 아니고 압류채권자나 경매절차상에서의 매수인에 대하여 대항이 가능한 유치권자만을 지칭하는 것으로 판단해야 한다. 따라서 부동산에 대해 압류 효력이 발생한 이후 점유 또는 채권의 취득을 통하여 유치권을 취득한 자는 압류채권자 또는 이러한 압류채권자에 의하여 개시된 부동산 경매절차에서 부동산을 매수한 자에 대하여 유치권의 대항력을 주장하지 못하는 것으로 해석하는 것이 합리적이다. 그런데 압류 효력이 발생하기 이전에 부동산에 대한 점유를 취득하였고 압류 효력이 발생한 이후 이러한 압류가 있었다는 사실을 과실이 없는 채로 인식하지 못한 상태에서 부동산에 대해 채권을 취득한 경우 즉, 예컨대 부동산의 압류 효력이 발생하기 이전의 시점부터 사용대차 또는 대항력 없는 임대차 등의 사유로 제3자에 대해 대항력을 갖추지 않은 점유권원을 근거로 부동산을 점유해오던 자가 압류 이후 이러한 압류가 있었다는 사실을 과실 없이 인식하지 못한 채로 부동산에 필요비 또는 유익비를 지출한 경우에는 검토가 요구될 것이다.

그러므로 대항력 부정설 견해의 법리를 존중하되 이와 같은 예외적인 경우에는 점유자는 자신의 유치권을 주장하면서 압류채권자와 부동산 경매절차에서의 매수인에 대하여 대항할 수 있는 것으로 보는 것이 합리적이라고 생각된다. 이와 같은 상황에서 점유자의 점유는 압류 이후에 채무자가 행하였던 처분행위로부터 기인한 행위로 볼 수 없기 때문에 압류의 처분금지효에 저촉되지 않으며 대항력을 갖추지 못한 권원에 의해 부동산을 점유해오던 자가 부동산 경매절차가 진행됨에 따라 빠른 시일 내에 발생하게 될 점유상실을 회피하고자 할 목적으로 유치권을 악용하는 사례로 보기도 어렵기 때문이다.[136]

....
135 김건호, "부동산 경매절차에서의 유치권", 「법학논고」 제36집, 경북대학교 법학연구원, 2011, 396면; 이상태, "유치권에 관한 연구─대항력제한을 중심으로─(대법원 2009. 1. 15. 선고 2008다70763 판결)", 토지법학 제26─1호, 2010, 97면.
136 김건호, "부동산 경매절차에서의 유치권", 「법학논고」 제36집, 경북대학교 법학연구원,

그러나 점유할 권한을 가지고 있는 상태에서 점유목적물에 대해 유익비를 지출한 사정이 존재한다 해도 추후에 이러한 점유권한이 소급적으로 소멸한 사정이 발생한 경우가 문제될 수 있다. 비용을 지출하였던 당시에 이러한 소멸 가능성을 인지하였거나 몰랐다 하더라도 소멸될 가능성을 의심하지 않은 측면에 있어서 과실이 있는 경우에는 목적물을 점유한 자의 유치권 행사를 불허하는 것이 합리적이라고 본다.[137]

이와 같은 검토에 따라 원칙적으로는 대항력 부정설의 입장을 취하고 예외적으로는 압류 효력이 발생한 이후 이러한 압류가 있었다는 사실을 과실이 없는 채로 인식하지 못한 상태에서 부동산에 대해 채권을 취득한 경우의 유치권은 그 대항을 인정해주는 법리와, 압류 효력이 발생한 이후 목적물에 비용을 지출한 경우의 유치권은 그 비용지출 부분에 한하여 인정할 수 있다는 법리를 취하여 아래 주요 쟁점을 논의하고자 한다.

2. 대항력 부정설에 따른 압류의 처분금지효와 유치권의 우열

압류와 관련된 대부분의 유치권 판례들은 부동산 경매절차상의 매수인에 대하여 대항할 수 있다고 하거나 반대로 대항할 수 없다고 판시해오고 있는데 이와 같은 판례의 법리는 유치권의 대항력에 대한 것임을 알 수 있다. 민법 제320조 제1항 규정에 의할 경우 유치권의 적극적 성립요건이 나타나 있고 동조 제2항에서는 소극적 성립요건이 규정되어 있다. 그런데 질권과 저당권의 관련된 민법 제335조, 제337조, 제359조 규정과는 달리 유치권의 대항력 또는 대항요건과 관련하여 규정된 것은 존재하지 않기 때문에 이와 같은 규정으로부터 판례 법리의 근거를 도출하는 것은 쉽지 않다. 판례에서 근거로 제시된 규정은 민사집행법 제83조 제4항, 그리고 제92조 제1항이다. 이 중 제92조 제1항에서 "대항하지 못 한다."라는 규정을 찾아볼 수 있기 때문에 위 규정들은 유치권의 대항력 근거로 볼 수 있다.

그런데 이와 같은 규정들도 부동산의 압류 효력과 관련하여 일부의 사항만을 규정하고 있을 뿐 처분금지효와 같은 압류 효력과 유치권의 대항

2011, 396면.

137 日最高裁判所 昭和 51(1976) 6. 17. 判決(判決全集 30輯 6号, 616頁).

력이 문제된 문제는 규정되어 있지 않다.[138] 따라서 부동산 경매 압류단계
에서는 이와 관련된 규정의 불비로 인하여 주로 선행 압류채권에 대한 유
치권의 우열 논의와 압류의 처분금지효 법리에 대한 논의가 필요하다.

(1) 압류의 처분금지효와 유치권의 우열

1) 압류의 처분금지효 법리 및 범위

민사집행법 관련 규정에 따르면 채무자가 소유하고 있는 부동산에 대
하여 법원의 경매개시결정이 있는 경우라면 당연하게 압류 효력이 발생하
는 것이 아니라 이러한 결정에는 경매개시와 그 부동산에 대해 압류를 명
해야 하고(민사집행법 제83조 제1항) 법원이 이러한 경매개시결정을 내리면
법원사무관 등은 즉시 등기부에 그 사유를 기입하도록 등기관에게 촉탁하
게 된다(민사집행법 제94조 제1항). 그리고 채무자에게 그 결정을 송달해야 한
다(민집 제83조 제4항). 민사집행법 제94조 제1항의 촉탁에 따라 등기관은 등
기부에 경매개시 결정 사유를 기입해야 하며(민집 제94조 제2항) 압류는 이러
한 결정이 송달된 경우 또는 위에서의 등기가 완료된 경우 그 효력이 발생
한다(민집 제83조 제4항).[139]

이처럼 압류 절차와 효력발생의 요건, 시기와 관련된 규정은 존재하고
있으나 압류 효력의 의미와 내용에 관련된 규정은 존재하고 있지 않다. 이
것은 결론적으로 민사집행법의 여러 관련 규정들을 종합적으로 참작하여
정하는 것인데 이러한 쟁점에 대하여 나름의 확립된 해석론이 존재하며 압

---

138 강구욱, "부동산 압류의 처분금지효와 유치권의 효력", 법학논고, 경북대학교 법학연구
    권, 139면.

139 이 경우에 관념적으로 채무자에게 경매개시 결정이 송달됨에 따라 압류의 효력이 발생
    하였으나 경매개시 등기는 완료되지 않은 사이에 채무자가 제3자 측에게 부동산을 처분
    하게 되는 사례가 발생할 수도 있다. 그런데 제3자가 그러한 처분행위를 통하여 권리를
    취득하게 될 때에 경매신청이나 압류가 있었다는 것을 인지했을 경우에는 압류에 대항
    할 수 없다(민집 제92조 제1항; 김능환/민일영, 「주석 민사집행법Ⅵ」, 한국사법행정학회,
    2012, 328면). 그러나 실무에서는 법원사무관등이 경매개시 등기가 기입된 사실을 확인한
    후에야 채무자에게 경매개시 결정을 송달하고 있으므로 이와 같은 상황이 실제로 발생하
    기는 힘들다(김능환/민일영, 「주석 민사집행법Ⅵ」, 한국사법행정학회, 2012, 331면).

류의 처분금지효 이론이 그것이다.[140]

이와 같이 부동산 경매절차에서 압류가 있는 경우 압류에 처분금지의 효력이 발생하게 됨을 알 수 있다. 부동산 경매절차에서는 압류채권자, 압류목적물의 매수인, 그리고 유치권자라는 당사자 사이에서 압류 효력이 문제가 될 수 있다. 채권 기타 재산권에 대한 압류는 처분금지효[141] 즉, 처분금지적 효력이 발생한다. 부동산이 압류[142]된 이후 채무자로서는 부동산을 양도하는 행위 또는 용익권, 담보권 등을 설정해주는 행위가 금지되며 이에 저촉되는 채무자의 행위 및 처분은 효력이 발생하지 않는 것으로 해석되며 이와 같은 압류의 처분금지적 효력은 우리 대법원도 인정하고 있다.[143] 이와 같은 법리는 선행하고 있는 압류채권에 대하여 유치권은 대항할 수 없다는 대항력 부정설의 법리와도 일맥상통하므로 타당하다 볼 수 있을 것이다.

압류의 본질적인 효력은 부동산과 관련된 처분권은 국가가 가지고 그 부동산의 소유자인 채무자의 처분을 금지시키는 것이다. 부동산이 압류가 된 이후에는 채무자가 이 부동산을 양도나 용익권, 담보권 설정행위를 할 수 없고(양도와 부담금지) 이에 저촉되는 채무자의 처분행위는 효력이 없게

---

140 강구욱, "부동산 압류의 처분금지효와 유치권의 효력", 법학논고, 경북대학교 법학연구권, 140면.

141 한편, 처분금지효라는 단어보다는 처분제한효라고 하는 것이 더 적절하다고 주장하는 견해가 있다(강해룡, "가압류의 처분금지적 효력에 대한 비판", 법률신문, https://www.lawtimes.co.kr/Legal-Info/Research-Forum-View?serial=1964(최종확인 2017. 10. 25)).

142 여기에서의 압류란 강제경매에 따른 경우뿐만 아니라 임의경매에 따른 경우도 포함이 된다(김건호, "부동산 경매절차에서의 유치권", 「법학논고」 제36집, 경북대학교 법학연구원, 2011, 390면 각주 4번). 그리고 민사집행법 제268조 규정에서는 부동산을 목적으로 하고 있는 담보권실행을 위한 경매절차에서는 부동산의 강제경매와 관련된 규정을 준용하게끔 하고 있다.

143 채무자 소유의 건물 등의 부동산에 대하여 강제경매개시결정의 기입등기가 경료되고 압류의 효력이 발생되어진 후에 채무자가 부동산에 관하여 공사대금 채권자에 대하여 그러한 점유를 이전해줌을 통하여 유치권을 취득하게 한 행위를 한 경우 그러한 점유의 이전행위는, 목적물의 교환가치를 감소시킬 수 있는 우려가 있는 처분행위에 해당한다. 따라서 민사집행법 제92조 제1항, 그리고 제83조 제4항에 의하여 압류의 처분금지효에 저촉되는 행위이므로, 점유자 입장에서는 위의 유치권을 주장하여 그 부동산에 대한 경매절차상의 매수인에 대하여 대항할 수 없다(대법원 2005. 8. 19. 선고 2005다22688 판결).

된다.[144]

그런데 압류 효력의 범위는 부동산을 소유하고 있는 자에게 압류채권자에 대하여 부동산의 처분행위를 제한하는 것에 그치는 것이고 그 밖의 기타 제3자에 대하여 부동산의 처분행위를 금지하는 것은 아니다. 경매 목적물 그 자체를 타인에게 매각하거나 양도하는 법률적인 처분행위는 신청 압류채권자와의 관계에서 그 효력이 부정된다. 여기서 부정의 의미는 신청 압류채권자와의 관계에서만 적용되는 상대적인 것이고 절대적이거나 대세적으로 무효라고 판단할 수는 없다는 것이다. 따라서 위와 같은 법률행위도 당사자 사이에서는 유효한 것이고 향후 경매가 취하된 경우에는 신청 채권자와의 관계에서도 완전하게 유효한 것이 된다. 그러므로 제3취득자는 경매절차가 진행 중인 경우에도 매수인이 매각대금을 완납하며 부동산에 대한 소유권을 취득하기 전까지는 부동산을 유효하게 처분할 수 있다.[145]

2) 채무자의 행위가 처분금지효에 저촉되는 처분행위인지의 여부

① 처분행위의 의미와 범위

일반적으로는 처분행위의 개념에 대하여 학계는 현존하고 있는 권리의 변동을 직접적으로 일으키는 법률행위라고 하며 이행의 문제를 남기는 것이 아니고 직접적으로 권리변동이 발생하는 행위로 보고 있다. 보통 법률행위에 의해 행해지거나 사실행위 예를 들어, 물건의 폐기 등의 행위에 의해 행해질 수도 있다고 판단하는 것이 타당하다 할 것이다.[146]

그런데 민사집행법 규정에는 압류의 처분금지효에 저촉되는 처분행위의 의의라든지 그 범위에 관한 명시적 규정이 없기 때문에 검토가 요구된다 할 것이며 이에 대한 해석은 다음 3가지 규정에 의하여 검토되어야 할 것이다. 즉, 압류는 ⅰ) 부동산에 대한 채무자의 관리, 이용행위에 있어 영향을 미치지 않는다는 규정(민사집행법 제83조 제2항), ⅱ) 제3자가 권리를 취

---

144 이시윤, 「신민사집행법 (제7판)」, 박영사, 2016, 266면.
145 김능환/민일영, 「주석 민사집행법Ⅵ」, 한국사법행정학회, 2012, 185면.
146 지원림, 「민법강의(제12판)」, 홍문사, 2014, 184면.

득할 경우 또는 경매신청이나 압류의 존재를 인지하였을 경우 이와 같은 제3자는 압류에 대하여 대항할 수 없다는 규정(민사집행법 제92조 제1항), iii) 금전채권을 압류한 경우에는 법원으로서는 제3채무자에 대하여 채무자에 대한 지급행위를 금지하고 채무자에게는 채권의 처분과 영수를 금지시켜야 한다는 규정(민사집행법 제227조 제1항)이 그것이다. 그리고 처분금지효에서 처분은 채무자의 행위를 의미하는 것이 가장 자연스럽고 금전채권의 압류에 대한 민사집행법 제227조 제1항에서의 내용도 그렇기 때문이다.[147]

② 채무자의 관리행위 · 이용행위가 처분금지효에 저촉되는 처분행위인지의 여부

앞서 압류는 부동산에 대한 관리, 이용에는 영향을 미치지 않는다는 점을 알 수 있었다(민집 제83조 제2항). 압류는 부동산의 처분금지를 통하여 부동산을 현금화시킬 때까지 교환가치를 유지할 것을 목적으로 하므로 이에 저촉되지 않는 한도에서 부동산을 채무자가 관리 · 이용해도 무방한 것이라 할 수 있다.[148] 부동산에 대한 압류 이후에는 채무자가 ⅰ) 부동산의 보관 · 관리를 위할 목적으로 임치계약 또는 위임계약을 체결하는 행위를 하거나, ⅱ) 수리 · 수선을 위할 목적으로 도급계약을 체결하는 행위, ⅲ) 부동산을 수치인 · 위임인 또는 도급인 측에게 인도하고 그들에게 계약의 이행을 하도록 할 목적하에 상당 비용을 투입하거나 보관 및 관리비용이 발생한 경우에는 압류의 처분금지효에 반하지 않는다.

그런데 ⅲ)의 경우에서 그 수치인 등은 부동산과 관련된 유치권을 취득하여 경매절차상의 매수인에 대하여 대항할 수 있게 될 뿐만 아니라 제3자 측이 상당의 비용을 지출해서 부동산에 대한 적법한 사무관리 행위를 통하여 그에 따른 비용상환청구권(민법 제739조)을 취득한 경우에는 검토할 필요가 있다. 그리고 점유를 취득한 경우(부동산을 점유하던 중에 사무관리 행위를 한 이후 비용상환청구권을 취득하게 된 경우도 마찬가지다)에도 그 사무관리자로서는 부동산과 관련된 유치권을 취득하여 경매절차상의 매수인에 대하여

147 강구욱, "부동산 압류의 처분금지효와 유치권의 효력", 법학논고, 경북대학교 법학연구권, 141면.

148 이시윤, 「신민사집행법 (제7판)」, 박영사, 2016, 265면.

대항할 수 있는 것으로 보는 것이 타당하다 할 것이다.[149] 비용을 지출한 부분에 한정하여 유치권의 대항을 인정해주는 것은 선행하고 있는 압류채권 시기와 유치권의 성립시기를 비교하여 앞서고 있는 압류채권에 대하여 유치권의 대항을 인정해주지 않는 대항력 부정설의 법리와 딱히 저촉되지 않기 때문에 타당하다고 볼 수 있을 것이다.

③ 채무자의 임대행위가 처분금지효에 저촉되는 처분행위인지의 여부

압류의 처분금지효에 저촉이 되는 처분행위에는 부동산에 대한 경매개시 결정이 내려진 이후 채무자가 부동산을 양도(소유권 이전)하는 행위 또는 제한물권(용익물권과 담보물권)을 설정해주는 행위를 하는 경우가 해당된다는 것이 일반적이다.[150] 또한 이와 관련하여 압류 효력이 발생한 이후 부동산을 타인에게 임대해준 행위가 있는 경우에 민법 제621조에 따라 등기하거나 주택임대차보호법 제3조와 상가건물임대차보호법 제3조에 따라 대항요건을 갖추게 된 경우라 해도 경매신청인에 대하여 대항할 수 없다고 보아야 하며 대항력 부정설의 견해와도 일맥상통하기에 타당하다.[151]

3) 채무자의 점유이전으로 인한 유치권 취득이 압류의 처분금지효에 저촉되는지의 여부

대법원 판결(2009다19246)[152]을 살펴보면 부동산에 가압류등기가 경료된

---

149 강구욱, "부동산 압류의 처분금지효와 유치권의 효력", 법학논고, 경북대학교 법학연구권, 142면.

150 대법원 2011. 11. 24. 선고 2009다19246 판결(9번 판결); 강대성, 「민사집행법(제5판)」, 도서출판 탑북스, 2011, 273면; 김일룡, 「민사집행법강의」, 도서출판 탑북스, 2011, 208면; 오시영, 「민사집행법」, 학현사, 2007, 386면; 이시윤, 「신민사집행법 (제7판)」, 박영사, 2016, 266면; 전병서, 「민사집행법」, Justitia(유스티치아), 2016, 207면 등; 한편, 그러한 부동산을 타인에게 임대해주면서 차임을 수익하는 행위는 관리·이용행위에 해당하는 것일 뿐 처분행위에는 해당되지 않는다고 판단하여야 할 것이다(이시윤, 「신민사집행법 (제7판)」, 박영사, 2016, 265면; 전병서, 「민사집행법」, Justitia(유스티치아), 2016, 210면).

151 이시윤, 「신민사집행법 (제7판)」, 박영사, 2016, 265면.

152 가압류와 관련이 있어 Ⅰ. 가압류 이후 유치권에서 검토하였던 판결이긴 하나 채무자의 점유이전으로 인하여 취득한 유치권이 압류의 처분금지효에 저촉이 되는지의 여부에 관한 법리를 제시해주고 있기에 본 논의에서 검토하게 되었다.

이후 채무자로서는 부동산에 대한 처분행위를 하였더라도 이와 같은 행위를 통하여 가압류채권자에 대하여 대항할 수 없다. 여기에서의 처분행위란 부동산을 양도하였거나 이에 대하여 용익물권, 담보물권 등을 설정해주는 행위를 의미하고[153] 특별한 사정이 없는 한 점유이전행위와 같은 사실행위는 이에 해당하는 것은 아니라고 하였는바 타당한 법리라고 판단될 것이다.[154] 다만, 부동산에 대하여 경매개시결정의 기입등기가 경료되어 압류 효력이 발생하게 된 이후 제3자 측에게 채무자가 부동산의 점유를 이전해줌으로써 유치권을 취득하도록 한 경우라면 이와 같은 점유이전행위는 처분행위에 해당한다는 것이 판례임을 알 수 있었다.[155] 이 판례에서도 확인할 수 있듯이 단순한 점유이전행위는 사실상 행위에 불과하기에 처분행위에 해당하지 않는 것으로 판단하는 것이 타당할 것이다.[156] 그런데 압류 효력이 발생한 이후에 점유이전행위에 의하여 유치권이 성립한 경우에는 원칙적으로 압류의 처분금지효에 저촉됨을 인정하여 대항력 부정설의 입장과 일맥상통하여 타당한 법리임을 알 수 있다.[157]

....

153 추가적으로 물권 외의 권리를 변동시키고 이행 문제를 남기지 않는 준물권행위 즉, 채권, 지식재산권 양도, 채무면제 등을 의미하며 형성권 행사, 타인으로 하여금 처분을 동의 또는 허락하는 행위를 하거나 처분권을 수여해주는 행위도 이에 포함이 된다(곽윤직/김재형, 「물권법(제8판, 전면개정)」, 박영사, 2014, 259면).

154 일본에서도 이와 같은 태도는 자명한 것으로 판단되고 있다(김원수, "압류(가압류)의 효력이 발생한 후에 유치권을 취득한 자가 매수인(경락인)에게 대항할 수 있는지 여부", (부산판례연구회)판례연구 제18집, 2007, 682면).

155 대법원 2011. 11. 24. 선고 2009다19246 판결.

156 하지만 위의 판례의 법리와는 정반대로 대법원 2005. 8. 19. 선고 2005다22688 판결(1번 판결, 인수주의 제한론)에서는 압류 이후에 성립한 유치권의 경우에 사실행위(준법률행위 중에 비표현행위)인 점유이전도 역시 압류의 처분금지효에 저촉이 되는 처분행위에 대항한다고 최초로 판시한 판례가 존재하고 있기는 하다.

157 강민성, "민사집행과 유치권—이미 가압류 또는 압류가 이루어졌거나 저당권이 설정된 부동산에 관하여 취득한 점유 또는 견련성 있는 채권으로써 경매절차에서 그 부동산을 매수한 사람을 상대로 유치권을 내세워 대항하는 것이 허용되는지 여부에 관하여", 사법논집 제36집, 2003, 13~14면; 박상언, "저당권 설정 후 성립한 유치권의 효력:경매절차에서의 매수인에 대한 대항가능성을 중심으로", 민사판례연구 제32권, 2010, 362면; 이와 같은 법리를 원칙적인 입장으로 이해하되 다만, 예외적으로 채무자가 채권자 측에게 점유를 이전해주는 행위 없이 채권자가 점유를 취득하는 경우에는 압류의 처분금지효에 위배하는 채무자의 처분행위가 존재하지 않기 때문에 유치권의 성립, 그리고 그 대항력은 부

그런데 대법원 판례(2005다22688)의 법리를 살펴보면 압류 효력이 발생한 이후 점유가 이전된 경우뿐만 아니라[158] 점유이전이 압류 효력이 발생하기 이전에 행해진 경우에도[159] 유치권의 성립은 처분금지효에 저촉되어 압류채권자 등에 대해 대항 불가능하다고 보았다. 이와 같은 판례의 법리를 검토해보았을 때 원칙적으로는 위에서 살펴본 바와 같이 대항력 부정설의 입장을 취하되 단순히 점유이전행위=처분행위로 판단해서는 안 되는 측면도 고려해야 할 것이다. 즉, 점유이전이 처분행위에 바로 해당하는지의 쟁점보다는 점유이전으로 인하여 최종적으로 유치권이 성립하게 되는지의 여부에 더 포커스를 맞춘 것으로 볼 수 있으며 이와 같은 법리는 일응 타당하다고 판단된다.[160]

그리고 이와 같은 대법원 판례(2005다22688)의 법리는 점유이전이라는 사실행위가 예외적인 면에서 압류 등의 정책적 목적, 그리고 기타 사정 등을 고려한 판단을 통하여 처분행위로도 인정될 수도 있다는 점을 시사한 것으로 판단해야 할 것이다. 이와 같은 측면을 고려해본다면 대법원 판결(2009다19246)을 단순하게 무조건 점유이전≠처분행위로 판단해서도 안 될 것이며 그 판단을 함에서는 압류의 목적 등을 종합적으로 고려하여 처분행위 여부를 판단하는 것이 합리적일 것이다.[161] 이처럼 점유이전이 처분

정할 필요가 없다고 보는 것이 타당할 것이다. 그리고 채무자의 점유이전행위가 이뤄지지 않아서 처분행위가 존재하지 않기 때문에 이러한 사정 등이 무조건적으로 유치권의 성립이나 대항력을 인정하여야 하는 것은 검토가 필요할 것인바 즉, 채무자의 점유이전행위가 처분행위에 해당하지 않더라도 채권자가 점유를 취득하는 과정에서 중과실 또는 고의에 의한 불법행위를 행한 경우는 그 유치권의 성립이나 대항력은 인정되지 않아야 할 것이다(강구욱, "부동산 압류의 처분금지효와 유치권의 효력", 법학논고, 경북대학교 법학연구권, 149~150면).

158 대법원 2005. 8. 19. 선고 2005다22688 판결; 대법원 2006. 8. 25. 선고 2006다22050 판결.

159 대법원 2011. 10. 13. 선고 2011다55214 판결.

160 동산에 있어서는 점유 이전에 의하여 물권변동이 이뤄진다는 점을 고려해보면 점유이전이 유치권이 성립하는지 여부에 미치는 영향이 매우 크다고 할 수 있다. 하지만 부동산에 있어서는 등기 이전에 의하여 물권변동이 이뤄진다는 점을 고려해볼 때 동산보다 더 많은 여러 요소를 종합적으로 고려한 후에 유치권의 성립, 그리고 처분행위에 해당하는지 여부를 판단하여야 할 필요가 있다(서종희, "유치권자의 강제경매신청의 의미와 가압류등기경료 후 성립한 유치권의 대항력인정 여부", 외법논집 제36권 제4호, 2012, 337면).

161 서종희, "유치권자의 강제경매신청의 의미와 가압류등기경료 후 성립한 유치권의 대항력

행위에 해당하는지의 쟁점을 정확히 판단하기 위해서는 원칙적으로는 대항력 부정설의 법리를 취하되 일방적인 법리를 적용하는 기계식 접근이 아니라 가압류의 목적 등을 종합적으로 고려하여 처분행위 여부를 판단하는 것이 타당하다. 따라서 본 대법원 판결(2009다19246)의 법리는 타당한 것으로 보인다. 결론적으로 점유이전 자체를 곧바로 처분행위에 해당한다고 판단해서는 안 될 것이고 점유이전 자체가 목적물의 교환가치를 감소시킬 수도 있는 우려의 행위에 해당되는 경우라면 처분행위로 판단할 수 있다고 보아야 할 것이다.[162]

그런데 여기에서 목적물의 교환가치를 감소시킬 수도 있는 우려의 행위라는 것은 불명료하고 추상적인 개념이기 때문에 어떠한 행위가 처분행위에 해당되는지의 여부를 판정할 경우 그 기준으로 삼기는 곤란하다는 문제가 남아 있다.[163] 압류 이후 유치권이 성립한 계기가 된 점유이전을 단순히 처분행위에 해당되는 것으로 이해하게 되는 경우 다른 경우에서의 점유이전도 역시 단순하게 처분행위에 해당한다고 보아야 할 것인데 이와 같이 해석하게 된다면 점유이전 자체가 존재하기만 하면 이를 처분행위에 해당하는 것으로 판단해야 하기 때문에 이것은 비합리적인 측면이 있는 것이다.[164]

3. 비용지출 시 유치권의 우열

앞서 국내와 일본에서의 학설 및 판례에 대한 검토를 통하여 살펴본 바와 같이 원칙적으로 부동산에 대해 압류 효력이 발생한 이후 유치권을 취

인정 여부", 외법논집 제36권 제4호, 2012, 337면.

162 대법원 2011. 11. 24. 선고 2009다19246 판결; 강대성, 「민사집행법(제5판)」, 도서출판 탑북스, 2011, 273면; 김일룡, 「민사집행법강의」, 도서출판 탑북스, 2011, 208면; 오시영, 「민사집행법」, 학현사, 2007, 386면; 이시윤, 「신민사집행법 (제7판)」, 박영사, 2016, 266면; 전병서, 「민사집행법」, Justitia(유스티치아), 2016, 207면 등.

163 강구욱, "부동산 압류의 처분금지효와 유치권의 효력", 법학논고, 경북대학교 법학연구권, 144면.

164 강구욱, "부동산 압류의 처분금지효와 유치권의 효력", 법학논고, 경북대학교 법학연구권, 144면.

득한 경우에는 유치권을 주장하는 자가 압류 효력이 발생한 이후의 점유 또는 채권을 취득하는 것이 압류의 처분금지효에 반하는 것이기 때문에 압류채권자 대항할 수 없다는 대항력 부정설의 입장이 타당하다고 보았다.[165]

그러면서도 예외적으로 압류 효력이 발생한 이후 이러한 압류가 있었다는 사실을 과실이 없는 채로 인식하지 못한 상태에서 부동산에 대해 채권을 취득한 경우의 유치권은 그 대항을 인정해주는 법리와,[166] 압류 효력이 발생한 이후 목적물에 비용을 지출한 경우의 유치권은 그 비용지출 부분에 한하여 인정할 수 있다는 법리[167]로 아래 주요 쟁점을 논의하고자 한다.

....

165 김건호, "부동산 경매절차에서의 유치권", 「법학논고」 제36집, 경북대학교 법학연구원, 2011, 396면; 이상태, "유치권에 관한 연구-대항력제한을 중심으로-(대법원 2009. 1. 15. 선고 2008다70763 판결)", 토지법학 제26-1호, 2010, 97면.

166 日最高裁判所 昭和 51(1976) 6. 17. 判決(判決全集 30輯 6号, 616頁).

167 강구욱, "부동산 압류의 처분금지효와 유치권의 효력", 법학논고, 경북대학교 법학연구권, 144면; 유치권의 경우 부동산에 지출한 비용이 공익적인지 아닌지의 문제가 중요한 것이 아니라 용익권 또는 다른 담보물권과는 다르게 압류 이후에 유치권자가 지출하였던 비용이 목적물에 현존하고 있기에 목적물의 가치를 증가시키게 되어 매수인 측의 이익으로 되므로 유치권을 인정해주어 매수인에 대하여 대항할 수 있도록 하여도 공평의 원칙에 반하는 것이 아니라고 할 것이다. 오히려 대항 불가능하게 하는 것은 유치권자의 비용으로 매수인 측에게 이익을 주게 되어 불공평하게 될 소지가 있는 것이다. 예를 들면 1억 원에 달하는 공장에 대하여 피압류채권이 2,000만 원인 가압류 이후에 임차하게 된 임차인이 사용 중에 2,000만 원에 달하는 기계실이 망가졌는데도 불구하고 임대인 측에서 이를 수리해 주지 않는 상황에서 임차인 입장에서는 제품 납기일에 맞추기 위할 목적으로 부득이하게 기계실을 자신의 비용을 들여서 수리하였는데 공장에 강제경매가 실시되어 매각 시까지 기계실의 가치가 현존하고 있다고 가정해볼 필요가 있다. 이러한 경우에 있어서의 임차인으로서는 임대인이 이를 수리해 주지 않았음을 이유로 하여 계약을 해지 또는 수리해 주어야 함을 청구한다 할지라도 적절한 시기에 수리가 완료되지 않는 경우라면 임차인 입장에서는 아무 실익이 없게 되는 것이다. 따라서 이와 같은 경우에 임차인이 이를 수리한 사실이 존재하고 있고 또 그 수리를 완료하였던 가치가 현존하여 있는 경우라면 이를 임차인 측이 상환 받는 것이 불공평하다고 판단할 수 없는 것이다(김원수, "압류(가압류)의 효력이 발생한 후에 유치권을 취득한 자가 매수인(경락인)에게 대항할 수 있는지 여부", (부산판례연구회)판례연구 제18집, 2007, 684면)

(1) 원칙적인 입장

목적물에 대하여 취득한 유치권은 대세적인 효력을 가지고 있는 물권의 일종으로 규정된 현 상황을 고려해볼 때 유치권의 피담보채권은 목적물의 교환가치를 창출, 보존, 그리고 증대함에 있어 기여한 비용의 투입으로 인한 채권에 한정하여 인정하는 것이 원칙적으로 타당한 법리라고 볼 수 있을 것이다.[168] 또한, 압류 이후 부동산에 대해 비용을 지출한 경우 부동산 경매절차의 매수인에 대하여 유치권을 주장하며 대항할 수 있다는 법리는 일반론으로도 판단할 수 있을 것이다.[169] 비용을 지출한 부분에 한정하여 유치권의 대항을 인정해주는 것은 선행하고 있는 압류채권 시기와 유치권의 성립시기를 비교하여 앞서고 있는 압류채권에 대하여 유치권의 대항을 인정해주지 않는 대항력 부정설의 법리와 딱히 충돌되지 않기 때문에 타당하다고 볼 수 있을 것이다.

비교법적인 검토를 함에 있어서도 목적물 즉, 물건의 가치증가는 유치권의 성립에 가장 중요한 기준이 되고 있다.[170] 먼저 독일에서는 유치권이 채권으로 구성되어 있기 때문에[171] 제3자에 대하여 아무런 권리를 주장할 수 없어 대항

---

168 강구욱, "부동산 압류의 처분금지효와 유치권의 효력", 법학논고, 경북대학교 법학연구권, 144면.

169 清水元, 「留置權」, 一粒社, 1995, 113-114頁; 민법개정안의 입장도 비용지출한 부분에 한정하여 유치권의 피담보채권을 인정해주는 법리를 채택하고 있다(김미혜, "부동산유치권 관련 개정안에 대한 몇 가지 제언 -2013년 민법 일부개정법률안을 중심으로-", 아주법학 제8권 제1호, 2014, 160면).

170 본 Ⅱ.에서의 압류 이후 유치권은 원칙적으로 대항할 수 없고 가압류 이후 유치권의 경우는 대항력을 인정해주어야 한다는 본 연구의 견해상의 차이에 따라 갈리는 것이지 목적물에 대한 비용 투입으로 인하여 목적물의 가치증가가 이루어진 부분에 한정하여 유치권을 인정해주어야 한다는 법리는 Ⅰ. 가압류 이후 유치권에서도 동일하게 적용이 되고 있다. 비용지출 시 유치권자의 비교법적 우열의 구체적인 논의는 Ⅰ. 가압류 이후 유치권 부분 참조.

171 BGB § 273 (Zurückbehaltungsrecht)
  (1) Hat der Schuldner aus demselben rechtlichen Verhältnis, auf dem seine Verpflichtung beruht, einen fälligen Anspruch gegen den Gläubiger, so kann er, sofern nicht aus dem Schuldverhältnis sich ein anderes ergibt, die geschuldete Leistung verweigern, bis die ihm gebührende Leistung bewirkt wird.
  (2) Wer zur Herausgabe eines Gegenstands verpflichtet ist, hat das gleiche Recht, wenn ihm ein fälliger Anspruch wegen Verwendungen auf den Gegenstand oder wegen eines ihm

력이 인정되지 않는 것으로 규율되고 있음에도[172] 독일민법 제999조 제2항 규정에 의하여 비용을 지출하였던 점유자는 목적물의 양수인에 대하여 비용상환을 청구할 수 있음을 알 수 있다.[173] 독일민법 제1000조에서는[174] 이것은 비용지출에 의하여 물건의 가치증가적인 측면을 고려한 것이라 할 수 있는 것이다.[175] 프랑스에서는 프랑스 민법 제2103조 제4호 규정에 의하여 유치권, 그리고 건물공사수급인의 보수 내지 공사대금청구권에 있어 우선변제권이 인정되고 있다. 이를 위해서 법인이 선임한 감정인으로부터 공사를 완료하기 이전에 검수를 받아야만 하고 검수 후 가치증가분에 한정하여 우선변제권을 인정해주고 있다. 이것은 부동산에 대해 가치증가분에 한정하여 우선변제권을 인정해주고 있다는 점에서 가치증가 부분에 대한 유치권자의 대항력을 인정함을 보여주는 것이다.[176]

그리고 스위스에서는 유치권은 스위스 민법 제837조 제1항 제3호 규정에 의하여 공사수급인은 법정저당권 설정청구권을 행사할 수 있음을 알 수 있다. 이 권리는 소유자 그리고 소유자의 파산관재인 및 양수인에 관해서도 행사 가능하다는 측면을 고려해볼 경우 비용을 들인 공사수급인을 강력하게 보호하는 것으로 판단할 수 있는 것이다.[177] 오스트리아에서는 오스트리아 민법 제471조

---

durch diesen verursachten Schadens zusteht, es sei denn, dass er den Gegenstand durch eine vorsätzlich begangene unerlaubte Handlung erlangt hat.

172 Münchener(Krüger), Münchener Kommentar zum Bürgerlichen Gesetzbuch, 5.aufl., Carl Heymanns Verlag, 2009, §273. Rn. 56f; Staudinger(Bitner), Kommentar Zum Bürgerlichen Gesetzbuch mit Einführungsgesetz und Nebengesetzen: Buch 2: Recht der Schuldverhältnisse, §273. Neubearbeitung, 2009, Rn. 60.

173 Münchener(Baldus), Münchener Kommentar zum Bürgerlichen Gesetzbuch, 5.aufl., Carl Heymanns Verlag, 2009, §999. Rn. 2.

174 **BGB § 1000 (Zurückbehaltungsrecht des Besitzers)**
Der Besitzer kann die Herausgabe der Sache verweigern, bis er wegen der ihm zu ersetzenden Verwendungen befriedigt wird. Das Zurückbehaltungsrecht steht ihm nicht zu, wenn er die Sache durch eine vorsätzlich begangene unerlaubte Handlung erlangt hat.

175 Münchener(Busche), Münchener Kommentar zum Bürgerlichen Gesetzbuch, 5.aufl., Carl Heymanns Verlag, 2009, §647. Rn. 4).

176 Philippe Simler et Philippe Delebecque, 「−Droit civil−Les sûretés」 4ᵉ édition, la publicité foncière, 2004, nO 425.

177 Dieter Zobl , Das Bauhandwerkerpfandrecht de lege lata und de lege ferenda, 2.

규정에 의하여 "물건을 반환해야만 하는 의무를 지고 있는 자는 해당 물건에 대해 비용을 지출하였거나 물건으로부터 발생한 손해로 인하여 채권이 변제기에 도달한 경우 채권 담보의 목적으로 유치 가능하다. 이 경우 물건을 반대급부와 상환하여 반환해야 할 것을 명하는 판결을 받게 될 수 있다고 규정하고 있다.[178]

그리고 일본에서는 유치권자가 비용을 지출한 경우로 인해 증가된 비용 부분에 한정하여 유치권을 인정하고 있다.[179] 이처럼 각 나라에서의 가치증가의 원칙을 고려한 측면을 살펴보면 유치권자가 비용을 지출한 경우로 인하여 증가한 비용 부분에 한정하여 유치권을 인정하는 경향을 볼 수 있으며 이와 같은 유치권자를 강하게 보호하는 측면이 있는 것으로 파악된다. 다만 점유가 불법행위에 의해 개시된 경우에 규정내용의 의미를 확장 해석하여 점유 개시 당시에는 유치권자가 점유할 권리가 있었지만 목적물에 대하여 비용을 지출한 당시에는 점유권원이 존재하지 않은 사실이 있거나 점유할 권한이 존재하지 않음을 인지하거나 이 사실을 과실로 몰랐던 경우에까지 위 조항을 적용하여 유치권의 성립 부정을 확장시키는 것이 타당하다.[180]

....
Halbband, ZSR, 1982, S. 77; BaslerKomm/Hofstetter, ZGB, Art. 837, 2007, N. 13ft.; BGE 95 11 31.

178 그런데 실무적으로 오스트리아에서는 이 규정을 다소 넓게 해석하고 있다. 즉, 목적물에 대하여 필요비 또는 유익비 이외에 무효인 매매로 인하여 지출하였던 매매대금반환청구권, 그리고 하자담보에 따른 손해배상청구권 등을 들 수 있다(Rummel/Hofmann, ABGB(오스트리아 민법총전-Das Allgemeine Bürgerliche Gesetzbuch) Kommentar, 3. Aufl., 2000, §471 Rdnr. 8 참조).

179 座談會, "近未来の抵当権とその實行手続—改正のあり方お探る", 經濟法, 令究會刊・銀行法務21, 第600号, 2002, 37頁.

180 日本 大審院(최고재판소의 구 명칭) 昭和13(1938) 4.16. 判決(判決全集 5輯 9号, 9頁); 日最高裁判所 昭和49(1974) 9. 20. 判決(金融法務事情 734号, 27頁).
이 판례의 사례와 관련하여 우리의 통설도 일본 최고재판소와 동일한 입장을 취하고 있기도 하다(곽윤직 「물권법(신정수정판)」, 박영사, 1999, 389면). 이러한 일본 판례의 논리와 관련하여 우리판례의 논의에서 앞서 살펴본 유사판례가 있다. 즉, 점유권원이 소멸하였음에도, 귀책사유로 인하여 목적물을 지속적으로 점유하는 경우까지도, '점유가 불법행위에 기한 경우'에 해당되는 것으로 해석해야 한다는 논리는 통설의 입장과 동일하다. 그런데 이 판례는 위와 같은 상황에서, 그러한 무권원의 점유에 대한 귀책사유의 내용에 관해 점유할 권한이 없었다는 사실을 알았거나, 이를 중과실로 몰랐던 경우로 한정하여, 유치권 행사행위를 인정하지 않은 입장인 것이다(대법원 1966. 6. 7. 선고 66다600,601

그런데 압류 이후 성립된 유치권으로는 경매매수인을 대하여 대항할 수 없다는 입장을 취하면서 점유할 권한을 가지고 있는 상태에서 점유 목적물에 유익비를 지출하였던 사정이 있더라도 추후에 이러한 점유권한이 소급적으로 소멸된 사정이 발생하였고 그 비용을 지출한 당시에 이러한 소멸 가능성을 인지하였거나 인지하지 못하였다 할지라도 소멸될 가능성에 의심을 하지 않은 면에 과실이 존재하는 경우에도 목적물 점유자의 유치권 행사는 불허되는 것이 타당하다.[181]

(2) 부동산 증·개축을 통한 유치권자의 매수인에 대한 우열

유치권자가 비용을 지출하는 여러 경우 중 건물과 관련한 증·개축의 경우와 그리고 리모델링 공사에 소요된 비용 또는 부속물의 부속에 소요된 비용(부속물 가액도 포함)과 관련된 채권을 담보할 목적으로 유치권이 성립한 경우에 있어 이와 같은 유치권의 우열을 인정할 것인지의 여부가 문제가 된다.

이것은 증·개축 등의 부분 또는 부속물과 관련하여 압류·매각의 효

판결).
　그리고 동일한 상황에서, 점유할 권한이 존재하지 않는다는 사실을 인지한 경우로 한정하여서, 유치권 행사를 할 수 없다는 입장의 판례도 있다(대법원 1984. 7. 16. 자 84모38 결정).

181 日最高裁判所 昭和 51(1976) 6. 17. 判決(判決全集 30輯 6号, 616頁).
　본 판례는 일본 최고재판소 佐藤歲二 상석조사관과 神戸地方裁判所 廣田民生 판사가 자신의 주장의 논거로써 이 판례를 제시하고 있다. 이 판례의 주요내용을 살펴볼 필요가 있다. 즉, 일본 최고재판소는 다음과 같은 이유로 이 사건 토지에 대한 전득자의 유치권 주장을 배척하였다.
　日最高裁判所 昭和51(1976) 6. 17. 判決(判決全集 30輯 6号, 616頁)
　"국가가 자작농법에 의하여, 농지로서 매수하였다가, 이후 매도한 토지를 전득하게 되어 그 인도를 받은 자를 상대로, 토지의 원소유자가 위 매수, 매도처분의 무효를 주장하면서, 소유권에 기한 토지반환소송을 제기한 사례에 관한 판례였다. 이후에 위 전득자가 토지에 대해서 유익비를 지출하였던 사실이 있었다고 하더라도, 그 후 위 매수, 매도처분이 매수계획취소판결의 확정에 의하여 당초에 소급하게 되어 무효로 되고, 위 전득자가 유익비를 지출하였던 그 당시 위 매수, 매도처분 자체가 모두 무효로 될지도 모른다는 것을 의심하지 않은 데에 과실이 존재하는 때에는 이러한 전득자는 민법 제295조 제2항의 유추적용에 의해 위 유익비상환청구권에 기한 토지의 유치권 주장을 할 수 없다고 해석하는 것이 합리적이라고 판시하였다.

력이 미치게 되는지 여부를 기준으로 판정하는 것이 합리적이다.[182] 이러한 증·개축 등의 부분 또는 물건과 관련하여 압류·매각의 효력이 미치는 경우라 할지라도 매수인이 그 부분이나 물건에 대하여 소유권을 취득한 경우가 있다. 이 경우 비용을 투입한 자에게 그 부분에 한정하여 유치권을 인정해주는 것은 타당하다.[183] 선행압류채권에 대하여 비용을 투입한 부분에는 투입한 자에게 유치권을 인정해준다는 점은 대항력 부정설과 그 법리를 달리한다. 그러나 비용을 들인 부분에 한정한다는 점에 있어서 선행압류채권자가 기대하였던 교환가치를 떨어뜨릴 위험과는 관련이 없으므로 타당한 것으로 판단된다.

(3) 압류 이후에 그 밖의 사유로 비용을 지출한 경우에서 유치권의 우열

ⅰ) 원래부터 제3자에 대하여 대항할 수 없는 본권에 의한 점유자(예를 들면 대항요건을 갖추지 못하는 주택 임차인 등)가 압류 이후 필요비 또는 유익비를 지출한 경우와 ⅱ) 압류에 대해 대항할 수 없는 처분행위에 의하여 점유를 취득한 자(임차인)가 필요비 또는 유익비를 지출한 경우에 대한 검토가 필요할 것이다. 이와 같은 경우를 해석함에 있어서 민법 제320조 제2항을 근거로 유추 적용하여 이러한 점유는 불법행위에 의한 점유에 해당되는 것으로 파악하여 유치권의 성립을 인정하지 않는 것이 타당하다고 보는 견해와 유치권의 성립은 인정해준다 할지라도 부동산 경매절차상의 매수인에 대하여 그 유치권의 대항력을 인정하는 것은 부당하다고 보는 견해가 있다.[184]

....

182 압류 효력이 미치게 되는 범위는 원칙적으로 저당권 효력이 미치게 되는 범위(민법 제358조)와 동일하다. 따라서 압류의 효력은 부동산의 부속물과 종물에 미치게 된다(김일룡, 「민사집행법강의」, 도서출판 탑북스, 2011, 273면; 김홍엽, 「민사집행법(제2판)」, 박영사, 2014, 144면; 박두환, 민사집행법, 법률서원, 2003, 286면; 오시영, 「민사집행법」, 학현사, 2007, 386면; 이시윤, 「신민사집행법 (제7판)」, 박영사, 2016, 266면; 전병서, 「민사집행법」, Justitia(유스티치아), 2016, 207면 등).

183 강구욱, "부동산 압류의 처분금지효와 유치권의 효력", 법학논고, 경북대학교 법학연구권, 144면.

184 강민성, "민사집행과 유치권─이미 가압류 또는 압류가 이루어졌거나 저당권이 설정된 부

그러나 이와 같은 견해는 다음 측면을 검토해야 한다. 압류와 관련한 유치권 대항력의 문제의 초점은 압류채권자 또는 압류 부동산의 매수인에 대하여 문제되지만 위 불법행위에 의한 점유에서 문제의 초점은 채무자(소유자)와의 관계에서 문제가 된다.[185] 본 쟁점은 유치권의 소극적 성립요건에 해당하는 것이고 양자의 포섭범위는 완전히 다르다. 따라서 압류에 대한 대항력 없는 점유를 불법행위에 의한 점유로 보거나 권원 없는 점유로 파악하는 법리는 지나친 비약이 될 수 있다. 불법행위에 의한 점유가 아닌 한 유치권이 성립함에는 아무런 제한이 없는 것이다. 점유권원이 압류에 대한 대항력이 없다는 이유로 점유 중 취득한 유치권도 대항력이 바로 아예 없는 것으로 해석하는 것도 법적인 근거가 없다. 유치권은 변제기에 놓여 있는 피담보채권의 존재, 그리고 목적물의 점유가 있다면 당연하게 성립하게 되는 법정담보물권인바, 유치권의 성립을 목적으로 하고 있는 법률행위에 의하여 성립되는 것이 아닌 것이다.[186] 따라서 대항력 부정설의 입장은 점유권원이 없어 대항력이 없는 유치권이라 할지라도 선행압류채권의 시기와 유치권의 시기를 시간 순으로 비교하여 앞서 있던 압류에 대해 유치권의 대항을 인정해주지 않는다. 이는 대항력 없는 유치권도 그 성립은 가능하다고 판단해야 하되 선행압류채권에 대해서는 그 우열상 대항할 수 없도록 판단하면 합리적이라는 면에서 대항력 부정설의 법리와도 일맥상통하기 때문에 타당하다.

한편, 부동산에 대하여 점유가 불법행위에 의해 개시된 경우 점유 개시 그 당시에는 짐유할 수 있는 권리가 있었으나 부동산에 대하여 비용을 지출한 당시에는 점유권원이 존재하지 않은 사실이 있거나 점유할 권한이

동산에 관하여 취득한 점유 또는 견련성 있는 채권으로써 경매절차에서 그 부동산을 매수한 사람을 상대로 유치권을 내세워 대항하는 것이 허용되는지 여부에 관하여", 사법논집 제36집, 2003, 77면; 남준희, "저당권 설정 후 경매개시결정 기입등기 전에 취득한 유치권의 효력 : 대상판결 : 대법원 2009. 1. 15. 선고 2008다70763 판결", 「동북아법연구」 제3권 제2호, 전북대학교 동북아연구소, 2009, 561면; 차문호, "유치권의 성립과 경매", 「사법논집」 제42집, 법원도서관, 2006, 413면 등.

185 강구욱, "부동산 압류의 처분금지효와 유치권의 효력", 법학논고, 경북대학교 법학연구권, 148면.

186 강구욱, "부동산 압류의 처분금지효와 유치권의 효력", 법학논고, 경북대학교 법학연구권, 148면.

존재하지 않음을 인지하였거나 이러한 사실을 과실로 몰랐던 경우에는 일본 민법 제295조 제2항 규정[187]을 적용하여 유치권의 성립 자체를 부정하는 것은 타당하다고 볼 수 있을 것이다.[188] 그런데 이와 같은 점유할 권한이 없는 상황과는 달리 압류 이후에 점유할 권한을 가지고 있는 상태에서 점유 부동산에 대하여 유익비를 지출하였던 사정이 있다 하더라도 추후에 이러한 점유권한이 소급적으로 소멸된 사정이 발생하였고 그 비용을 지출한 당시에 이러한 소멸 가능성을 인지하였거나 몰랐다 하더라도 그 소멸될 가능성을 의심하지 않은 측면에 있어서 과실이 존재하는 경우에도 목적물 점유자의 유치권으로 대항할 수 없는 것으로 판단해야 한다.[189]

....

187 **日本民法 第二百九十五条(留置権の内容)**
他人の物の占有者は、その物に関して生じた債権を有するときは、その債権の弁済を受けるまで、その物を留置することができる。ただし、その債権が弁済期にないときは、この限りでない。
2 前項の規定は、占有が不法行為によって始まった場合には、適用しない。

188 日本 大審院(최고재판소의 구 명칭) 昭和13(1938) 4. 16. 判決(判決全集 5輯 9号, 9頁); 日最高裁判所 昭和49(1974) 9. 20. 判決(金融法務事情 734号, 27頁); 이와 동일한 상황에서, 점유할 권한이 존재하지 않는다는 사실을 인지한 경우로 한정하여서, 유치권 행사는 불가능하다는 입장의 판례도 있다(대법원 1984. 7. 16. 자 84모38 결정).

189 日最高裁判所 昭和 51(1976) 6. 17. 判決(判決全集 30輯 6号, 616頁).
본 판례는 일본 최고재판소 佐藤歲二 상석조사관과 神戸地方裁判所 廣田民生 판사가 자신의 주장의 논거로써 이 판례를 제시하고 있다. 이 판례의 주요내용을 살펴볼 필요가 있다. 즉, 일본 최고재판소는 다음과 같은 이유로 이 사건 토지에 대한 전득자의 유치권 주장을 배척하였다.
日最高裁判所 昭和51(1976) 6. 17. 判決(判決全集 30輯 6号, 616頁)
국가가 자작농법에 의하여 농지로서 매수하였었다가 이후 매도한 토지를 전득하게 되어 그 인도를 받은 자를 상대로, 토지의 원소유자가 위 매수, 매도처분의 무효를 주장하면서, 소유권에 기한 토지반환소송을 제기한 사례에 관한 판례였다. 이후에 위 전득자가 토지에 대해서 유익비를 지출하였던 사실이 있었다고 하더라도 그 후 위 매수, 매도처분이 매수계획취소판결의 확정에 의하여 당초에 소급하게 되어 무효로 되고 위 전득자가 유익비를 지출하였던 그 당시 위 매수, 매도처분 자체가 모두 무효로 될지도 모른다는 것을 의심하지 않은 것에 있어 과실이 존재하는 때에는 이러한 전득자는 민법 제295조 제2항의 유추적용에 의해 위 유익비상환청구권에 기한 토지의 유치권 주장을 할 수 없다고 해석하는 것이 합리적이라고 판시하였다.

4. 대항력 부정설에 따른 대법원 판례 검토

앞서 검토한 바와 같이 대항력 부정설의 입장이 타당하다고 본다.[190] 대항력 부정설의 견해를 중점으로 관련된 대표적인 판례들을 검토한다.[191]

(1) 대법원 판결(2005다22688)의 의의 및 검토

대법원 판결(2005다22688)[192]에서는 민사집행법 제91조 제5항 규정에 따라 그동안 전면적 인수주의를 취하여 해석해왔던 통설의 입장과는 달리 압류채권자에 대한 대항할 수 없는 유치권 즉, 압류의 처분금지효에 저촉되는 유치권은 매수인 측으로 인수되지 않고 경매절차에서의 매수인에게 대항할 수 없음을 최초로 선언한 판결로서 그 의의가 있다. 이 법리는 최초로 명시되었다는 점에서 유치권제도의 운용에 있어 새로운 국면으로 접어들게 만든 판결인 것이다.[193] 이처럼 대법원은 경매를 매매의 일종으로

---

190 김건호, "부동산 경매절차에서의 유치권", 「법학논고」 제36집, 경북대학교 법학연구원, 2011, 396면; 이상태, "유치권에 관한 연구−대항력제한을 중심으로−(대법원 2009. 1. 15. 선고 2008다70763 판결)", 토지법학 제26−1호, 2010, 97면; 선행하는 압류에 대하여 유치권의 우열에 관한 여러 쟁점을 위에서 검토해보았는바, 그와 같은 쟁점 논의 안에서 선행 압류에 대한 유치권의 우열에 관한 대법원 판결들의 법리와 관련된 논의도 함께 진행하였다. 그런데 여러 논제별 검토를 함에 있어서 대법원 판결들의 법리와 결부하여 검토를 하였음에도 그러한 쟁점과 중복되지 않는 선행가압류와 유치권의 우열과 관련된 대법원 판결들에서의 법리 검토가 필요한 부분은 여기에서 논의하고자 한다.

191 그런데 대항력 부정설을 원칙적으로 견지하면서도 예외적으로 압류 효력이 발생한 이후에 그러한 압류가 있었다는 사실을 과실이 없는 채로 인식하지 못한 상태에서 부동산에 대하여 채권을 취득한 경우에서의 유치권은 그 대항을 인정해주는 법리(日最高裁判所 昭和 51(1976) 6. 17. 判決(判決全集 30輯 6号, 616頁)), 그리고 압류 효력이 발생한 후에 목적물에 비용을 지출한 경우에 있어서의 유치권은 그 비용지출 부분에 한하여 인정할 수 있다는 법리(강구욱, "부동산 압류의 처분금지효와 유치권의 효력", 법학논고, 경북대학교 법학연구권, 144면; 김원수, "압류(가압류)의 효력이 발생한 후에 유치권을 취득한 자가 매수인(경락인)에게 대항할 수 있는지 여부", (부산판례연구회)판례연구 제18집, 2007, 684면)로 아래 주요 쟁점을 논의하고자 한다.

192 대법원 2005. 8. 19. 선고 2005다22688 판결.

193 이재석, "유치권의 행사를 제한하는 판례이론에 관한 제언", 사법논집 제16집, 법원도서관, 2016, 373면.

보아[194] 대법원 판결(2005다22688)[195]에서는 선행하는 압류와 유치권이 충돌하는 경우 유치적인 효력을 부정하는 논거로 압류의 처분금지효를 사용하곤 하였다.[196] 이와 같은 법리는 지속적인 대법원 판결의 법리이기도 하다.[197]

압류에는 처분금지효가 인정되고 있다. 여기서 처분의 의미는 목적물의 교환가치를 감소시킬 수도 있는 재산권의 변동행위를 말한다. 그러나 점유권도 재산권에 포함되어 있고 점유이전으로 인하여 목적물의 교환가치의 감소가 야기될 수도 있기 때문에 채무자가 압류된 부동산에 대한 점유를 타인에게 이전해주는 것은 압류의 처분금지효에 저촉되므로 유치권자는 경매절차상 매수인에 대하여 대항 불가능하다고 판단한 대법원 판결(2005다22688)의 법리는 대항력 부정설의 견해와도 일맥상통하기 때문에 타당하다고 볼 수 있을 것이다.[198]

(2) 대법원 판결(2008다70763) 법리에 의한 유치권 우열의 명확한 기준 제시

대법원 판결(2005다22688)이 나온 이후 지속해서 이와 같은 법리를 보여주는 판결들이 나타나고 있었다. 다만 유치권 성립의 시기가 경매개시결정의 기입등기(즉, 압류의 효력발생)의 이전을 의미하는지 아니면 이후를 의미하는지에 따라 유치권의 우열이 어떻게 결정되는지에 대해서는 전혀 고

194 대법원 1991. 10. 11. 선고 91다21640 판결; 대법원 1993. 5. 25. 선고 92다15574 판결.

195 본 판례의 입장은 압류의 효력이 발생되어진 이후에 채무자가 압류되어진 부동산에 관한 공사대금의 채권자에게 그 부동산의 점유를 이전해주는 행위를 하면서 그로 하여금 유치권을 취득하도록 해준 경우에 대한 판례에 관한 판시내용을 보여주고 있다. 즉, 이 경우에서의 이와 같은 점유의 이전행위는 목적물의 교환가치를 감소시킬 수도 있는 우려가 있는 처분행위로 판단되어 민사집행법 제92조 제1항, 그리고 제83조 제4항 규정에 의하여 압류의 처분금지효에 저촉되기 때문에 점유자 입장에서는 이러한 유치권을 내세워서 부동산에 관하여 진행되고 있는 경매절차의 매수인에 대하여 대항할 수 없다고 판시하였다(대법원 2005. 8. 19. 선고 2005다22688판결).

196 대법원 2005. 8. 19. 선고 2005다22688 판결.

197 대법원 2005. 8. 19. 선고 2005다22688 판결 등.

198 강민성, "민사집행과 유치권─이미 가압류 또는 압류가 이루어졌거나 저당권이 설정된 부동산에 관하여 취득한 점유 또는 견련성 있는 채권으로써 경매절차에서 그 부동산을 매수한 사람을 상대로 유치권을 내세워 대항하는 것이 허용되는지 여부에 관하여", 사법논집 제36집, 2003, 13~14면; 박상언, "저당권 설정 후 성립한 유치권의 효력:경매절차에서의 매수인에 대한 대항가능성을 중심으로", 민사판례연구 제32권, 2010, 362면.

려하지 않았던 한계가 있었고[199] 이 부분이 명확하지 않으면 유치권의 우열을 정확하게 논하기가 힘든 부분이 있었다. 그런데 대법원 판결(2008다70763)[200]에서 정확하게 '압류 이후 성립한 유치권'을 근거로 하여 매수인에 대해 대항할 수 없다는 법리를 보여줌으로써 유치권 대항력 제한의 기준을 제시한 시발점으로써의 판결이 나타나게 되어 그 법리상 의의를 살펴볼 수 있게 되었으며[201] 압류 이후 유치권의 우열은 대항할 수 없다는 대항력 부정설의 법리를 천명한 것이기 때문에 타당하다.

대법원 판결(2005다22688)의 법리 중에 ⅰ) 압류 이후 점유이전행위는 압류의 처분금지효에 저촉된 처분행위에 해당한다는 부분과 ⅱ) 이를 전제

----

199 대법원 1967. 11. 28. 선고 66다2111 판결; 대법원 1972. 1. 31. 선고 71다2414 판결; 대법원 1973. 1. 30. 선고 72다1339 판결(이상의 판결은 건물경매의 경우임); 대법원 1975. 2. 10. 선고 73다746 판결(선박 매매의 경우임).

200 대법원 판결(2008다70763)의 주요 판시내용은 다음과 같다. 부동산 경매절차에서 민사집행법 제91조 제5항에 의하여 매수인은 유치권자에게 그 유치권으로 담보하고 있는 채권을 변제하여야 하는 책임이 있는 것이 원칙이다. 채무자가 소유하고 있는 건물 등의 부동산에 경매개시결정의 기입등기가 완료되어 압류 효력이 발생한 후 채무자가 부동산의 공사대금 채권자에 대해 점유를 이전해줌으로써 유치권을 취득하게 한 경우에는 이와 같은 점유이전 행위는 목적물의 교환가치를 감소시킬 수도 있는 가능성이 있는 처분행위에 해당한다고 보았다. 이에 민사집행법 제92조 제1항, 그리고 제83조 제4항에 의한 압류의 처분금지효에 저촉이 되기 때문에 점유자 입장에서는 유치권을 주장하면서 부동산과 관련된 경매절차의 매수인에 대하여 대항할 수 없다고 판시하였다. 그러나 이와 같은 법리는 경매로 인한 압류 효력이 발생하기 이전에 유치권을 취득한 사안에는 적용되는 것이 아니라고 하였다. 그리고 유치권 취득의 시기가 근저당권 설정 이후이거나 유치권을 취득하기 이전에 설정되어진 근저당권을 근거로 하여 경매절차가 개시된 사정이 있다고 하여 다르게 판단할 것은 아니라고 판단하였다(대법원 2009. 1. 15. 선고 2008다70763 판결).

201 이재석, "유치권의 행사를 제한하는 판례이론에 관한 제언", 사법논집 제16집, 법원도서관, 2016, 358면; 동시에 이 판결(2008다70763)은 압류 이후 유치권은 대항할 수 없다는 법리(대법원 2005. 8. 19. 선고 2005다22688 판결)보다 더 직접적으로 유치권자가 매수인에 대하여 그 피담보채권의 변제를 청구할 수 없다는 것을 최초로 선언한 대법원 판결이기도 하다(서기석, "유치권자의 경락인에 대한 피담보채권의 변제청구권의 유무", 대법원판례해설 제26호, 1996, 97면) 다만, 대법원 판결(2008다70763)에서는 이와 같은 법리를 보여주면서 말미에는 선행 저당권에 대해 유치권자가 대항할 수 있다는 법리를 판시하였는바, 이러한 견해는 본 연구의 주장과는 배치되는 부분임을 밝혀두고자 하며 이와 같은 주장에 대한 논의는 제3장 부동산 경매 현금화단계에서의 유치권 장에서 검토하도록 한다. 따라서 본 연구에서 대법원 판결(2008다70763)의 결론을 근거로 제시하는 것이 아닌 것이고 본 대법원 판결(2008다70763)에서 나타난 법리를 보여준 것임을 유의해야 할 필요가 있다.

로 하여 압류채권자에 대하여 대항할 수 없는 유치권 즉, 압류의 처분금지
효에 저촉된 점유이전으로 인하여 성립한 유치권은 민사집행법 제91조 제
5항에 적용되지 않는다(즉, 소멸하게 되어 매수인에게 대항할 수 없다)는 법리는
이후 다수의 판결에서 원용됨에 따라 압류 이후 성립한 유치권을 제한하
는 판례이론으로 확립된 측면을 살펴볼 수 있게 되었으며 이는 대항력 부
정설의 법리를 따르는 것으로 타당한 흐름으로 파악할 수 있다.[202]

압류 효력이 발생한 이후 채무자가 행한 점유이전행위는 목적물의 교
환가치를 감소시킬 수도 있는 우려가 존재하는 처분행위가 되어 민사집행
법 제92조 제1항, 그리고 제83조 제4항에 따라 압류의 처분금지효에 저촉
되기 때문에 점유자는 이러한 유치권을 내세워서 부동산에 진행되는 경매
절차의 매수인에 대하여 대항할 수 없다고 판시하였던 대법원 판결(2005
다22688)의 법리는 향후 토지인도 관련 판결,[203] 유치권부존재확인 관련 판
결,[204] 건물명도·부당이득금반환 관련 판결,[205] 유치권 확인 관련 판결[206]
등에 인용이 됨에 따라 영향을 주게 된 것이고 이와 같은 법리는 판례이론
으로서 확립된 것으로 볼 수 있다.[207] 따라서 이러한 법리의 적용으로 인
하여 매수인과 배당적격자가 예상치 못한 불이익을 입는 문제라든지 권리
남용의 유치권 내지 허위유치권을 작출하는 부당한 경우도 매우 감소하게
되어 합리적인 법리임을 알 수 있는 것이다.[208]

....

202 이재석, "유치권의 행사를 제한하는 판례이론에 관한 제언", 사법논집 제16집, 법원도서
   관, 2016, 358면.

203 대법원 2006. 8. 25. 선고 2006다22050 판결.

204 대법원 2007. 5. 10. 선고 2007다9122 판결.

205 대법원 2008. 5. 8. 선고 2007다36933, 36940 판결.

206 대법원 2009. 1. 15. 선고 2008다70763 판결.

207 이재석, "유치권의 행사를 제한하는 판례이론에 관한 제언", 사법논집 제16집, 법원도서
   관, 2016, 358면; 이 판결 이후로 이 판례의 법리가 반영된 판례로 대법원 2017. 2. 8. 선
   고 2015마2025결정의 법리도 들 수 있으며 동일한 요지의 판시를 내린 것을 알 수 있다
   (강구욱, "부동산 압류의 처분금지효와 유치권의 효력", 법학논고, 경북대학교 법학연구
   권, 134면).

208 이재석, "유치권의 행사를 제한하는 판례이론에 관한 제언", 사법논집 제16집, 법원도서
   관, 2016, 358면.

(3) 처분행위 개념의 상대성 비난을 벗어나기 위한 이념적 · 정책적 판결법리

대법원 판결(2009다19246)과 대법원 판결(2009다60336)에서 압류와 유치권이 충돌하는 경우 유치적 효력을 부정하는 논거로 '경매절차에 관한 신뢰와 절차에서의 안정성' 또는 '집행절차에서의 안정성'이라는 이념적 · 정책적 판결법리를 사용하였다.[209]

대법원 판결(2009다19246)의 판시사항은 다음과 같다. 부동산에 압류의 효력이 발생한 후에 제3자에게 채무자가 부동산의 점유를 이전하는 행위를 함으로써 유치권을 취득하도록 한 경우 이 점유이전행위는 처분행위에 해당한다고 판시하였다. 그런데 이는 어디까지나 압류 효력이 발생한 후 채무자가 부동산의 점유를 이전해줌으로써 제3자가 취득하였던 유치권을 근거로 하여 압류채권자에 대하여 대항할 수 있다고 보게 되면 매수인이 매수가격 결정을 할 때 기초로 삼았던 현황조사보고서 또는 매각물건명세서에서 나타나지 않는 유치권 부담을 그대로 인수하게 된다. 이는 경매절차상의 공정성 · 신뢰를 현저히 훼손하게 되는 것이고 유치권 신고가 발생하여 매수신청인이 위 유치권이 존재한다는 것을 인지하게 되는 경우에는 부동산의 매수가격이 하락한다. 따라서 책임재산을 신속하고 적정하게 환가함으로 인하여 채권자 만족을 얻을 수 있도록 하려는 민사집행제도를 운영함에 있어서 이는 심각한 지장을 줄 수 있다. 위 상황에서는 제3자에 대한 채무자의 점유이전행위를 압류의 처분금지효에 저촉이 되는 처분행위로 봄이 타당하다고 판시한 것이다. 그러나 부동산에 압류가 아닌 가압류등기가 경료된 상태에서는 현실적 매각절차가 이뤄지지 않기 때문에 채무자의 점유이전행위로 인해 제3자가 유치권을 취득한 경우라 할지라도 이 점유이전행위를 처분행위로 볼 수 없다. 따라서 가압류 후에 유치권으로 대항할 수 있다고 판시하였다.[210]

대법원 판결(2009다60336)의 판시사항은 다음과 같다. 전원합의체 다수의견으로 부동산에 대하여 경매절차가 이미 개시되어 경매가 진행된 상

---

209 대법원 2011. 11. 24. 선고 2009다19246 판결; 대법원 2014. 3. 20. 선고 2009다60336 전원합의체 판결.
210 대법원 2011. 11. 24. 선고 2009다19246 판결.

태에서 비로소 부동산에 대한 유치권을 취득한 사례에 대한 판시가 있다. 이 경우 어떠한 제한도 없이 그 유치권자가 매수인에 대하여 대항할 수 있게 되면 경매절차에 대한 신뢰도가 저하되고 절차적인 안정성 역시도 크게 위협받는다고 하였다. 또한 경매 목적 부동산을 신속하면서도 적정한 가격에 환가하려는 노력이 매우 어려워지게 되고 경매절차의 여러 이해관계인에게 불측의 손해를 주게 되는 상황이 발생할 수도 있다는 것이다. 따라서 이 경우까지 압류채권자를 포함한 다른 이해관계인들의 불측의 손해 등의 희생을 강요하면서 유치권자만을 우선적으로 보호하는 것은 집행절차에서의 안정성 측면에서도 수인하기가 매우 어렵다는 것이다. 그러므로 부동산에 대하여 경매개시결정등기가 완료된 후에 비로소 부동산의 점유를 이전받는 경우이거나 피담보채권이 발생하게 되어 유치권을 취득하게 된 경우 유치권자는 경매절차의 매수인에 대하여 대항할 수 없다고 판시하였다.[211]

　　이처럼 위 두 판례에서는 '경매절차에 관한 신뢰와 절차에서의 안정성' 또는 '집행절차에서의 안정성' 등의 이념적·정책적 판결법리를 보여주었다. 이와 같은 법리를 취하게 된 이유는 가압류 이후 유치권에 관한 대법원 판결(2009다19246)과 압류 이후 유치권에 관한 대법원 판결(2005다22688)에서 동일한 행위(채무자의 점유이전행위)를 하였음에도 다른 결과(처분행위에 저촉 여부)를 보여주는 판결에 대한 부담이 작용하였기 때문이다. 또한 동일행위에 따른 다른 결과를 내는 판시를 하려면 보통 전원합의체로 나타나는데 그렇지도 않았다. 이는 대법원 법리가 채무자의 점유이전행위가 처분행위에 해당하는지에 대하여 처분행위 개념의 상대성 모습을 보여준다는 비난이 제기될 수 있는 것이다. 따라서 그 비난에서 벗어나고자 대법원 판결(2009다19246)에서는 대법원 판결(2005다22688)에서 제시하는 압류의 처분금지효 법리가 아닌 '경매절차에 관한 신뢰와 절차에서의 안정성' 또는 '집행절차에서의 안정성' 법리를 제시한 것이다.[212] 대법원 판결(2009다

---

211 대법원 2014. 3. 20. 선고 2009다60336 전원합의체 판결; 대법원 2006. 8. 25. 선고 2006다 22050 판결 등.

212 이 판단법리는 법 규정을 합당하게 해석하기 위한 이념적 지표로서의 역할을 할 수는 있으나 특정 법해석에서 구체적인 법적 근거로 제시하기에는 곤란한 측면이 있다는 견해가

19246) 이후 나온 대법원 판결(2009다60336)을 포함한 여러 판례에서 위 법리를 지속적으로 사용하고 있다. 부동산 경매절차에 대한 공정성과 신뢰, 절차적 안정성, 민사집행제도의 신속·적정·원활한 운영 등과 같은 이념이나 공평의 이념[213] 또는 신뢰의 원칙을 제시하는 법리가 그것이다.[214] 그러므로 이전의 압류의 처분금지효 법리는 '경매절차에 관한 신뢰와 절차에서의 안정성' 또는 '집행절차에서의 안정성' 법리로 대체·폐기된 것으로 볼 수 있다.

이 법리는 법문의 해석이 가능한 범위를 아예 일탈하여 전개된 것도 아니고 대항력 부정설과도 양립 가능하므로 그 추상성을 근거로 부당한 법리로 파악할 필요는 없다. 이는 압류 후에 성립된 유치권으로 대항할 수 없는 입장을 인식하고 있고 여러 사안마다 유치권을 거의 인정해주면 겪게 되는 사회적 폐해를 시정할 목적으로 현실적 필요에 의해 발전된 이론으로 파악하면 된다.[215]

있다. 법원은 법을 해석하고 적용하는 기관이지 국회와 같은 정책기관이 아니라는 것이다(강구욱, "부동산 압류의 처분금지효와 유치권의 효력", 법학논고, 경북대학교 법학연구권, 150면).

[213] 대법원 2011. 11. 24. 선고 2009다19246 판결.

[214] 이 법리는 부동산 경매절차에서 압류채권자 또는 매수인의 이익을 보호하려는 경향이 강하다.

[215] 강구욱, "부동산 압류의 처분금지효와 유치권의 효력", 법학논고, 경북대학교 법학연구권, 150면.

제 3 장

부동산 경매 현금화단계에서의 유치권 :
경매부동산 낙찰 시 유치권이 나타났다!

부동산 경매 현금화단계에서의 유치권 : 경매부동산 낙찰 시 유치권이 나타났다!

부동산 경매절차 중 현금화단계는 압류한 채무자의 부동산을 현금으로 변경하는 단계이다. 부동산을 현금화하는 절차는 부동산 경매절차에 있어서 집행기관이 해당 부동산을 양도(매각)한 후 그 대금을 취득하는 형태로 진행된다.[1]

현금화단계에서 유치권이 신고될 경우 다음과 같은 문제가 발생할 수 있다. 첫째, 부동산의 매각기일 전에 유치권의 존재로 인해 매수희망자가 입찰을 포기할 수 있다. 둘째, 매각 절차가 진행되는 단계에서는 유치권으로 인해 부동산 경매절차가 지연되고 매각가격이 하락할 수 있다. 셋째, 매각절차 종료 후에는 매각부동산의 인도단계에서 유치권 존재로 인해 명도지연이 나타나고 이에 따른 매수인의 비용이 증가할 수 있다.[2]

그러나 무엇보다 현금화단계에서 나타나는 가장 큰 문제 상황은 후행유치권자의 갑작스러운 등장으로 인한 선행저당권자의 이익 침탈 상황[3]이다.[4] 이는 유치권과 저당권의 경합에 대한 문제이며 현금화단계에서의 유

---

1 이시윤, 「신민사집행법 (제7판)」, 박영사, 2016, 236면; 전병서, 「민사집행법」, Justitia(유스티치아), 2016, 169면.

2 강정규/이용득, "부동산 경매에서 유치권 개선방안에 관한 연구", 부동산학보 제62권, 한국부동산학회, 2015, 64면.

3 이와 유사한 실무 논제로는 선행저당권에 관한 상사유치권의 우열 논의이다. 이는 현재 실무에서조차 그 판례법리가 명확하게 정립되지 않아 판례의 입장이 혼동 중에 있다. 다만, 일본에서는 최고재판소에서 판시한 법리가 많이 축적되어 있으나 우리나라에서는 대법원 판례(2010다57350) 정도만 있는 실정이다. 한편, 선행저당권에 관한 상사유치권의 우열논제에 관한 논의는 이찬양, "건물에 관한 상사유치권의 우열상 제문제", 법학연구 61권, 전북대학교 법학연구소, 2019, 337~378면 참조.

4 강정규/이용득, "부동산 경매에서 유치권 개선방안에 관한 연구", 부동산학보 제62권, 한

치권의 적용문제 중 핵심논점이라고 할 수 있다.[5]

저당권보다 유치권이 먼저 성립된 경우에는 유치권자가 후순위에 있는 저당권자보다 시간상 앞서 있기 때문에 유치권자가 저당권자에게 대항할 수 있다는 판단은 큰 문제가 없다. 그런데 이와는 달리 유치권 문제 중 가장 부작용이 만연한 영역은 유치권이 저당권보다 후순위로 성립될 경우이다.[6] 이러한 유치권은 매수인에게 인수되기 때문에 유치권으로 담보하

국부동산학회, 2015, 64면; 유치권 개정안과 관련하여 추가논의 가능한 영역이 있다. 현금화단계에서의 유치권 개정안에서의 핵심논제로 변제기 소급효에 따른 선행저당권에 대한 유치권(저당권)의 우열상 불합리성, 선행저당권에 관한 정당한 채권자의 우열상 약화 가능성 논제, 그리고 선행저당권에 관하여 후행하고 있는 3가지 저당권의 존재에 의한 우열상 혼란 논제가 있는 것이다. 이 논제들은 선행저당권에 관한 현행 유치권의 우열상의 지위보다 개정안이 적용되는 상황에서 유치권의 우열상 지위의 불합리성 논제를 검토할 수 있다는 점에서 본 부동산 경매 현금화단계에서 논의가 가능할 수도 있을 것이다(이찬양, "부동산 경매 압류·현금화·배당단계에서 유치권 개정안의 한계에 관한 검토", 민사소송 제24권 제2호, 한국민사소송법학회, 2020, 211면).

5 기존 논의는 이와 같은 쟁점에 관하여 학설 및 판례를 검토하고 주요쟁점을 일반론적으로 검토하는 구성을 취하였다. 그러나 이 구성은 주요쟁점을 검토할 때 기준을 제시하지 않고 문제점만을 제시하고 있다는 점에서 한계를 갖는다. 따라서 전체적 비판이 여러 갈래인 경향이 있다. 기존 논의는 대법원 판례를 검토할 경우에도 특정 판례만을 평석하는 선에 머물러 있다. 또한 쟁점별 논의에서의 주장과 판례평석 논의에서의 주장 간 충돌이 나타나는 아쉬움도 있다. 이러한 한계로부터 차별성을 추구하고자 본서에서는 국내와 일본의 학설 및 판례를 검토하여 어느 특정한 학설을 중심으로 타당성을 도출하려 노력하였다. 그리고 그 특정 학설을 중심으로 주요쟁점을 검토하여 풀어내고자 한다. 해당 쟁점과 관련된 대법원 판례도 해당 학설을 중심으로 살펴본다. 판례를 검토할 경우에도 기존 논의와는 차별성을 기할 목적으로 주요쟁점과 관련된 판례의 흐름까지도 파악하여 쟁점안에서 그 의의를 도출하고자 한다. 이 구성을 취한 논의는 적어도 현금화단계 본 주제에서는 거의 활성화되지 않았으므로 그 학습의의가 있을 것이다. 이러한 구성으로 부동산 경매 현금화단계에서의 유치권의 적용문제 중 핵심쟁점이라고 할 수 있는 선행저당권에 관한 유치권의 우열문제를 검토하고자 한다. 저당권은 약정담보물권으로 우선변제권이 있기 때문에 부동산 경매절차에서 배당을 받든지 받지 못하게 되든지 모두 소멸하게 된다(**민사집행법 제91조**). 그런데 유치권은 법정담보물권이긴 하나 우선변제권이 부여되어 있지 않기 때문에 부동산 경매절차에서 매수인이 인수해야 하는 권리이다(**민사집행법 제91조**).

6 박양준, "부동산 상사유치권의 대항범위 제한에 관한 법리 : 대법원 2013. 2. 28. 선고 2010다57350 판결", 청연논총 제12집, 2013, 108면; 허위·가장유치권을 통해서도 이와 같은 문제가 발생될 경우 부동산의 이해관계인 간 첨예하게 대립되는 문제로 증폭되곤 한다. 한편, 이와 같은 문제를 해결하기 위해 유치권 개정안에서는 유치권을 폐지하고 저당권설정청구권 제도를 도입하자는 논의도 있다(관련 논의는 이찬양, "부동산유치권 개

고 있는 채권만큼 매각부동산의 담보가치를 하락시키는 중대한 요소로 작용한다. 이러한 문제상황을 해결하기 위해 아래에서는 유치권과 저당권의 경합을 전제로 하여, 문제상황과 관련된 국내와 일본에서의 학설 및 판례의 타당성을 살펴보고 주요 쟁점에 관한 검토를 진행하고자 한다.

Ⅰ. 유치권과 저당권의 경합

1. 유치권과 저당권의 경합과 문제점

저당권은 비점유담보로 목적물을 점유하지 않아도 설정할 수 있다. 따라서 부동산에 저당권이 설정된 이후 제3자가 본 목적물을 점유함으로써 유치권을 취득하는 경우가 있다. 이때 유치권과 저당권은 성립 및 존속단계에서 양립할 수 있으므로 경합의 문제는 원칙적으로 발생하지 않는다.

그런데 저당권자는 저당권을 설정할 당시의 저당물 시가로부터 선순위에 있는 담보권의 피담보채권액수를 공제하고 난 후의 담보가치를 근거로 금전대여 여부 · 액수 등을 결정한다. 저당권을 설정한 이후 유치권이 성립된 경우에도 유치권자는 저당권자에 대해 대항할 수 있다. 따라서 저당권을 실행하는 절차에서 목적물을 매수한 자에 대해서도 유치권자가 인도거절권능을 행사할 수 있다. 이는 대항력 긍정설 및 대법원 판례의 입장으로 이에 따르면 양자 간 경합이 발생하게 된다.[7]

이러한 견해에 따르면 유치권이 매수인에게 인수되는 부담으로 인해 부동산의 매각가격은 하락하게 된다. 그리고 유치권이 성립하기 전에 이미 저당권을 설정받아 신용을 제공하였던 자는 목적물의 담보가치가 원래 예상하였던 가치보다 하락함을 인지하게 된다. 다시 말해 저당권자는 그

정안 중 저당권설정청구권 제도 도입에 관한 고찰", 법학논총 제26집 제2호, 조선대학교 법학연구소, 2019, 303~338면 참조).

7　문병찬, "유치권 대항력에 관한 소고-저당권 설정 후 경매로 인한 압류의 효력발생 전에 취득한 유치권으로 경매절차의 매수인에게 대항할 수 있는지 여부-", 「청연논총」 제10집, 사법연수원, 2013, 49면.

목적물의 교환가치를 침해당하게 되는데, 이 과정에서 유치권과 저당권과의 경합 내지 우열관계가 문제 될 수 있다.[8]

2. 유치권과 저당권의 경합 시 대항력 및 대상

(1) 유치권의 대항력 법리

1) 기본적 법리

저당권에 의한 담보권실행을 위한 경매절차에서 유치권은 매수인에게 인수되는 인수주의의 원칙이 적용된다. 저당권은 등기부를 통하여 공시되지만 유치권은 등기부를 통하여 공시되지 않기 때문에 유치권 인정에 따른 인수주의 모습은 제한해야 한다는 비판이 있다. 이와 관련된 법리가 유치권 우열법리이고 대항력 또는 제한의 법리이다.

유치권이 모든 경우에 대항력을 가지는 것으로 판단되거나 특정 기준에 따라 대항력을 가지는 것으로 판단되는 경우는 인수주의가 적용된다. 그러나 유치권이 특정 기준에 따라 대항력을 가지지 못한다고 판단되는 경우에는 유치권은 매수인에게 인수되지 않는 것이 유치권의 대항력 법리의 기본적 구조이다.[9]

2) 우선변제권 측면에서 본 양자 간의 대항력 법리

유치권자와 저당권자가 공존하고 저당권에 따른 담보권 실행을 위한 경매절차가 진행되고 있을 때 유치권의 대항력이라 함은 사실상 저당권에 대한 대항을 의미한다. 이것은 우선변제권을 기준으로 저당권의 입장이나 유치권의 입장에서 모두 설명할 수 있다.

유치권은 민법 제320조 규정에서의 성립요건을 갖추게 되면 성립하고

---

8 문병찬, "유치권 대항력에 관한 소고 -저당권 설정 후 경매로 인한 압류의 효력발생 전에 취득한 유치권으로 경매절차의 매수인에게 대항할 수 있는지 여부-", 「청연논총」 제10집, 사법연수원, 2013, 50면.

9 김영희, "유치권이 있는 부동산의 경매와 유치권의 저당권에 대한 대항력", 민사법학 제63~1호, 2013, 419면.

매수인에게 인수되는 사실상의 우선변제권을 가진다(민사집행법 제91조 제5항).[10] 유치권자의 사실상의 우선변제권은 부동산 경매절차에서 유치권 인수주의의 모습으로 나타난다. 그리고 매수인에게는 목적물의 인도거절권능을 통하여 사실상의 우선변제권 효력이 발생한다. 이와 같은 구조에서 유치권은 성립이 인정되는 한 지속적으로 대항력을 가진다.

이 경우 저당권자의 입장에서 유치권과 저당권 간 우열 문제는 우선변제권이 있는 저당권을 사실상의 우선변제권이 있는 유치권보다 우선할 수 있는지에 대한 문제로 구체화된다. 반면 유치권자의 입장에서 우열 문제는-유치권의 우선변제권이 법문에 규정되어 있지 않다는 점으로 인해-유치권을 저당권보다 후순위에 놓아야 하는지에 대한 문제로 구체화된다. 이것은 유치권의 사실상의 우선변제권의 한계를 어디까지 인정해줄 것인지의 문제이기도 하다.

이처럼 두 우선변제권 간 우열 문제는 유치권의 대항력이라는 법리로 표출되고 있다. 한편, 이와 관련하여 선행저당권에 관한 유치권의 대항력을 인정하는 것이 아니라 되도록이면 제한해야 한다는 비판이 다수 나타나고 있다. 그러므로 유치권의 대항력 법리를 논의하기 위해서는 유치권과 저당권이라는 담보물권의 역학관계를 고찰해야 한다.[11]

(2) 유치권의 대항력 대상

유치권과 저당권 역학관계의 고찰을 위해서는 먼저 유치권 대항력의 대상을 명확하게 살펴보아야 한다. 유치권의 대항력 대상은 먼저 매수인을 향하고 있는 것으로 보인다.[12] 민사집행법 제91조 제5항에 의하면 저당권에 따른 담보권실행을 위한 경매절차에서 유치권은 매수인에게 인수된다(인수주의 원칙). 유치권이 매수인 측으로 인수되면 유치권자는 매수인이 자신에게 변제를 행하지 않는 경우 해당 유치권을 주장하면서 대항할 수

---

10 호문혁(집필자)/곽윤직 편집대표, 「민법주해[Ⅵ] 물권(3)」, 박영사, 1992, 275면.

11 김영희, "유치권이 있는 부동산의 경매와 유치권의 저당권에 대한 대항력", 민사법학 제63~1호, 2013, 421면.

12 대법원 2009. 1. 15. 선고 2008다70763 판결; 김홍엽, 「민사집행법(제2판)」, 박영사, 2013, 137면.

있다. 같은 논리로서 유치권이 매수인에게 인수되지 않는 경우 유치권자는 매수인에게 대항할 수 없다. 이러한 측면에서 유치권의 대항력은 분명 매수인을 대상으로 하는 대항이다.

그런데 저당권에 따른 담보권실행을 위한 경매절차가 진행되는 경우 매수인에게 행하는 유치권자의 대항은 저당권에 대한 대항이기도 하다. 저당권자에 의한 담보권 실행을 위한 경매절차에서 유치권자의 매수인에 대한 대항여부는 경매로 인하여 소멸하는 저당권에 대한 대항여부와 연결하여 판단하기 때문이다.[13]

유치권이 인수되는 경우에 유치권을 인수하는 자는 매수인이다. 그런데 유치권이 매수인에게 인수되는지의 여부에 의해 부동산의 매각 대금액수가 달라진다. 이와 관련하여 가장 큰 이해관계가 있는 자는 매수인보다는 경매신청권자인 저당권자이다. 매수인은 유치권 인수를 조건으로 하는 대금이든 유치권 소멸을 조건으로 하는 대금이든 제시된 대금에서 구매 여부를 정할 뿐이다.

이처럼 유치권자의 매수인에 대한 대항력은 그 실질을 보면 저당권에 대한 대항이다. 유치권이 저당권에 대해 대항 가능하면 유치권은 매수인 측으로 인수되고 유치권자는 매수인에 대해 대항할 수 있다. 하지만 유치권이 저당권에 대해 대항할 수 없으면 유치권은 매수인에 대해 인수되지 않고 대항할 수도 없다.[14]

---

13 차문호, "유치권의 성립과 경매", 사법논집 제42집, 법원도서관, 2006, 404면.

14 김영희, "유치권이 있는 부동산의 경매와 유치권의 저당권에 대한 대항력", 민사법학 제 63~1호, 2013, 420면.

Ⅱ. 선행저당권과 유치권의 우열에 대한 학설 및 판례

1. 국내의 학설 및 판례

(1) 학설

1) 대항력 긍정설(유치권 우위설)과 비판

① 법리 및 논거

대항력 긍정설[15]은 유치권이 물권의 위치에서 성립함과 동시에 대세적인 효력이 있다고 한다. 그리고 다른 제한물권과는 달리 유치권은 인수주의를 취하는 민사집행법 제91조 규정을 근거로 한다. 저당권자가 부동산 담보거래에서 유치권에 의해 예측하지 못한 손해를 입게 될 가능성이 있어도 감수해야 한다는 것이다.[16]

일본에서는 일찍이 中山一郎 교수가 이 견해를 취하였다.[17] 이 견해에 따르면 유치권의 성립시기가 언제이든 관련 없이 저당권자에 대해 대항할 수 있다고 한다.[18] 대항력 긍정설 견해에서 등기는 단지 물권변동의 원칙적인 성립요건 또는 물권변동의 공시방법에 불과한 것으로 본다. 그러므로 등기 자체가 물권변동을 정당화시켜 주는 것은 아니다.[19] 그러나 다음과

---

15 대법원 판례(2008다70763)도 대항력 긍정설의 입장에 서 있다.

16 곽윤직, 「물권법(민법강의Ⅱ, 신정수정판)」, 박영사, 1999, 389면; 이시윤 「신민사집행법(보정판)」, 박영사, 2005, 225면; 김능환/민일영, 「주석 민사집행법Ⅲ」, 한국사법행정학회, 2012, 340면; 김기찬/이춘섭, "부동산 경매에서 유치권의 한계에 관한 연구", 부동산학연구 제13집 제2호, 2007, 95면; 박정기, "압류의 처분금지효에 저촉하여 취득한 유치권으로서 경매절차의 매수인에게 대항할 수 있는지 여부 -대법원 2005. 8. 19. 선고., 2005다22688 판결-", (광주지방법원)재판실무연구, 2005, 55면; 이선희, "부동산유치권의 대항력 제한", 민사법학 제72호, 2015, 236면; 대법원 2011. 12. 22 선고 2011다84298 판결도 이와 같은 입장을 나타냈음을 알 수 있다.

17 鈴木忠一/三ケ月章 編輯代表(中山一郎 執筆), 「注解 民事執行法(3)」, 第一法規, 1984, 296頁.

18 이재성, "유치권의 담보물권으로서의 성격, 민사법학의 제문제 : 소봉 김용한교수 화갑기념논문집", 박영사, 1990, 311-315면.

19 이호행, "유치권이 설정된 부동산의 경매-유치적 효력을 중심으로-", 홍익법학 제19권 제1호, 홍익대학교 법학연구소, 2018, 249면.

같은 비판이 제기되고 있기 때문에 검토해야 한다.

② 대항력 긍정설에 대한 비판

대항력 긍정설은 담보법질서의 동요를 야기할 수 있다는 점에서 비판이 제기된다.[20] 저당권 등기가 이미 경료된 부지에 추후 유치권이 성립하게 될 경우, 대항력 긍정설은 이러한 유치권에 사실상의 우선적인 지위를 부여하는 것이 정당하다고 판단한다. 그런데 이것은 공시주의를 근거로 하는 담보법 질서를 동요시킬 우려가 있다.[21]

2) 대항력 부정설(대항력 제한설)과 비판

① 법리 및 논거

대항력 부정설은 저당권이 설정된 이후 유치권의 성립요건을 갖추게 된 자는 유치권을 취득하나(유치권 성립) 그는 선행저당권자에 대해 대항할 수 없다고 한다.[22] 이는 대항력 부정설이 선행저당권자에 대한 유치권의

---

20 일본에서도, 아주 오래전부터 대항력 긍정설이 통설이라고 정립되어 있으나, 구체적으로 학설로서 긍정설의 입장을 논리적으로 보여주고 있는 예는 찾기가 힘들었다. 최근에는 대항력 부정설의 입장이 급속하게 지지를 받게 되었는데, 이러한 경향은 일본에서 동경고등재판소의 판결을 중심으로 영향력을 얻고 있다. 학자들의 견해도, 대항력 긍정설의 입장의 태도에 서 있다가, 최근에는 이 입장을 전제로 하여 여러 합리적이면서 응용된 학설이 많이 등장하였다. 秦光昭a, 秦光昭b, 新美育文, 田積司, 生熊長幸 등의 학자들이 그 예이다.

21 남준희, "저당권 설정 후 경매개시결정 기입등기 전에 취득한 유치권의 효력 : 대상판결 : 대법원 2009. 1. 15. 선고 2008다70763 판결",「동북아법연구」제3권 제2호, 전북대학교 동북아연구소, 2009, 560면; 차문호, "유치권의 성립과 경매", 사법논집 제42집, 2006, 413면; 이춘원, "저당권 등기 후 압류 전 또는 후에 유치권을 취득한 자가 매수인에 대항할 수 있는지 여부", 고시계 제55권 제10호, 2010, 21면.

22 이상태, "유치권에 관한 연구-대항력제한을 중심으로-(대법원 2009. 1. 15. 선고 2008다70763 판결)", 토지법학 제26-1호, 2010, 101면; 차문호, "유치권의 성립과 경매", 사법논집 제42집, 2006, 446-447면; 저당권이 설정된 이후에 성립한 유치권은 무제한적으로 그 대항력이 제한되어야 한다는 견해도 살펴볼 수 있으나(이선희, "부동산유치권의 대항력 제한", 민사법학 제72호, 2015, 358면) 여기서 의미하는 대항력 부정설의 입장은 저당권 성립시기와 유치권 성립시기를 서로 시간 순으로 비교하여 유치권의 대항 여부를 파악하고 있기에 일반적인 유치권의 대항력 부정의 입장은 엄연히 검토해볼 때는 대항력 부정설의 견해라고 보기는 어려울 것이다.

우열을 성립요건의 문제가 아니라 효력요건의 문제로 인식하기 때문이다. 그리고 대항력 부정설에 따르면 유치권은 선행저당권에게 대항할 수 없기 때문에 매수인에게도 대항할 수 없게 된다.[23]

대항력 부정설은 다음의 논거들을 제시하고 있다. 첫째, 선행저당권에 대해 유치권으로 대항할 수 있게 되어 부동산 경매절차의 매수인이 목적물을 인도받기 위해서는 유치권의 피담보채권을 변제해야 한다는 논리가 타당하지 않다는 것이다. 이 경우 유치권은 사실상 최우선으로 피담보채권 전부액을 변제받을 수 있다. 그런데 유치권에 법률상 우선변제권을 부여하지 않은 법 태도에 반한다는 것이다.[24]

둘째, 구 민사소송법 제608조에서 선행저당권에 관한 전세권 이외의 용익물권 및 대항력이 있는 임차권의 우열에 관하여는 아무런 규정을 두지 않았다. 그러나 당시 통설 및 판례가 용익권은 매수인에게 인수되지 않고 경락에 의해 소멸하는 것으로 해석한 것을 고려하면 현 민사집행법 제91조 제5항은 선행저당권에 대해 유치권으로 대항할 수 있는 근거가 되지 못한다는 것이다.[25]

셋째, 부동산에 비용을 투여한 자에게 담보가치가 돌아가도록 하는 것이 공평의 원칙에 합당한 것이라는 해석에 대해 선행저당권이 없는 경우만 이러한 해석이 타당하다는 논거도 있다.

넷째, 통설 및 판례의 입장에 따라 유치권의 사실상 우선변제권을 인정한다면 현 여러 법률에서 최우선변제권을 인정하는 규정들은 의미가 퇴색된다고 한다.[26]

다섯째, 민법 제666조를 근거로 부동산 수급인은 도급계약에 의한 공사대급채권을 담보할 목적으로 부동산에 저당권을 설정해달라고 요청할 수 있다. 그런데 이러한 저당권설정청구권을 행사하는 것보다 유치권을

---

23 박상언, "저당권 설정 후 성립한 유치권의 효력:경매절차에서의 매수인에 대한 대항가능성을 중심으로", 민사판례연구 제32권, 2010, 386–387면.

24 차문호, "유치권의 성립과 경매", 사법논집 제42집, 2006, 412면.

25 김원수, "압류(가압류)의 효력이 발생한 이후 유치권을 취득한 자가 매수인(경락인)에게 대항할 수 있는지 여부", (부산판례연구회)판례연구 제18집, 2007, 655–659면.

26 박상언, "저당권 설정 후 성립한 유치권의 효력:경매절차에서의 매수인에 대한 대항가능성을 중심으로", 민사판례연구 제32권, 2010, 382–383면.

행사하면 저당권과 비교하여 더 강한 보호를 받게 되는 문제를 지적하는 논거도 있다.[27] 그러나 대항력 부정설도 다음과 같은 비판이 있어 검토가 요구된다.

② 대항력 부정설에 대한 비판

대항력 부정설은 유치권이 법정담보물권으로서 법률에서 정하고 있는 일정 요건을 충족하면 당연하게 성립된다는 점을 간과하였다는 비판을 받는다.[28]

그리고 후행저당권자에 대하여 유치권자가 대항할 수 없다는 부당함을 제기하기도 한다. 대항력 부정설은 선행저당권에 유치권으로 대항할 수 없다는 견해이므로 후행저당권에 대해서는 대항할 수 있다는 법리가 도출된다. 그런데 유치권에는 우선변제권이 부여되어 있지 않기 때문에 후행저당권자에 대해 유치권자가 열위에 서는 불합리한 결과가 발생할 수 있다.

....

27 이 논거는 하나의 예를 들어 설명하고 있다. 즉, 민법 제666조에 의거하여 부동산 수급인은 도급계약에 의한 공사대급채권을 담보할 목적으로, 부동산에 저당권을 설정해달라고 요청할 수 있다. 그런데 비용을 투입하였던 이 수급인은 민법 조항을 근거로 하여 저당권 설정청구권을 행사하여 저당권을 설정하게 된 사례에서의 문제가 발생할 수 있음을 고려하여야 한다고 본다. 이와 같은 사례에서 기존의 통설 및 판례의 입장은 이와 같은 권리 보호조치를 취하지 않았던 수급인이 이러한 조치를 시도하는 것이 아니라 오히려 유치권을 행사하게 될 경우라면 저당권과 비교하여 더 강한 보호를 받게 될 수 있음을 지적하고 있다. 이는 민법 제666조의 취지에 맞지 않기에 이와 같은 통설의 해석은 부당하다는 것이다(박상언, "저당권 설정 후 성립한 유치권의 효력:경매절차에서의 매수인에 대한 대항가능성을 중심으로", 민사판례연구 제32권, 2010, 384면); 이 외에도 추가 논거가 있다. 민사집행법 제91조 제2항을 살펴보면 매각 부동산 위에 있는 모든 저당권은 매각으로 소멸된다고 규정되어 있다. 그런데 동조 제3항 규정에서는 지상권, 전세권, 지역권 및 등기된 임차권은 저당권, 가압류채권, 압류채권에 대하여 대항 불가능한 때에는 매각으로 소멸되어짐이 규정되어 있긴 하나 유치권에 대해서는 어떠한 설명도 되어 있지 않은 측면을 주목하고 있다. 그런데 과거에 용익권에 대해 소멸시키는 근거규정이 없던 구 민사소송법 시절에서도 용익권자가 선순위의 저당권 등에 후순위인 경매신청채권자보다 선순위이라고 할지라도 용익권은 경매로 인하여 소멸된다고 판시내린 판례를 주목할 필요가 있다고 한다. 이러한 측면을 고려해 보면 용익물권도 아닌 담보물권에 불과한 권리인 유치권은 현행의 법 규정의 불비라는 배경에도 불구하고 소멸되어진다고 해석이 가능하다는 것이다(차문호, "유치권의 성립과 경매", 사법논집 제42집, 2006, 448-449면).

28 이호행, "유치권이 설정된 부동산의 경매-유치적 효력을 중심으로-", 홍익법학 제19권 제1호, 홍익대학교 법학연구소, 2018, 249면.

부동산 경매절차에서 대부분의 경우 부동산에 저당권이 설정된 경우가 많다. 그리고 채무자의 재산 상태가 악화하여 채무자의 임의 변제행위를 기대하기 어려운 시기에 유치권을 주장하는 자가 점유를 취득하는 것이 빈번하다. 이 경우 선행저당권 이후에 유치권이 성립하게 되었다고 하여 일률적으로 유치권의 대항력을 부정하면 인수주의 규정(민사집행법 제91조 제5항)은 유명무실하게 될 수 있다.[29]

3) 절충설(유추적용설)과 비판

절충설은 민법 제320조 제2항 규정을 유추적용하기 때문에 유추적용설이라고도 한다. 이 견해에 따르면 유치권의 담보물권적 특성과 담보물의 교환가치에 관한 저당권자의 신뢰의 이익을 고려하여 선행저당권자에 대한 유치권이 우열을 판단해야 한다. 부동산에 선행저당권이 존재하는 것을 인지하고 있었음에도 ⅰ) 기존의 공사대금채권을 회수하기 위해 부동산의 점유를 취득하는 행위를 한 경우와 ⅱ) 점유를 취득한 이후 필요비나 유익비를 지출하였던 경우는 민법 제320조 제2항 규정을 유추적용하여 선행저당권에 유치권으로 대항할 수 없다는 견해이다.[30]

그러나 절충설에서 유추 적용하는 민법 제320조 제2항 규정은 유치권의 소극적인 성립요건 즉, 성립배제의 사유인데 이 규정을 유추적용하면서 유치권의 성립을 부정하겠다는 취지인지 유치권의 성립은 긍정하나 그 행사의 대항력을 부정한다는 취지인지 그 범위가 명확하지 않다는 비판이 있다.[31]

29 심판, "유치권의 효력 우열관계에 관한 대법원 판결례 검토 -압류, 가압류, 저당권자와의 우열관계를 중심으로-", 재판실무연구, 2013, 148면.

30 강민성, "민사집행과 유치권-이미 가압류 또는 압류가 이루어졌거나 저당권이 설정된 부동산에 관하여 취득한 점유 또는 견련성 있는 채권으로써 경매절차에서 그 부동산을 매수한 사람을 상대로 유치권을 내세워 대항하는 것이 허용되는지 여부에 관하여", 사법논집 제36집, 2003, 76면; 김기찬/이춘섭, "부동산 경매에서 유치권의 한계에 관한 연구", 부동산학연구 제13집 제2호, 2007, 91~92면; 이와 같은 견해를 취한 판례도 존재한다. 대전고법 2004. 1. 5. 선고 2002나5475 판결; 남준희, "저당권 설정 후 경매개시결정의 기입등기 이전에 취득하게 된 유치권의 효력-대상판결:대법원 2009.1.15. 선고 2008다70763 판결-", 동북아법연구 제3권 제2호, 2009, 541~567면.

31 박상언, "저당권 설정 후 성립한 유치권의 효력:경매절차에서의 매수인에 대한 대항가능

4) 제한적 대항력 긍정설과 비판

제한적 대항력 긍정설은 저당권자와 유치권자 간 대항력 문제를 3가지 유형으로 분류하여 판단해야 한다는 견해이다. 제1유형은 부동산에 먼저 비용을 투입하고 저당권이 설정된 이후 점유를 취득하여 유치권이 성립한 경우이다. 제2유형은 먼저 점유를 취득한 후 저당권이 설정되고 해당 부동산에 비용을 투입한 후 유치권이 성립한 경우이다. 제3유형은 부동산에 저당권이 설정된 이후 점유를 취득하고 비용도 투입하여 유치권이 성립한 경우이다.[32]

이 견해에 따르면 제2유형과 제3유형은 저당권이 설정된 이후 해당 목적물의 가치를 상승시켜 그와 같은 가치가 목적물에 현존하고 있으므로 그러한 상승한 가치만큼을 유치권자에게 반환시켜주는 것은 공평의 원리에 부합한다고 한다. 이는 저당권자를 해하는 것이 아니고 민법 제367조에 의해 비용을 지출한 경우 선행저당권에 대하여 유치권으로 대항할 수 있다고 한다.

이에 반하여 제1유형의 경우에는 저당권자는 전혀 예상치 못한 손해를 입게 되고, 채무자와 유치권자 간 통모를 통하여 담보질서가 교란될 수 있으므로 선행저당권에 대하여 유치권으로 대항할 수 없다는 견해이다.[33]

그러나 제한적 대항력 긍정설의 입장은 다음과 같은 비판이 있다. 교환가치가 증가한 부분은 저당권자가 당초 파악하였던 교환가치 부분에 해당하는 것이 아니므로 저당권자를 해하는 것이 아니고, 그렇기 때문에 제한적인 부분에 있어서 유치권으로 매수인에게 대항할 수 있다는 것이다.

그런데 이는 ⅰ) 유치권자의 이익만을 중시하고 선행저당권자의 이익을 고려하고 있지 못한 점[34], ⅱ) 유치권자의 채권으로 인하여 해당 목적물의 교환가치가 항상 증가하게 되는 것은 아니라는 점을 간과하였다고 판

성을 중심으로", 민사판례연구 제32권, 2010, 각주 97번.

32 김원수, "압류(가압류)의 효력이 발생한 이후 유치권을 취득한 자가 매수인(경락인)에게 대항할 수 있는지 여부", (부산판례연구회)판례연구 제18집, 2007, 683면.

33 김원수, "압류(가압류)의 효력이 발생한 이후 유치권을 취득한 자가 매수인(경락인)에게 대항할 수 있는지 여부", (부산판례연구회)판례연구 제18집, 2007, 664면.

34 이상태, "유치권에 관한 연구-대항력제한을 중심으로-(대법원 2009. 1. 15. 선고 2008다 70763 판결)", 토지법학 제26-1호, 2010, 101면.

단할 수 있다고 한다. 또한 iii) 유치권자의 채권액수와 저당부동산에 현존하고 있는 교환가치 증가액수가 일치하지 않는 경우 유치권은 불가분성을 가지고 있기 때문에 그 가치가 증가한 부분에 한정하여 유치권자가 대항할 수 있는 것이 아니라, 유치권자의 채권 전부를 변제받을 때까지 목적물 전체 부분에 대해 인도를 거절할 수 있다는 점을 고려하면, 제한적 긍정설은 유치권자에게 너무 유리하게 된다는 점에서도 재고를 해야 할 필요성을 갖는다는 것이다.[35]

그리고 제한적 대항력 긍정설은 유치권의 성립시기를 기준으로 하여 공평의 원칙에 의해 우열 여부를 판단하게 되기 때문에 설득력이 있다고 한다. 그러나 비판하는 입장에서는 선행저당권자의 이익이 공평의 원칙에 의해 대항할 수 없게 되는 법리는 설득력이 없다고 한다.[36]

5) 그 밖의 견해

신의칙 위반설은 유치권으로 인한 선행저당권자의 피해를 최소화해야 하므로 신의칙 법리를 적용하여 유치권 행사의 제한 여부를 검토해야 한다는 견해이다.[37] 이 견해에 따르면 선행저당권 이후에 지출된 비용은 저당권자가 당초 파악했던 담보가치에 포함되지 않는다고 한다. 그러함에도 불구하고 선행저당권이 존재한다는 이유만으로 모든 유치권이 선행저당권에 일괄적으로 대항할 수 없다는 것은 신의칙상 부당하다는 것이다. 저당권은 목적물의 교환가치를 지배하는 것뿐인데 소유자로부터 도급받은 공사업자가 비용을 투입하였던 사실이 있음에도 채권을 확보할 수 있는 방안이 마땅치 않게 되는 사정이 발생한다는 것이다. 또한 유치권의 취지인 공평의 견지에서도 바람직하지 못하다고 한다. 따라서 각각 사안마다 신

---

35 문병찬, "유치권 대항력에 관한 소고", 「청연논총」 제10집, 사법연수원, 2013, 51면; 박상언, "저당권 설정 후 성립한 유치권의 효력:경매절차에서의 매수인에 대한 대항가능성을 중심으로", 민사판례연구 제32권, 2010, 357면; 홍봉주, "유치권의 대항력제한", 토지법학 제31권 제1호, 한국토지법학회, 2015, 93면.

36 이호행, "유치권이 설정된 부동산의 경매-유치적 효력을 중심으로-", 홍익법학 제19권 제1호, 홍익대학교 법학연구소, 2018, 249면.

37 이승규, "유치권자와 경매절차에서의 매수인 사이의 대항관계", 민사판례연구 제36권, 2015, 264면.

의칙 위반을 기준으로 판단할 것을 주장한다.[38]

대항관계설은 선행저당권이 존재하는 경우 유치권의 성립은 인정되나 그 효력은 대항관계로 파악하여 선행저당권에 대항할 수 없다는 견해이다. 따라서 담보권 실행 경매에서도 경매매수인에게 유치권자는 대항할 수 없다고 한다.[39]

담보물권이 성립한 이후 유치권의 성립요건이 갖추어진 경우 그 유치권의 성립은 일단 인정하되 유치권을 2가지 유형으로 분류하여 검토해야 한다는 견해가 있다. 유치권의 성립원인이 되는 채권이 도급대금채권 등과 같이 물건의 가치 증가에 따른 채권인 경우에는 그 가치증가분에 한정하여 유치권에 절대적인 우선권을 주어야 한다고 본다. 그러나 매매대금 반환청구권 등과 같이 물건의 교환가치를 목적으로 하는 채권인 경우에는 선행저당권자 또는 경락인에 대해 유치권으로 대항할 수 없다고 한다.[40]

(2) 판례

선행저당권에 관한 유치권의 우열과 관련된 대법원 판결(2008다70763)의 판시내용은 다음과 같다. 부동산 경매절차에서 민사집행법 제91조 제5항에 의해 매수인은 유치권자에게 유치권으로 담보하는 채권을 변제해야 하는 책임이 있는 것이 원칙이다. 대법원은 채무자가 소유하는 건물 등의 부동산에 경매개시결정의 기입등기가 완료되어 압류 효력이 발생한 이후 채무자가 공사대금 채권자에게 부동산의 점유를 이전해줌으로써 채권자가 유치권을 취득한 경우, 이러한 점유이전 행위를 목적물의 교환가치를 감소시킬 수 있는 처분행위에 해당한다고 보았다. 민사집행법 제92조 제1항, 그리고 제83조 제4항에 의해 압류의 처분금지효에 저촉되므로 점유자는 유치권을 주장하면서 부동산과 관련된 경매절

---

38 이선희, "부동산유치권의 대항력 제한", 민사법학 제72호, 2015, 358면.

39 이상태, "유치권에 관한 연구−대항력제한을 중심으로−(대법원 2009. 1. 15. 선고 2008다70763 판결)", 토지법학 제26−1호, 2010, 101~102면; 오시영, "부동산유치권 강제집행에 대한 문제점과 입법론적 고찰", 토지법학 제23권 제2호, 2007, 231면.

40 이춘원, "부동산 경매에 있어서 유치권의 효력 범위에 관한 연구", 부동산학보 제43집, 2010, 35~36면.

차상 매수인에게 대하여 대항 불가능하다고 판시하였다.[41]

그러나 이러한 법리(대항력 부정설)는 경매로 인한 압류 효력이 발생되기 이전에 유치권을 취득하게 된 때에는 적용되지 않는다고 하였다. 유치권 취득시기가 근저당권 설정 이후이거나 유치권을 취득하기 전에 설정된 근저당권을 근거로 경매절차가 개시된 사정이 있는 경우라 하더라도 달리 볼 것은 아니라고 판단한다(대항력 긍정설).[42]

2. 일본의 학설 및 판례

(1) 학설

1) 대항력 긍정설과 비판

① 법리

일본에서 대항력 긍정설은 통설의 지위를 가진 견해로서, 유치권은 그 성립시기의 선호를 고려하지 않아도 저당권에 우선한다고 보는 견해이다.[43] 그러나 다음과 같은 비판이 있다.

② 대항력 긍정설에 대한 비판

대항력 긍정설은 저당권자의 신뢰 이익도 중요하지만 부동산에 자본을 투여하였던 수급업자 등의 유치권자를 보호하는 것도 중요하다고 한다. 부동산에 이미 저당권 등이 설정된 경우 채권보전조치를 취하기 힘든 수급업자는 유치권이라는 권리 말고는 투하자본을 회수할 길이 없기 때문이다.[44]

---

41 여기까지는 선행 압류채권자에 관한 유치권의 우열 판례와 동일한 판례 법리(대법원 2005. 8. 19. 선고 2005다22688 판결)를 보여주고 있다.

42 대법원 2009. 1. 15. 선고 2008다70763 판결.

43 鈴木忠一/三ケ月章 編輯代表(中山一郎 執筆), 「注解 民事執行法(3)」, 第一法規, 1984, 296頁.

44 박정기, "압류의 처분금지효에 저촉하여 취득한 유치권으로서 경매절차의 매수인에게 대항할 수 있는지 여부 −대법원 2005. 8. 19. 선고., 2005다22688 판결−", (광주지방법원)재판실무연구, 2005, 55면; 이선희, "부동산유치권의 대항력 제한", 민사법학 제72호, 2015,

그러나 이는 선행저당권의 이익을 침해하는 점을 간과하였다는 견해가 있다. 수급업자가 다른 담보방법을 취할 수 없기 때문에 이미 자신의 채권 담보를 위해 정당한 조치를 취한 저당권자가 피해를 감수하는 것은 타당하지 않다는 것이다.[45] 이 경우 수급업자는 이미 부동산의 등기부를 확인하여 저당권의 존재를 인식하게 된 이후 자본을 투자하려는 의도를 가진 자로 판단된다고 한다. 따라서 이는 저당권자에게 상대적으로 불리하고 유치권자에게 유리하기 때문에 타당하지 않다는 것이다.[46]

2) 대항력 부정설과 비판

① 법리

최근 일본에서는 대항력 부정설이 지지를 받고 있다. 대항력 부정설은 선행저당권에 대한 유치권은 저당권자의 이익에 해가 되는지를 기준으로 판단할 것이 아니라 선행저당권에 대한 유치권의 대항력 논제로 판단해야 한다고 한다. 선행저당권에 대하여 유치권으로 대항할 수 있게 하면 이를 악용하는 사례가 많이 발생할 수 있기 때문에, 선행저당권에 대해 유치권으로 대항할 수 없다는 것이 타당하다고 한다.[47]

....

33면; 이와 같은 상황에서 어느 한 측면도 고려하여야 할 필요가 있음을 제시한 견해도 존재한다. 즉, 이 경우는 채무자의 신용상태가 악화되었거나, 저당권자가 아무 때나 저당권을 실행할 수 있는 단계에 이르렀을 때, 채무자와 공모를 통하여 점유를 이전하는 등의 방법을 통하여 저당권이 원활하게 진행함을 방해하는 상황이 진행되고 있을 때에는, 저당권에 기한 방해배제청구권을 좀 더 넓게 인정하여 이와 같은 문제가 발생의 방지가 가능할 것이라고 주장하고 있다.

45 같은 취지로 박상언, "저당권 설정 후 성립한 유치권의 효력:경매절차에서의 매수인에 대한 대항가능성을 중심으로", 민사판례연구 제32권, 2010, 383면.

46 박상언, "저당권 설정 후 성립한 유치권의 효력:경매절차에서의 매수인에 대한 대항가능성을 중심으로", 민사판례연구 제32권, 2010, 383면.

47 秦光昭a, "不動産留置權と抵當權の優劣を決定する基準"「金融法務事情」, 第1437号, 1995, 5頁; 이처럼 일본의 종래 주류적 입장이었던 대항력 긍정설에 대하여 최근에는 비판의 견해를 취하는 견해가 대두되고 있다. 즉, 대항력 긍정설의 법리 중 유치권의 성립 시기를 고려함이 없이도 무조건적으로 유치권이 우선하게 되는 논리를 비판하고 있는 것이다.

② 대항력 부정설에 대한 비판

선행저당권에 대하여 유치권의 대항력을 인정할 경우 채무자와 유치권자 간 통모 등의 악용 가능성이나 각종 위험 등을 이유로 어쩔 수 없이 대항력을 부정해야 한다는 논리를 제시할 필요가 없다는 비판이 있다. 오히려 이러한 우열 문제는 유치권과 저당권 간 실체법적 관점에서 검토하는 것이 타당하다는 것이다.[48]

3) 그 밖의 학설

대항관계설은 선행저당권에 대하여 대항할 수 없으며 후행저당권에 관해서는 대항 가능하며 유치권 성립 자체는 인정하는 견해이다. 따라서 담보경매에서도 매수인에 대해 유치권으로 대항할 수 없다는 것이다. 유치권은 채무자, 유치권이 성립한 이후 물권을 취득한 목적부동산의 양수인 또는 후순위의 저당권자, 일반채권자들에 대해서는 대항할 수 있다고 한다.[49]

(2) 판례

선행 저당권에 관한 유치권의 우열과 관련된 일본의 판례는 다음과 같다. 이미 등기를 신뢰하여 부동산의 교환가치에 대해 권리를 취득한 자가 존재하는 경우 등기를 요구하지 않는 유치권의 대항을 인정하는 것은 제3자와의 관계에서 실질적 공평성이 깨진다고 하여 대항력 부정설의 입장인 판례가 있다.[50] 그리고 유치권의 성립시기와 저당권 설정등기시기를 시간순으로 비교하여 선행저당권에 대한 유치권은 대항할 수 없다는 판례도 있다.[51] 다음으로 이미 부동산의 교환가치에 대한 권리를 보유하게 된 저당권자가 존재하는 경우 물적인 부담에 해당하는 유치권을 인정해주는 것

---

48 대항력 부정설의 또 다른 논거로 도덕적인 해이 가능성이 존재한다는 논거 등 역시도 합당하지 않은 측면이 있다(박상언, "저당권 설정 후 성립한 유치권의 효력:경매절차에서의 매수인에 대한 대항가능성을 중심으로", 민사판례연구 제32권, 2010, 386면).

49 生熊長幸, "建築請負代金債權による敷地への留置權と抵當權(下)," 金融法務事情 第1447号, 45頁; 이 학설은 국내에서의 대항관계설과 동일하다.

50 日東京地方裁判所(일본동경재판소) 平成14(2002). 11. 29. (判例時報 1830号, 40頁).

51 日東京高等裁判所(일본동경재판소) 平成10(1998). 11. 27. 決定(判例時報 1666号, 143頁).

은 제3자와의 관계에 있어서 실질적 공평성에 문제가 발생한다는 판례가 있다. 이는 선행저당권자의 교환가치를 우선해야 하기 때문에 유치권으로 대항할 수 없다는 것이다.[52]

3. 소결

부동산 경매 현금화단계에서의 유치권의 적용문제 중 핵심은 선행저당권에 관한 유치권의 우열이다. 이 논제에 대해 기존 통설인 대항력 긍정설[53] 및 판례의 입장[54]에 따를 경우 유치권은 다른 법정담보물권 기타 제한물권과는 다르게 선행저당권에 대해서 항상 대항할 수 있게 된다.

그러나 유치권의 유치적 효력을 통한 담보기능은 매우 약한 것임에도 불구하고 해석을 통하여 어느 누구에게도 대항할 수 있다는 대항력 긍정설의 법리는 불합리하다. 또한 물권의 성립시기에 따라서 우선적 효력이 부여하는 것이 우리 물권법의 입장인데 유치권을 물권적 성립시기 대한 예외로 인정할 수 있는 근거도 빈약하다.[55] 따라서 선행저당권에 대하여 유치권으로 대항할 수 없고 매수인에게 역시 대항 불가능하다는 대항력 부정설의 견해가 타당하다.[56]

다만, 유치권자가 비용을 지출한 경우 유치권의 대항을 인정해야 할 것

---

52 日東京高等裁判所(일본동경재판소) 平成14(2002). 6. 6. 決定(金融法務事情 第1649号, 38頁).

53 곽윤직, 「물권법(민법강의Ⅱ, 신정수정판)」, 박영사, 1999, 389면; 이시윤 「신민사집행법(보정판)」, 박영사, 2005, 225면; 김능환/민일영, 「주석 민사집행법Ⅲ」, 한국사법행정학회, 2012, 340면; 鈴木忠一/三ケ月章 編輯代表(中山一郎 執筆), 「注解 民事執行法(3)」, 第一法規, 1984, 296頁.

54 대법원 2009. 1. 15. 선고 2008다70763 판결.

55 박상언, "저당권 설정 후 성립한 유치권의 효력:경매절차에서의 매수인에 대한 대항가능성을 중심으로", 민사판례연구 제32권, 2010, 383면.

56 박상언, "저당권 설정 후 성립한 유치권의 효력:경매절차에서의 매수인에 대한 대항가능성을 중심으로", 민사판례연구 제32권, 2010, 387면; 秦光昭a, "不動産留置權と抵當權の優劣を決定する基準"「金融法務事情」, 第1437号, 1995, 5頁; 新美育文, "建築請負業者の敷地についての商事留置權", 「判例タイムズ」 901号, 1996, 281頁; 田積司, "建築請負工事代金についての不動産留置權と根抵當權"「米田實古稀記念 現代金融取引法の諸問題」, 1996, 145−147頁.

이다. 그런데 유치권자가 비용을 지출하였던 사정만을 검토하면 이 법리
는 타당성이 있다. 그러나 저당물에 대해 필요비, 유익비를 지출한 경우
무조건 선행저당권에 대해 대항할 수 있게 해석하는 것은 무리가 있다. 따
라서 선행저당권에 대한 유치권은 목적물의 가치증대분에 한정하여 그 우
선권을 부여해주는 것이 타당하다.[57]

Ⅲ. 대항력 부정설에 따른 선행저당권에 대한 유치권의 우열

지금까지 선행저당권에 대한 유치권의 효력에 대해 우리와 일본의 학
설 및 판례를 검토하였고, 이에 따라 대항력 부정설이 다른 견해에 비해
타당성이 높다는 결론을 도출해냈다. 따라서 다음에서는 대항력 부정설을
중심으로 여러 쟁점에 대해 검토해 보고자 한다.

1. 선행저당권에 대한 유치권의 우열

(1) 선행저당권에 대한 유치권 우열의 원칙

우리 민법에서는 담보물권 간 순위가 문제 되는 경우 보통 시간적 선후
를 기준으로 판단한다.[58] 그런데 이를 유치권과 저당권 사이에서도 적용하
여 유치권의 우열 문제를 해결하는 것은 타당하다고 생각된다. 저당권 압
류등기시기와 유치권 성립시기를 비교한 후 유치권이 매수인에게 인수되
는지의 여부를 판단하는 것이다.

그런데 단지 권리의 시간적 선후를 기준으로 유치권의 우열을 판단하
는 것이 모든 경우에서도 합리적인·결론을 도출할 수 있는지는 검토가 필
요하다. 민사집행법에서 유치권과 저당권이 공존하고 있는 경우 시간적

---

57 김영진, "유치권과 저당권의 효력관계", 인천법조 제7집, 2005, 224면; 문병찬, "유치권
    대항력에 관한 소고", 「청연논총」 제10집, 사법연수원, 2013, 52면).

58 조용현, "유치권에 의한 경매에서 인수주의와 소멸주의, 자유와 책임 그리고 동행; 안대
    희대법관 퇴임기념", 사법발전재단, 2012, 264면; 오시영, "부동산유치권의 성립과 대항
    력의 구별", 민사법학 제38호, 2007, 241면.

선후와는 무관하게 저당권을 무조건 우선시하고 있는 경우도 어렵지 않게 볼 수 있기 때문이다. 유치권이 저당권보다 우선하는 경우에도 유치권보다 저당권을 우선하여 유치권에 의한 경매가 아니라 저당권에 따른 담보권 실행을 위한 경매를 진행하는 민사집행법 제274조 제2항[59]이 대표적이다. 그리고 저당권이 우선하여 담보권 실행을 위한 경매를 진행하는 경우에 유치권은 민사집행법 제91조 제5항에 의해 매수인에게 인수된다. 이러한 인수주의 원칙은 경매 목적물의 매각대금액을 낮추게 되어 저당권자에게 불리하다. 그러므로 여기에서 다시 저당권자 측을 배려해주는 조치가 들어간다. 이는 저당권을 기준으로 유치권을 합리적으로 제어할 수 있는 기준을 찾게 되는 것이다. 이러한 법리는 선행저당권에 대한 유치권의 우열의 원칙적 법리이고 대항력 부정설과도 일치하기 때문에[60] 합리적이다.[61]

이와 같은 원칙적 법리를 이용하게 되면 저당권보다 유치권이 우선하는 경우에는 유치권의 대항력이 제한되지 않기 때문에 유치권은 온전한 대항력을 가지고 매수인에게 인수된다. 그리고 저당권보다 유치권이 후순위에 있는 경우에는 유치권의 대항력이 제한(부정)되기 때문에 유치권은 대항력을 가지지 못하고 매수인에게 인수되지 못한다.[62]

....
59 제274조(유치권 등에 의한 경매)
 ② 유치권 등에 의한 경매절차는 목적물에 대하여 강제경매 또는 담보권 실행을 위한 경매절차가 개시된 경우에는 이를 정지하고, 채권자 또는 담보권자를 위하여 그 절차를 계속하여 진행한다.
60 대항력 부정설의 입장도 저당권의 압류등기 시점과 유치권의 성립시기를 시간순으로 비교하여 저당권이 앞서 있는 경우에 추후에 성립한 유치권으로는 대항할 수 없다는 견해이기 때문이다.
61 김영희, "유치권이 있는 부동산의 경매와 유치권의 저당권에 대한 대항력", 민사법학 제63~1호, 2013, 423면; 유치권의 대항력 법리와 관련해서는 차문호, "유치권의 성립과 경매", 사법논집 제42집, 법원도서관, 2006, 404면 이하; 최명구, "유치권과 저당권의 경합", 민사법학 제42호, 2008, 709-742면; 강민성, "민사집행과 유치권-이미 가압류 또는 압류가 이루어졌거나 저당권이 설정된 부동산에 관하여 취득한 점유 또는 견련성 있는 채권으로써 경매절차에서 그 부동산을 매수한 사람을 상대로 유치권을 내세워 대항하는 것이 허용되는지 여부에 관하여", 사법논집 제36집, 2003, 51면 이하 참조.
62 김영희, "유치권이 있는 부동산의 경매와 유치권의 저당권에 대한 대항력", 민사법학 제63~1호, 2013, 423면; 유치권의 대항력 법리와 관련해서는 차문호, "유치권의 성립과 경

(2) 민사집행법 제91조 제5항 해석에 따른 유치권의 우열

1) 유치권의 범위

대항력 긍정설은 민사집행법 제91조 제5항에서의 유치권을 '모든 유치권'으로 파악한다. 이는 선행저당권에 대해 모든 유치권으로 대항할 수 있어 매수인에게 인수된다는 것이다. 그러나 민사집행법 제91조 제5항에서의 유치권은 '모든 유치권'이 아니라 선행저당권보다 먼저 성립한 유치권이나 대항 가능한 유치권으로 해석하는 것이 타당하다.[63]

2) 헌법 합치적 해석의 관점에서 본 유치권의 범위

민사집행법 제91조 제5항을 모든 유치권에 대해 인수주의가 적용되는 것으로 해석하면 목적물이 매각될 경우 유치권자는 일반채권자뿐만 아니라 저당권자에 대해서도 그 성립시기와는 관련 없이 목적물의 교환가치로부터 우선하여 채권의 만족을 얻을 수 있다. 이는 유치권자보다 먼저 저당권을 설정받아 신용을 제공하였던 저당권자가 당초 파악했던 교환가치가 침해되는 것이다. 이 경우 유치권과 저당권 간 기본권 내지 재산권의 충돌이 발생하고 그 해석의 합헌성도 문제가 된다.[64]

(3) 타 권리 법리비교에 따른 유치권의 우열

1) 임차권 대항 법리와의 비교를 통한 유치권의 우열

저당권설정등기 그리고 제3의 집행채권자의 강제경매신청 간 대항력을 갖추고 있는 주택임차인이 있는 경우 주택임차인이 경락인에 대해 대항할 수 있다고 판단하면 경락인은 임차권의 부담을 진다. 이로써 부동산의 경매가격은 임차권 부담만큼 하락한다. 이 경우 선행담보권을 해치기 때문

매", 사법논집 제42집, 법원도서관, 2006, 404면 이하; 최명구, "유치권과 저당권의 경합", 민사법학 제42호, 2008, 709-742면; 강민성, "민사집행과 유치권-이미 가압류 또는 압류가 이루어졌거나 저당권이 설정된 부동산에 관하여 취득한 점유 또는 견련성 있는 채권으로써 경매절차에서 그 부동산을 매수한 사람을 상대로 유치권을 내세워 대항하는 것이 허용되는지 여부에 관하여", 사법논집 제36집, 2003, 51면 이하 참조.

63 문병찬, "유치권 대항력에 관한 소고", 「청연논총」 제10집, 사법연수원, 2013, 49면.
64 문병찬, "유치권 대항력에 관한 소고", 「청연논총」 제10집, 사법연수원, 2013, 50면.

에 설정 당시의 교환가치를 담보하는 담보권 취지에 합당하지 않다. 이러한 이유로 임차권은 경락인에 대해 대항할 수 없다는 판례가 있다.[65]

이 판례법리를 근거로 선행저당권에 대한 유치권의 우열을 선행저당권에 대한 임차권의 우열과 비교하여 검토할 수 있다. 용익권인 전세권이나 등기를 하여 대항력을 갖춘 임차권은 소멸 여부에 대해 명문 규정이 없다. 그러함에도 목적물을 경매할 경우 이러한 권리들로는 대항할 수 없게 해석한 판례법리를 검토해야 한다. 이 법리는 선행저당권에 대해 유치권으로 대항할 수 없도록 해석할 수 있게 해주며[66] 대항력 부정설의 법리와도 양립할 수 있기 때문에 타당하다.

2) 법정지상권 제한 법리를 통한 유치권의 우열

선행저당권에 대해 유치권으로 대항할 수 없다는 법리는 저당권과 다른 권리가 충돌하고 있는 유사 사안과 비교해볼 때도 타당하다. 유치권과 동일하게 법률 규정에 의해 당연하게 성립하게 되는 물권인 법정지상권을 규율하고 있는 민법 제366조를 살펴본다. 본 규정의 취지는 저당권과 건물 이용권 간 조절을 도모할 목적으로 지상권의 설정을 강제하는 것이다.[67] 통설 및 판례[68]는 저당권자의 이익을 보호할 목적으로 저당권을 설정할 그 당시 지상에 건물이 있는 경우만 법정지상권이 성립하는 것으로 해석하였다. 판례[69]는 또한 동일인의 소유에 속하는 토지, 그리고 그 지상 건물에 관하여 공동 저당권을 설정한 후 지상 건물이 철거되고 새롭게 건물이 신축된 경우 특별 사정이 존재하지 않는 한 신축건물을 위할 목적으로의 법정지상권은 성립하지 않는다고 하였다. 이는 저당권자 보호에 더 충실한

....
65　대법원 1987. 3. 10. 선고 86다카1718 판결.

66　강민성, "민사집행과 유치권―이미 가압류 또는 압류가 이루어졌거나 저당권이 설정된 부동산에 관하여 취득한 점유 또는 견련성 있는 채권으로써 경매절차에서 그 부동산을 매수한 사람을 상대로 유치권을 내세워 대항하는 것이 허용되는지 여부에 관하여", 사법논집 제36집, 2003, 74면; 오시영, "부동산유치권의 성립과 대항력의 구별", 민사법학 제38호, 2007, 243면.

67　곽윤직(편집대표), 「민법주해(Ⅵ) 물권(3)」, 박영사, 2006, 137면.

68　대법원 1978. 8. 22. 선고 78다630 판결 등.

69　대법원 2003. 12. 18. 선고 98다43601 전원합의체 판결.

해석이다.[70] 저당권을 설정한 그 당시에 건물이 있던 경우에 한정하여 법정지상권을 인정할 수 있는 것이다.[71] 이처럼 법정지상권과 관련한 판례의 태도는 저당권이 설정된 후 목적물에 대하여 권리변동이 발생하여 그 저당권이 담보하고 있는 교환가치가 하락하는 것을 허용하지 않는다. 그리고 목적물의 교환가치를 저당권을 설정했던 그 당시로 유지하는 효력까지 그 판례의 내용으로 한다.

이 판례법리를 고려해보면 선행저당권에 대한 유치권을 대항할 수 있도록 해석함에 따라 부동산 교환가치를 하락시키는 것은 허용하기 힘들 것이다. 이는 대항력 부정설의 법리와도 일맥상통하기에 타당하다.[72] 위 판례해석은 저당권자의 이익이 침해되는 경우 저당권이 설정된 이후 취득한 법정물권이라고 해도 그 성립을 배제해야 한다는 면을 고려한 것이다. 그리고 이 법리는 위 사안에서의 법적인 해결방안과도 균형을 이루고 있다.[73]

---

70 그 이유로 위 경우 공동저당권자로서는 토지 및 건물 각각 교환가치 전부를 담보로 하여 취득한 것인데 건물이 철거된 후에 신축되어진 건물에 토지와 동순위로 있는 공동저당권이 설정되지 않았는데도 불구하고 신축건물을 위한 법정지상권이 성립하는 것으로 해석하게 되면 공동저당권자 측 입장에서 법정지상권이 성립하게 되는 신축건물의 교환가치를 취득하지 못하게 되는 결과 법정지상권의 가액 상당의 가치를 되찾을 방법이 막히게 되어 위와 같이 당초의 나대지로서의 토지의 교환가치 전체를 기대하면서 담보를 취득한 공동저당권자 측에게 예상치 못한 손해를 입히게 되기 때문이라고 한다(대법원 2003. 12. 18. 선고 98다43601 전원합의체 판결).

71 이춘원, "저당권 등기 후 압류 전 또는 후에 유치권을 취득한 자가 매수인에 대항할 수 있는지 여부", 고시계 제55권 제10호, 2010, 21면.

72 이춘원, "저당권 등기 후 압류 전 또는 후에 유치권을 취득한 자가 매수인에 대항할 수 있는지 여부", 고시계 제55권 제10호, 2010, 22면.

73 박상언, "저당권 설정 후 성립한 유치권의 효력:경매절차에서의 매수인에 대한 대항가능성을 중심으로", 민사판례연구 제32권, 2010, 387면; 이춘원, "저당권 등기 후 압류 전 또는 후에 유치권을 취득한 자가 매수인에 대항할 수 있는지 여부", 고시계 제55권 제10호, 2010, 22면.

2. 목적물의 가치가 증가한 경우 유치권의 우열

(1) 목적물의 교환가치가 증가한 경우에서 유치권자의 우열

유치권자는 다른 용익물권 또는 담보물권과는 달리 유치권자의 채권으로 인해 목적물의 교환가치가 증대된 부분을 주목해야 한다는 견해가 있다. 이 부분은 유치권자에게 반환해주는 것이 공평의 원칙에 부합하는 것이고 저당권자가 파악했던 교환가치에 해당하는 부분에 유치권자의 우선권을 인정해주는 것도 아니라는 것이다. 따라서 유치권자를 범위 이상으로 보호하는 것이 아니라는 것이다. 이 법리는 저당권자를 해하지 않기 때문에 그 타당성이 있다.[74]

그러나 위 전체적 법리에는 찬동하나 다음과 같은 점을 검토해야 한다. 유치권자의 채권으로 인해 목적물의 가치가 무조건 증가한다는 주장이 합리적인지는 의문이다. 그리고 이 논거만을 근거로 항상 선행저당권보다 유치권이 우선해야 하는 법리구성도 부당하다.[75]

이 경우의 사례로 선행저당권이 있는 건물에 대하여 공사업자가 이미 증·개축 공사 도급계약을 체결하였고 건물의 증·개축 공사를 완료한 이후 유치권을 주장하는 경우가 있다. 그런데 위 사례에서 건물에 현존하고 있는[76] 교환가치의 증가액과 유치권자가 도급계약에 의해 취득한 피담보채

74　일본에서는 이와 같은 논거를 존중하여 저당권 설정 이후에 성립한 유치권에 관해 상사 또는 민사유치권의 성립 및 효력은 인정하되 목적물의 가치증대분에 한해서만 우선권을 부여해주는 것으로 해석하는 것이 합리적이라는 견해가 다수 제시되고 있으며 대항력 부정설의 법리와도 양립할 수 있으므로 타당한 법리라고 생각된다(김영진, "유치권과 저당권의 효력관계", 인천법조 제7집, 2005, 224면; 문병찬, "유치권 대항력에 관한 소고",「청연논총」제10집, 사법연수원, 2013, 52면); 민법개정안의 입장도 비용지출한 부분에 한정하여 유치권의 피담보채권을 인정해주는 법리를 채택하고 있다(김미혜, "부동산유치권 관련 개정안에 대한 몇 가지 제언 −2013년 민법 일부개정법률안을 중심으로−", 아주법학 제8권 제1호, 2014, 160면).

75　문병찬, "유치권 대항력에 관한 소고",「청연논총」제10집, 사법연수원, 2013, 51면.

76　현존하고 있는 교환가치를 넘어서는 부분에 관해서는 저당권자가 저당권을 설정할 그 당시 파악하였었던 교환가치 범위에 포함되게 되므로 그 당시 증가하게 되었던 교환가치의 부분이 아니라 현존하고 있는 교환가치의 부분이 기준이 되어야 할 것이다(박상언, "저당권 설정 후 성립한 유치권의 효력:경매절차에서의 매수인에 대한 대항가능성을 중심으로", 민사판례연구 제32권, 2010, 각주 94번).

권의 액수 간에는 논리적인 필연 관계가 원칙적으로 전혀 없다.[77] 따라서 약정에 의한 공사대금채권액 전부에 대하여 유치권으로 대항할 수 있다는 것은 위 실질적 논거가 뒷받침할 수 있는 범위를 넘어서는 부분이다. 유치권자가 주장하는 피담보채권액 전부를 인정하면 유치권의 불가분성으로 인해 유치권자 자신의 행위에 따라 가치가 증가하게 된 부분에 한정하여 유치권을 행사하는 것이 아니라 목적물 전체에 대해서도 유치권을 행사할 수 있게 된다. 이는 목적물 전체에 대한 인도 요청에도 유치권자는 거부할 수 있다는 법리가 도출되는데 이것이 구체적인 타당성이 있다고 볼 수 없다.[78]

이 법리는 법 규정상 공사수급인에 대한 보호와 비교하여도 균형이 맞지 않는 한계가 있다. 민법 제666조에서는 부동산 공사를 하는 수급인은 도급계약에 의한 공사대금채권을 담보할 목적으로 부동산에 대하여 저당권 설정을 청구하게 될 수 있다. 이 규정의 실질적 근거도 수급인의 공사대금채권으로 인해 부동산의 가치가 증대된 부분은 수급인에게 반환시켜

----

[77] 예를 들어 유치권자가 도급계약에 의하여 5억 원에 달하는 피담보채권액수가 존재하는 경우에 그와 같은 5억 원은 도급계약에 의하여 정해진 액수인 것이고 건물에 현존하고 있는 교환가치 증가액수는 계약에 의한 것이 아니라 부동산 시장이라고 하는 언제든지 변수로 작용할 수 있는 기준을 통해 정해지는 측면이 있다. 즉, 현존하고 있는 교환가치 증가액수가 부동산 시장변동에 따라 변화하게 되기 때문에 부동산 시장변동에 따른 반사적 이익으로 볼 수 있을 것이다. 따라서 양자를 논리적 필연관계로 보기는 어렵다. 다만, 예외적으로 직접적으로 유치권자가 비용을 들여 그 가치증가가 현존하는 것이 명백한 경우에 있어서는 양자 간 필연관계가 있는 것으로 판단하는 것이 타당할 것이다.

[78] 가치증가, 그리고 공평의 원칙을 실질적인 근거로 삼고 있는 견해는 선행하고 있는 저당권을 해하게 되는 측면은 상사유치권의 경우에 더 극명하게 나타난다(선행하고 있는 저당권과 유치권 간 이해충돌은 상사유치권에서 더 큰 문제로 된다는 논의는 김영진, "유치권과 저당권의 효력관계", 인천법조 제7집, 2005, 216면 참조)고 한다. 상사유치권에서 피담보채권이 목적물과 견련관계가 없어도 성립할 수 있고 이것은 피담보채권이 목적물의 가치증대와 관련이 전혀 없는 채권들로 무제한적으로 확장될 수도 있다는 것을 의미하는 것이다. 저당권자는 목적물 자체에서의 가치만을 평가하여 그 담보설정의 기준으로 삼게 되는데 상사유치권의 경우는 목적물의 가치증대에 기여하였던 채권과는 관련이 없거나 가치증대 부분보다 훨씬 초과하는 피담보채권을 주장하면서 목적물을 담보로 삼는 것이 가능해진다. 결론적으로 상사유치권에 있어서는 교환가치 증가 부분을 근거로 하여 유치권의 대항력을 인정해야만 한다는 주장은 그 설득력이 더 떨어지게 된다(박상언, "저당권 설정 후 성립한 유치권의 효력:경매절차에서의 매수인에 대한 대항가능성을 중심으로", 민사판례연구 제32권, 2010, 384면).

주자는 것이다.[79]

그러나 수급인의 공사대금 채권을 담보할 수 있는 방안을 법 규정으로 명시하고 있음에도 불구하고 수급인이 이 구제수단을 미리 취하지 않은 경우에도 수급인에게 유치권을 인정해주는 것은 부당하다. 이 수급인이 유치권을 주장하면서 선행저당권에 대하여 대항할 수 있어 사실상의 최우선변제를 받을 수 있는 것은 합리적이지 않다. 이 법리는 수급인이 자신의 채권을 확보하기 위해 민법 제666조 규정에서의 권리를 미리 행사하였던 '수급인'보다 아무 조치나 행위를 취하지 않은 '수급인'에게 더 강력한 법적 보호를 부여한다. 이것은 민법 제666조 규정의 취지를 몰각시킬 수 있기 때문에 재고되어야 한다.[80]

그러므로 선행저당권이 존재하는 경우 유치권자의 채권으로 인해 목적물의 교환가치가 증가한 법적 이익 상황에서 그 증가한 부분을 유치권자에게 반환시켜주면서도 이와 부합하는 법적인 해결방안을 제시해야 한다. 그러한 해결방안으로 굳이 선행저당권에 대하여 유치권자가 대항할 수 있다는 범위까지 가야 할지는 의문이다. 이와 유사한 이익 상황에 관해 법률에서 해결방안을 제시하고 있으면 이 규정을 적용 또는 유추 적용하여 해결하는 것이 법 취지에도 부합하는 해석으로 볼 수 있다.[81] 그런데 이 경우와 관련된 법 규정이 없기 때문에 적어도 저당권자가 부동산에 담보하는 교환가치에 해당하는 부분에 있어서만큼은 유치권자가 대항할 수 없어야 한다.[82]

---

79 또한 수급인은 부동산을 담보로 하여 우선적으로 변제받을 수 있도록 하는 것은 공평의 원칙에도 부합한다는 것이다(박상언, "저당권 설정 후 성립한 유치권의 효력:경매절차에서의 매수인에 대한 대항가능성을 중심으로", 민사판례연구 제32권, 2010, 384면).

80 박상언, "저당권 설정 후 성립한 유치권의 효력:경매절차에서의 매수인에 대한 대항가능성을 중심으로", 민사판례연구 제32권, 2010, 384면.

81 박상언, "저당권 설정 후 성립한 유치권의 효력:경매절차에서의 매수인에 대한 대항가능성을 중심으로", 민사판례연구 제32권, 2010, 385면.

82 이와 같이 즉, 민법 제367조는 "저당물의 제3취득자가 부동산의 보존, 개량을 위할 목적으로 필요비나 유익비를 지출하였을 때는 제203조 제1항과 제2항 규정에 의해 저당물의 경매대가로부터 우선상환을 받을 수 있다"고 나타나 있는데 이와 같은 규정을 상황에 적용하거나 유추적용할 수 있는지 검토할 필요가 있다고 보고 있다(박상언, "저당권 설정 후 성립한 유치권의 효력:경매절차에서의 매수인에 대한 대항가능성을 중심으로", 민사

(2) 한계 극복을 위한 민법 제367조 취지 및 적용범위

위 한계를 극복하기 위해 민법 제367조를 검토한다. 먼저 본 규정의 취지와 적용범위를 살펴본다. 민법 제367조의 취지를 살펴보는 이유는 민법 제367조의 제3취득자의 범위에 유치권자를 포함할 수 있는지에 따라 법리 해석이 달라질 수 있기 때문이다.

규정의 취지는 다음과 같이 견해가 갈리고 있다. ⅰ) 제3취득자가 저당부동산에 대하여 필요비, 유익비를 지출하였던 경우 소유자에 대해 그 상환을 청구할 수 있는 채권을 준다. 따라서 이 제3취득자는 유치권을 행사 가능한 지위에 있기는 하지만 비용을 신속하게 상환받는 것을 보장할 목적으로 특별규정을 둔 것으로 판단하는 견해가 있다. 그리고 ⅱ) 민법 제367조에서의 비용상환청구권을 소유자에 대한 비용상환청구권과는 별개로 파악하여 일종의 공익비 우선상환청구권을 인정해주는 것으로 파악하는 견해가 있다.[83]

저당물에 대해 전세권과 지상권을 취득한 자가 제3취득자에 해당하는 것은 위 두 견해 모두 인정하고 있다. 그러나 첫 번째 견해에 따르면 저당물의 소유권을 취득한 자는 자신의 소유물에 대해 비용을 지출하게 된 것이기 때문에 비용상환청구권이 생길 여지가 없다. 따라서 소유권자에게는 민법 제367조에 의한 비용상환청구권이 인정되지 않는다고 보고 있다. 두 번째 견해에 따르면 소유권을 취득한 자도 공익비를 상환받을 수 있다는 면에서 전세권자, 지상권자와 다를 바 없기 때문에 제3취득자에 해당할 수 있다고 본다. 한편, 대항력을 갖춘 임차권자는 두 견해 모두 제3취득자에 해당한다고 판단하고 있다.

판례연구 제32권, 2010, 393면).

민법 제203조(점유자의 상환청구권)

① 점유자가 점유물을 반환할 때에는 회복자에 대하여 점유물을 보존하기 위하여 지출한 금액 기타 필요비의 상환을 청구할 수 있다. 그러나 점유자가 과실을 취득한 경우에는 통상의 필요비는 청구하지 못한다.

② 점유자가 점유물을 개량하기 위하여 지출한 금액 기타 유익비에 관하여는 그 가액의 증가가 현존한 경우에 한하여 회복자의 선택에 좇아 그 지출금액이나 증가액의 상환을 청구할 수 있다.

83 이영준, 「새로운 체계에 의한 한국민법론(물권법, 신정2판)」, 2004, 846면.

통설의 입장은 제3취득자의 범위를 민법 제367조의 취지 논의와는 관련 없이 민법 제367조와 제364조(제삼취득자의 변제) 규정 모두 저당물의 제3취득자의 지위에 대하여 규율하는 조항들로 보고 있다. 그리고 제3취득자의 범위를 동일하게 판단해야 한다는 이유를 들며 제364조 규정처럼 소유자는 포함이 되나 대항력을 갖춘 임차권자는 포함하지 않는 것으로 파악한다.[84]

민법 제367조와 제364조는 저당물을 취득한 제3취득자에 관해 몇몇 특례[85]를 규정하고 있는 것이기 때문에 두 조항을 통일적인 측면에서 파악할 필요가 없고 각 규정 내용의 개별적 취지에 부합하도록 제3취득자의 범위를 확정할 필요가 있다. 이 점에서 통설의 해석은 충분하지 않다. 그리고 첫 번째 견해는 민법 제367조가 '민법 제203조 제1항, 제2항 규정[86]에 의하여'라는 문언을 사용하고 있다는 점을 그 근거로 삼고 있다. 그러나 이 문언 규정의 취지는 자신이 비용을 들여 필요비나 유익비를 지출하였던 자의 비용상환청구권을 신속하게 실현하게끔 하는 것에 불과한 것은 아니다. 그 비용지출로 인해 목적물의 가치가 증가하였기 때문에 선행저당권자보다 더 우선하여 상환을 받을 수 있게 하는 취지를 고려하여 공익적 비용의 측면을 제시하는 것이다. 따라서 두 번째 견해가 타당하다.[87]

....

84 곽윤직, 「물권법(민법강의Ⅱ, 신정수정판)」, 박영사, 1999, 474~476면.

85 민법 제364조 규정에서 예시되고 있는 제3취득자는 민법 제469조 제2항 규정 내용(이해관계가 없는 제3자는 채무자의 의사에 반하여 변제하지 못한다)의 반대해석에 의하여 이해관계가 있는 제3자의 입장으로서 저당권의 피담보채권을 변제하고 저당권을 소멸시킬 수 있다. 하지만 위 규정에 의해 변제의 범위나 시기 등에 있어서 특례가 인정되는 것이다.

86 민법 제203조(점유자의 상환청구권)
   ① 점유자가 점유물을 반환할 때에는 회복자에 대하여 점유물을 보존하기 위하여 지출한 금액 기타 필요비의 상환을 청구할 수 있다. 그러나 점유자가 과실을 취득한 경우에는 통상의 필요비는 청구하지 못한다.
   ② 점유자가 점유물을 개량하기 위하여 지출한 금액 기타 유익비에 관하여는 그 가액의 증가가 현존한 경우에 한하여 회복자의 선택에 좇아 그 지출금액이나 증가액의 상환을 청구할 수 있다.

87 박상언, "저당권 설정 후 성립한 유치권의 효력:경매절차에서의 매수인에 대한 대항가능성을 중심으로", 민사판례연구 제32권, 2010, 395면; 제3자가 권리를 취득한 시기와 관련해서 압류 효력 발생 후 권리를 취득한 제3취득자는 그 권리취득으로 저당권자에 대하

판례도 민법 제367조의 취지에 대하여 다음과 같이 판시하였다. 제3취득자가 저당물에 대하여 필요비나 유익비를 지출하였고 저당물의 가치가 유지, 증가한 경우 매각대금 중에서 그로 인한 증가 부분을 일종의 공익비용[88]과 동일한 것으로 판단한 것이다. 따라서 제3취득자가 경매대가로부터 우선상환을 받을 수 있게 한 것이기 때문에 저당물에 관한 전세권, 지상권을 취득하였던 자만이 아니라 소유권을 취득한 자도 민법 제367조에서의 제3취득자에 해당한다고 판시하였다.[89]

그런데 민법 제367조가 상정하고 있는 이익충돌의 상황을 조금 더 살펴보면 단지 제3취득자 자신이 비용을 들여 목적물의 가치를 유지, 증가시켜주었다는 측면만 근거로 내세우는 것은 아니다. 필요비, 유익비를 지출하여 목적물의 가치가 유지, 증가한 경우 우선상환을 인정해준 것은 저당권이 앞서 성립하기는 하였으나 그 이후 제3취득자가 해당 가치를 증가시켰던 부분은 저당권자 측이 저당권 설정을 할 당시에 파악했던 담보가치와는 관련이 없는 부분이기 때문이다. 따라서 제3취득자가 목적물의 가치를 증대시킨 부분을 저당권자에게 배당해주면 저당권자가 당초 파악했었던 권리보다 더 많은 이익을 얻게 되어 부당하다. 이렇게 되면 제3취득자는 자신이 가치를 증대시켰던 부분이 있는데도 경매로 인해 자신의 권리 부분이 박탈된다.

....

여 대항할 수 없으므로 우선변제권이 없다는 견해가 있다(곽윤직 편집대표(남효순 집필 부분), 「민법주해(VI) 물권(3)」, 박영사, 1992, 155면). 하지만 위 규정의 취지는 위에서의 논의와 같이 저당부동산의 가치를 유지 및 증기시켜준 지출비용의 상환을 받을 수 있게 끔 해주는 것임을 고려해보면 압류 효력 발생 이전의 제3취득자인지 아니면 그 이후의 제3취득자인지를 구별할 이유가 없기에 압류 효력 발생 이후의 제3취득자도 포함되는 것으로 해석하는 것이 타당하다 할 것이다(법원행정처, 「법원실무제요」 민사집행「II」 부동산 집행, 2003, 506~507면).

88 이 판결과 더불어 몇몇의 하급심 판결, 그리고 다수 문헌에서 일본에서의 논의를 인용하면서 '공익비용' 또는 '공익적인 성질을 갖는 채권'으로 표현되고 있다. 그런데 사인의 재산의 가치를 증대시키는 경우를 공익적이거나 공익비용적으로 표현하는 것은 공익의 통상적 용어 사용례에 반하는 것이며 그 의미 그대로 목적물의 가치를 유지, 증가시켜주는 비용을 의미하는 것이라는 견해도 있다(박상언, "저당권 설정 후 성립한 유치권의 효력: 경매절차에서의 매수인에 대한 대항가능성을 중심으로", 민사판례연구 제32권, 2010, 각주 121번).

89 대법원 2004. 10. 15. 선고 2004다36604 판결.

이와 같은 특별한 사정을 고려하여 그 가치증가 부분을 저당권자가 아니라 비용을 지출한 자에게 우선상환시켜 주는 것이 공평의 원칙에 부합하는 해석이라는 실질적 고려가 작용한 것이다. 그렇기 때문에 민법 제367조에서의 제3취득자의 범위에 이와 동일하게 이익충돌상황에 놓여 있는 이해관계인도 포함될 수 있다. 그리고 학설과 같이 전세권자, 지상권자, 소유권자, 대항력을 갖춘 임차권자로 한정될 필요는 없으며 유치권자도 포함될 수 있다.[90]

(3) 대항할 수 없는 유치권자 구제를 위한 방안 − 민법 제367조 유추 적용을 통한 해결방안 모색 및 그 한계

선행저당권에 대하여 유치권으로 대항할 수는 없으나 비용을 지출한 경우에는 앞서 민법 제367조를 유추 적용할 수 있다. 적법하게 유치권이 성립되었으나 선행하고 있는 저당권에 대하여 대항할 수 없는 유치권자도 민법 제367조의 제3취득자에 해당함은 이미 검토한 바 있다.[91] 따라서 선행저당권에 대하여 대항할 수 없는 유치권자라 할지라도 민법 제367조 요건을 충족하는 경우 저당물의 경매대가로부터 우선 상환을 받도록 하면 합리적이다. 유치권자는 제367조를 근거로 비용상환청구권을 행사하면 되기 때문에 굳이 민사집행법 제91조 제5항(인수주의)이 적용되지 않도록 하는 것이 합리적이다. 그리고 이처럼 해석하는 한 구체적 사안에서 유치권을 인정하는 입법 취지인 공평의 원칙을 해하는 경우도 거의 없을 것이다.[92]

....

90 박상언, "저당권 설정 후 성립한 유치권의 효력:경매절차에서의 매수인에 대한 대항가능성을 중심으로", 민사판례연구 제32권, 2010, 396면; 문병찬, "유치권 대항력에 관한 소고", 「청연논총」 제10집, 사법연수원, 2013, 51면.

91 박상언, "저당권 설정 후 성립한 유치권의 효력:경매절차에서의 매수인에 대한 대항가능성을 중심으로", 민사판례연구 제32권, 2010, 396면.

92 판례에 따르면 주택건물 공사를 행한 수급인(대법원 1995. 9. 15. 선고 95다16202 판결 참조) 또는 하수급인(대법원 2007. 9. 7. 선고 2005다16942 판결 참조)의 공사대금채권을 변제받고자 하는 목적으로의 유치권 행사를 인정하고 있다. 그리고 민법 제666조 규정은 부동산 공사의 수급인으로서는 전 조에서의 보수에 관한 채권을 담보하려고 해당 부동산을 목적으로 한 저당권 설정을 청구하게 될 수도 있다고 규정하고 있다. 이와 같은 규정을 근거로 수급인(하수급인)은 대금확보를 확실히 행하기 위해서 제3자가 저당권을 설정하기 이전에 유치권을 취득하는 방법을 통하거나 수급인의 목적 부동산에 대하여 저당권설

유추적용 법리는 다음과 같은 한계도 벗어나게 해주어 타당하다. 선행 저당권이 존재하는 경우 비용을 지출한 자는 민법 제666조라는 명백한 법률규정을 근거로 자신의 비용지출을 보전하는 것보다 법률규정이 아닌 유치권 해석에 따른 사실상의 우선변제권을 근거로 자신의 비용지출을 보전할 경우 더 강한 보호를 받게 된다는 점에서 문제가 있다. 이 경우 민법 제367조 유추적용 법리를 적용하면 합리적이다.[93] 비용을 지출한 자는 위와 같은 비판에서 벗어나고자 민법 제367조를 유추적용하게 되면 법률규정을 근거로 자신의 비용지출 부분을 보전받을 수 있기 때문에 이 비판은 상쇄될 것이다. 따라서 민법 제367조 유추적용 법리를 적용하는 것이 타당하다.[94]

(4) 유추 적용 법리의 비판에 대한 반론

유추적용 법리에는 다음과 비판이 있다. 우리 판례법리[95]는 이른바 전용물소권[96]을 부정하고 있다. 이는 계약관계를 근거로 비용을 지출한 경우 본 계약관계 밖에 있는 수익자인 제3자에 대하여 비용지출자가 행하는 부당이득반환청구는 불가하다는 것이다. 그런데 민법 제367조를 유추적용하는 경우 전용물소권을 인정하게 된다는 것이다. 또한 본 계약관계를 근거로 점유를 한 경우 비용상환의 문제는 점유의 근거가 되었던 계약관계에 의해 규율되는 것일 뿐 민법 제367조를 유추적용하자는 법리의 근거인 민

....

정청구권을 행사하면서 보호받아야 할 것이다(문병찬, "유치권 대항력에 관한 소고", 「청연논총」 제10집, 사법연수원, 2013, 각주 21번).

93 즉, 민법 제666조 규정의 취지의 몰각화의 상황이 발생하지 않게 될 것이다.

94 박상언, "저당권 설정 후 성립한 유치권의 효력:경매절차에서의 매수인에 대한 대항가능성을 중심으로", 민사판례연구 제32권, 2010, 398면.

95 대법원 2002. 8. 23. 선고 99다66564, 66571 판결.

96 전용물소권이란 계약당사자 일방(급부자)과 타방(중간자) 간 계약이 체결되고 그러한 유효 계약에 의하여 급부를 이행한 결과 그러한 계약관계 이외에 있는 자(수익자)가 이득을 얻게 되는 경우 급부자 입장에서 수익자에 대하여 수익자가 얻었던 이익에 대하여 직접 반환청구권의 행사가 가능한 권리를 의미한다(장석천/이은규, "민법 유치권 개정 법률안 중 저당권설정청구권에 관한 소고", 재산법학회 제32권 제3호, 한국재산법학회, 2015, 166면).

법 제203조 규정[97]이 적용되는 것은 아니라는 비판이 있다. 그리고 다수설[98]의 입장도 이를 지지한다.[99]

이러한 비판은 타당한 면도 있지만 민법 제367조가 유추적용되어도 소유자에 대한 비용지출자의 부당이득반환청구권 또는 비용상환청구권 그 자체를 인정해주는 것은 아니다. 유추적용 법리는 목적물의 가치가 증가한 부분과 관련 있는 이해관계인 간 이익을 조절하기 위한 목적이다. 그리고 비용지출자가 가치를 증가시킨 부분이 저당권자가 파악했던 교환가치 부분을 넘어서는 경우 비용지출자는 물건의 매각대금으로부터 우선상환을 받을 수 있게 해준 것에 불과한 것이다. 따라서 직접적인 계약관계가 없는 수익자인 제3자(소유자)에 대하여 비용상환청구권을 행사하는 것 자체가 불가하다는 비판은 검토할 필요가 없다.

그리고 유추적용 법리는 채권법규의 체계를 흔들어놓는 것이 아니라 부동산 경매절차에서 저당권의 우선변제권, 그리고 제3취득자의 가치증가 부분에 대한 우선상환권 간 관계를 조절하는 것에 불과한 것이다. 따라서 선행저당권자 또는 소유자, 소유자의 일반채권자, 그리고 경매절차에서의 매수인 그 누구도 해하지 않기 때문에 유추적용 법리를 적용하는 것을 완전히 배제하는 것은 타당하지 않다.[100]

....

97 민법 제203조(점유자의 상환청구권)
   ① 점유자가 점유물을 반환할 때에는 회복자에 대하여 점유물을 보존하기 위하여 지출한 금액 기타 필요비의 상환을 청구할 수 있다. 그러나 점유자가 과실을 취득한 경우에는 통상의 필요비는 청구하지 못한다.
   ② 점유자가 점유물을 개량하기 위하여 지출한 금액 기타 유익비에 관하여는 그 가액의 증가가 현존한 경우에 한하여 회복자의 선택에 좇아 그 지출금액이나 증가액의 상환을 청구할 수 있다.
   ③ 전항의 경우에 법원은 회복자의 청구에 의하여 상당한 상환기간을 허여할 수 있다.

98 이병준, "소위 전용물소권과 민법 제203조의 비용상환청구건-대법원 2002. 8. 23. 선고, 99다66564, 66571판결", 쥬리스트 제410호, 청림인터렉티브, 2006. 6. 261면; 제철웅, "3자관계에서의 부당이득; 특히 전용물소권의 사안을 중심으로", 저스티스 통권 제67호, 한국법학원, 2002. 6, 74면; 홍성주, "전용물소권과 민법 제 203조 소정의 비용상환청구권", 판례연구 제14집, 부산판례연구회, 2003, 76면.

99 대법원 2002. 8. 23. 선고 99다66564, 66571 판결.

100 더 근본적으로는 유치권은 담보물권으로 규정되어 있으면서도 우선변제권을 인정해주지 않는 문제로 인한 이익조절이 어렵기 때문이라고 한다(박상언, "저당권 설정 후 성립한

생각건대, 민법 제367조를 유추적용하여 비용지출자를 규율하는 것이 타당하다. 다른 담보물권과는 달리 유치권은 비용 지출로 인해 목적물의 가치증가가 현존하고 있는 경우만 그 가치 증가분을 회수하기 전까지는 목적물을 유치할 수 있도록 하는 것이 공평의 원칙에도 부합한다. 가치 증가한 부분이 부동산 경제시장의 동향에 영향을 받게 될지라도 그 증가 부분이 현존하고 있음이 감정평가 등을 통하여 명백한 경우 그 가치 증가분은 선행저당권자가 저당권을 설정하는 그 당시 미리 파악하지 못했을 것이기 때문에 유치권자에게 반환해주는 것이 타당하다.[101] 또한 민법 제367조 유추적용 법리는 전용물소권을 목적으로 하지 않기 때문에 대법원 판례에 위배되는 것이 아니다. 그리고 수익자인 제3자(소유자)에 대하여 비용지출자에게 부당이득반환청구권 또는 비용상환의 청구권 그 자체를 발생시켜주는 것도 아니기 때문에 위 비판은 상쇄할 수 있다.[102]

(5) 구체적인 유추 적용의 타당성과 대법원 판결의 적용

앞서 검토한 것과 같이 유치권자가 비용을 들여 목적물의 가치가 증가한 경우 유치권자는 배당요구 종기까지 자신이 들인 필요비나 유익비[103]를 증명하여 집행법원에 배당요구를 하면서 우선상환권을 행사할 수 있다. 그리고 민법 제367조에 의한 우선상환액수는 집행비용 그다음 최선순위로 배당받는다.[104]

유추적용에 따른 해결안은 구체적 타당성이 있기 때문에 분쟁당사자 간 적용되어야 한다. 이전에는 부동산 경매절차에서 매수인과 유치권자를

유치권의 효력:경매절차에서의 매수인에 대한 대항가능성을 중심으로", 민사판례연구 제32권, 2010, 398면).

101 심판, "유치권이 효력 우열관계에 관한 대법원 판결례 검토", 재판실무연구, 광주지방법원, 2012, 148면.

102 박상언, "저당권 설정 후 성립한 유치권의 효력:경매절차에서의 매수인에 대한 대항가능성을 중심으로", 민사판례연구 제32권, 2010, 398면.

103 민법 제203조 규정에서의 회복자는 지출금액 또는 증가액 중에서 선택하도록 되어 있긴 하나 경매절차인 점을 고려하면 지출금액이나 증가액 중에 적은 금액만을 상환받게 된다.

104 소액임차인의 보증금반환채권, 그리고 최우선임금채권, 당해세 등보다도 선순위에서 배당받게 된다(법원행정처, 「법원실무제요」 민사집행「Ⅱ」 부동산집행, 2003, 532면).

당사자로 한정하여 유치권확인의 소, 부동산인도의 소 등을 제기하였다. 이로써 유치권의 성립여부, 그 범위 및 대항력 등이 다투어졌다. 그런데 민법 제367조를 유추적용할 수 있는 사안으로 볼 수 있어 매각대금에서 우선 배당을 받는 경우, 우선 배당받는 유치권자, 그리고 후순위 배당권자에 해당하는 다른 담보물권자 및 일반채권자들 간에 배당이의의 소 등의 형태로 분쟁이 나타나게 된다.

이전의 분쟁구조에서 매수인은 유치권자가 주장하는 과거 공사 관계 등에 대해 전혀 인지하지 못하는 경우가 많았고 관련 증거도 입수하기 어렵기 때문에 사실상 열세의 지위에 있는 경우가 많았다. 그런데 배당이의의 소와 같은 분쟁구조에서는 담보물권자 또는 채권자가 담보권을 설정할 당시 목적물의 시가, 현황 등에 대하여 기본적 정보와 자료를 가지고 있을 가능성이 높다. 따라서 유치권자의 점유시기, 피담보채권액수 등에 관한 허위주장, 그리고 그 입증을 반박할 수단이 생길 수 있는 가능성이 높다.[105] 이는 유치권을 둘러싼 분쟁을 보다 합리적으로 해결해줄 수 있을 것이다.

민법 제367조 유추적용 법리를 대법원 판결(2008다70763)에 적용하면 다음과 같다. 저당권이 설정된 부동산에 필요비나 유익비를 지출함을 통하여 부동산에 견련관계가 인정될 수 있는 채권을 가진 자가 점유도 취득하여 유치권을 취득한 경우가 있다. 이 경우 저당권자와 매수인에 대하여 유치권으로 대항할 수 있어 목적물에 대해 유치할 수 있는 경우가 본 판례의 사례이다.[106]

유치권의 해석에 따라 사실상의 우선변제권을 행사하는 것은 앞서 검토한 바와 같은 한계가 있기 때문에 민법 제367조를 유추적용하여 풀어내는 것이 타당하다.[107] 본 사례에서 유치권자들은 해당 사건 건물에 대하여

---

105 박상언, "저당권 설정 후 성립한 유치권의 효력:경매절차에서의 매수인에 대한 대항가능성을 중심으로", 민사판례연구 제32권, 2010, 399면.

106 대법원 2009. 1. 15. 선고 2008다70763 판결.

107 박상언, "저당권 설정 후 성립한 유치권의 효력:경매절차에서의 매수인에 대한 대항가능성을 중심으로", 민사판례연구 제32권, 2010, 403면; 홍봉주, "유치권의 대항력제한", 토지법학 제31권 제1호, 한국토지법학회, 2015, 93면.

부동산 경매절차 배당요구 종기까지 사무실[108]의 가치증가액수 또는 그 지출금액을 증명하면서 배당요구를 할 수 있다. 이로써 유치권자들은 건물의 매각대금 중 본 사무실에 해당하는 대금의 부분에 대해 저당권자보다 우선하여 상환받는 것이 가능할 것이다. 유치권자가 필요비 또는 유익비를 들여 목적물의 가치가 증가한 부분은 그 가치 증가분을 회수하기 전까지는 목적물을 유치할 수 있도록 하는 것이 공평의 원칙에도 부합한다. 이 가치 증가분은 선행저당권자가 저당권을 설정하는 그 당시에는 파악하지 못했을 것이기 때문에 유치권자가 대항할 수 있도록 하여도 부동산 경매절차의 공정성, 신뢰를 현저하게 훼손하는 것도 아니므로 타당하다.[109]

3. 유치권 성립요건에 대한 증명책임

앞서 선행저당권에 관한 유치권의 우열을 논의하였다. 선행저당권에 대하여 유치권으로 대항할 수 없는 것이 타당함을 검토하였다. 그렇다면 유치권으로 대항할 수 있는지에 대해 판별하려고 하면 그 증명책임도 검토해야 한다.

일반적으로 저당권자와 유치권자 간의 증명책임의 모습은 유치권자는 피담보채권에 해당하는 공사대금채권의 존재, 그리고 그 채권의 변제기가 도래하였다는 사실, 점유 중이라는 사실을 증명하려 한다. 저당권자는 유치권의 대항력을 제한하고자 해당 사건에서 건물에 대하여 유치권보다 자신의 저당권이 먼저 설정되어 있었다는 사실을 증명하려고 노력한다. 이에 대한 대응으로 유치권자는 위 저당권설정등기 전에 이미 점유를 개시하였고 이로써 유치권이 저당권보다 먼저 성립하였다는 사실을 증명하려 한다. 이 증명이 되면 유치권을 근거로 선행저당권에 대해 대항할 수 있다.[110]

---

108 본 판례에서는 사무실에 대해 비용을 들인 유치권자의 대항 여부가 주된 쟁점 중 하나였다.

109 심판, "유치권이 효력 우열관계에 관한 대법원 판결례 검토", 재판실무연구, 광주지방법원, 2012, 148면.

110 강민성, "민사집행과 유치권—이미 가압류 또는 압류가 이루어졌거나 저당권이 설정된 부동산에 관하여 취득한 점유 또는 견련성 있는 채권으로써 경매절차에서 그 부동산을 매수한 사람을 상대로 유치권을 내세워 대항하는 것이 허용되는지 여부에 관하여", 사법논

유치권으로 대항할 수 없다는 주장은 주로 저당권자 또는 매수인이 한다. 이들의 항변은 유치권이 성립되었다는 주장[111]을 통하여 유치권자의 권리행사를 저지할 목적으로의 항변[112]이다.

그런데 이 항변에서는 유치권의 요건사실에 대한 증명책임이 문제가 된다. 먼저 '점유개시가 저당권 설정 후라는 사실'의 증명책임은 유치권이 대항력이 없음을 주장하는 자에게 있다는 견해가 있다.[113] 점유개시가 저당권설정 이후에 일어난 사실임을 증명하기 위해서는 저당권설정 후의 특정시기에 점유가 개시되었었다는 사실은 물론 그 개시시기 전에는 점유하고 있지 않았다는 사실까지 증명해야 한다. 이와 더불어 점유사실의 부존재를 증명하는 것은 실무상 쉽지 않은 문제이다. 따라서 점유를 주장하고 있는 자에게 증명책임이 있는 것으로 보아야 한다. 저당권이 설정된 시기를 증명하여 저당권의 우선적 효력에 위배되는 유치권임을 증명한 경우 이에 대응하여 유치권자는 저당권이 설정된 시기보다 먼저 자신의 유치권이 성립하였다는 사실을 적극적으로 증명해야 한다.[114] 그리고 부동산 경매절차에서의 매수인이 저당권설정 시기를 특정하여 증명한 경우(유치권이 저당권설정 시기보다 이후 성립되어 선행저당권에 대하여 유치권으로 대항할 수 없다는 것을 입증한 경우) 이에 대응하여 유치권자는 그 저당권설정 등기가 완료되기 이전에 부동산을 점유하였고 저당권설정 등기시기보다 먼저 유치권

집 제36집, 2003, 92면.

111 부동산인도청구의 소에 있어서의 유치권자의 항변이 이에 해당하고 대법원 2009. 1. 15. 선고 2008다70763 판결과 같은 유치권 확인의 소에 있어서는 유치권자가 행하는 소이기 때문에 청구원인이 된다.

112 부동산인도청구소송에 있어서는 유치권자의 항변에 대한 재항변이 된다.

113 강민성, "민사집행과 유치권-이미 가압류 또는 압류가 이루어졌거나 저당권이 설정된 부동산에 관하여 취득한 점유 또는 견련성 있는 채권으로써 경매절차에서 그 부동산을 매수한 사람을 상대로 유치권을 내세워 대항하는 것이 허용되는지 여부에 관하여", 사법논집 제36집, 2003, 92면; 유치권자의 점유가 저당권설정 후에 개시되었는지의 여부가 쟁점이 될 것인데 집행관이 작성하는 현황조사보고서 등에 유치권을 주장하는 자의 점유사실이 기재되어 있지 않은 때에는 위 요건이 충족되어지는 것으로 보아야 하는데 즉, 유치권이 대항력이 없다고 주장하고 있는 자에게 '점유개시가 저당권 설정 후라는 사실'의 입증책임이 있게 되는 것이다.

114 박상언, "저당권 설정 후 성립한 유치권의 효력: 경매절차에서의 매수인에 대한 대항가능성을 중심으로", 민사판례연구 제32권, 2010, 390면.

을 취득하였음을 증명해야 할 것이다.[115]

IV. 대항력 부정설에 따른 대법원 판례 검토

1. 선행저당권과 유치권의 우열에 대한 최초의 판결법리 제시 및 한계

대법원 판결은 선행저당권 또는 매수인에 대하여 유치권으로 대항할 수 있는지에 관하여 최초의 판결법리를 보여주었다는 면[116]에서 그 의의가 있다.[117] 본 판결 이전까지의 대법원 법리는 채무자 소유의 부동산에 압류효력이 발생한 후 채무자가 공사대금 채권자에게 점유를 이전해줌으로써 채권자가 유치권을 취득한 경우 이 점유이전행위는 목적물의 교환가치를 감소시킬 수 있는 우려가 있는 처분행위에 해당한다고 보았다. 이 처분행위는 민사집행법 제92조 제1항, 그리고 제83조 제4항에 의해 압류의 처분금지효에 저촉된다고 하였다. 그리고 점유자는 매수인에 대해서도 유치권

....

115 박상언, "저당권 설정 후 성립한 유치권의 효력:경매절차에서의 매수인에 대한 대항가능성을 중심으로", 민사판례연구 제32권, 2010, 390면; 한편, 이와 같은 입증책임의 법리에 따르면 유치권자가 선행하는 저당권이 설정된 시기보다 그 이전에 자신의 유치권이 성립하였다는 사실을 적극적으로 입증하지 못하는 등의 사유로 인하여 유치권으로 대항할 수 없게 되는 경우에 부동산을 매수하게 되는 매수인에 대하여 유치권자의 인도거절권 행사 등의 주장을 할 수 없게 되어 유치권자 자신의 피담보채권을 변제받을 수 없게 된다. 이때 그 배당에 있어서는 이와 같은 유치권자는 어떻게 처리해야 하는지가 문제될 수 있다. 그런데 유치권자가 배당받을 수 있는지의 여부는 선행저당권에 대하여 대항할 수 없는 유치권자가 이해관계인의 범위에 포함되는지가 먼저 검토되어야 할 것이고 이해관계인에 이러한 유치권자가 포함되는 경우에는 배당받을 수 있을 것인데 그러한 배당에서의 처리방법과 그 순위에 관하여도 검토할 필요가 있을 것이다(이에 관한 논의는 아래 제4장 부동산 경매 배당단계에서의 유치권 II. 선행저당권에 유치권으로 대항할 수 없는 경우에서의 유치권 배당 부분 참조).

116 대법원 2009. 1. 15. 선고 2008다70763 판결.

117 남준희, "저당권 설정 후 경매개시결정 기입등기 전에 취득한 유치권의 효력 : 대상판결 : 대법원 2009. 1. 15. 선고 2008다70763 판결", 「동북아법연구」 제3권 제2호, 전북대학교 동북아연구소, 2009, 563면.

으로 대항할 수 없다고 일관되게 판시해왔다.[118] 그런데 본 대법원 판결에서는 선행저당권에 대하여 유치권으로 대항할 수 있고 경매절차의 매수인에게도 대항할 수 있다고 최초로 판시하였다.[119]

최초의 판결법리를 보여주었다는 점에서 의의가 있으나 그 법리의 타당성은 아쉬움이 있다. 대법원 판결에서는 선순위에 있는 근저당권보다 점유 외에는 구체적 공시방법이 존재하지 않는 유치권을 우선하는 순위를 부여하였다. 이로써 유치권자는 피담보채권 전액을 최우선으로 변제받을 수 있게 되었다(대항력 긍정설). 그런데 이는 공시주의를 내세우는 담보법 질서를 근본적으로 해칠 우려가 있다. 그리고 부동산 경매절차가 진행될 것으로 예상되는 부동산에 대하여 채무자 또는 소유자와 유치권 주장자 간 압류 전에 서로 통모를 하여 허위 피담보채권을 부담하는 행위가 발생한다. 또한 유익비 등을 지출하였다는 가장 서류를 작성하여 부동산 경매절차에서 유치권을 주장할 수 있도록 불법 통로를 만들어주는 결과를 초래할 수 있다. 이는 선행저당권에 대한 유치권은 대항할 수 없다는 대항력 부정설의 법리와 배치되는 것이다. 이처럼 부동산 경매절차의 안정성과 공정성을 저해할 만한 우려가 있기 때문에 대법원 판결은 검토되어야 한다.[120]

....

118 대법원 2005. 8. 19. 선고 2005다22688 판결 등.

119 대법원 2009. 1. 15. 선고 2008다70763 판결.

120 남준희, "저당권 설정 후 경매개시결정 기입등기 전에 취득한 유치권의 효력 : 대상판결 : 대법원 2009. 1. 15. 선고 2008다70763 판결", 「동북아법연구」 제3권 제2호, 전북대학교 동북아연구소, 2009, 561면; 한편, 대법원 판결(2008다70763)의 구체적 사례에 관하여 인지여부를 기준으로 검토하는 것도 의미가 있다. 즉, 공사대금채권을 취득하였던 사실을 전제로 하여 부동산의 점유를 취득한 공사업자 등은 점유를 취득하게 될 그 당시에 부동산에 선순위의 근저당권이 설정되어 있었던 사실을 인지하고 있었는지에 대한 심리를 집중적으로 할 필요가 있을 것이다. 만약 이와 같은 사실을 인지하였다면 그와 같은 경위를 통하여 취득한 유치권을 근거로 경매절차상의 매수인 즉, 경락인에 대하여 대항할 수 없다는 법리를 적용하는 것도 합리적일 수 있으며 이로 심리미진 또는 법리오해를 이유로 원심판결을 파기하여 원심법원에 해당 사건을 되돌려 보낼 수도 있는 가능성이 있는 것이다(남준희, "저당권 설정 후 경매개시결정 기입등기 전에 취득한 유치권의 효력 : 대상판결 : 대법원 2009. 1. 15. 선고 2008다70763 판결", 「동북아법연구」 제3권 제2호, 전북대학교 동북아연구소, 2009, 563면).

2. 선행압류채권과 선행저당권 간의 유치권 우열의 법리 혼동

대법원 판결은 '선행압류채권에 대한 유치권의 대항 가능성의 법리'를 '선행저당권에 대한 유치권의 대항 가능성의 법리' 관점에서 판시하였다. 그러나 선행저당권에 대한 유치권의 우열은 선행압류채권에 대한 유치권 법리가 직접적으로 혹은 유추적용될 수 없다. 그리고 선행저당권에 대한 유치권의 우열 주장은 위 선행압류채권에 대한 유치권의 우열 주장과는 명백하게 별개의 항에서 별개 상고이유로 주장한 부분이었다.[121] 그런데도 대법원 판결에서 선행저당권에 대한 유치권의 우열 주장을 선행압류채권에 관한 유치권의 우열주장과 동일시한 것은 합리적이지 않다. 이는 대법원이 선행압류채권에 대한 유치권의 우열 법리를 선행저당권에 대한 유치권의 우열 법리와 동일 선상에서 비교 파악할 수 있다는 판단오류에서 나온 것이다.[122] 그리고 대법원 판결에서는 선행저당권에 대한 유치권의 우열법리를 선행압류채권에 대한 유치권의 우열법리와 동일하게 판단할 수 있는 논거도 전혀 제시하지 않았다. 이 경우 선행저당권에 대하여 유치권으로 대항할 수 없다는 대항력 부정설의 법리를 직접적으로 제시하였으면 한다.[123]

3. 선행저당권자의 신의칙 위반 항변에 대한 검토 부재

대법원 판결은 유치권자가 신의칙 위반행위를 하였다는 저당권자의 항변을 상고이유 중 하나로 명확하게 제시하고 있다. 그러나 대법원 판결은 이 부분에 관해 따로 판단하지 않았다.[124] 이 주장은 상고심에서 최초로 나온 주장도 아니기 때문에 대법원 판결에서 위 상고이유를 별개로 판단하지 않은 점에 대해서는 의문이다. 신의칙 위반의 항변은 저당권과 유치권

---

121 대법원 2009. 1. 15. 선고 2008다70763 판결.

122 박상언, "저당권 설정 후 성립한 유치권의 효력:경매절차에서의 매수인에 대한 대항가능성을 중심으로", 민사판례연구 제32권, 2010, 400면.

123 박상언, "저당권 설정 후 성립한 유치권의 효력:경매절차에서의 매수인에 대한 대항가능성을 중심으로", 민사판례연구 제32권, 2010, 400면.

124 대법원 2009. 1. 15. 선고 2008다70763 판결.

간 우열에 대한 판단과는 아예 별개의 차원에서 주장되고 판단되어야 하기 때문에 신의칙 위반의 항변 내용에 대해 별개의 상고이유로 판단하였어야 한다.[125] 별도로 유치권자의 신의칙 위반을 검토하는 법리를 판시하게 되면 대항력 부정설의 법리와 동일한 결론으로 귀결된다. 선행저당권에 대하여 유치권으로 대항할 수 없다는 판시내용이 도출되는 것이다.[126]

4. 목적물 일부에 대한 유치권의 우열

대법원 판결은 해당 사건 건물 중 일부 사무실에 한정하여 유치권의 성립을 인정해준 원심에 긍정하는 판시를 하였다.[127] 이것은 일물일권주의의 예외[128]를 인정해준 것이다. 유치권은 점유를 요건으로 하나 용익물권[129]이 아닌 담보물권이기 때문에 물건 일부에 대해 유치권을 인정해주면 유치권의 불가분성, 경매청구권 등과 충돌이 발생할 수 있다.

판례는 일필지 일부에 대하여 유치권의 성립을 인정한 적이 있다.[130] 토지 일부는 물론 건물 일부의 층 또는 건물 중 구분 건물로 될 수 있는 부분에 대해 유치권이 성립할 수 있다. 대법원 판결에서 구분건물의 한가운데에 위치하는 작은 방 한 칸을 유치권 객체로 삼았는데, 이로 인해 더 적극적으로 물건 일부에 대해서도 유치권을 행사할 수 있게 되었다.[131]

....

125 박상언, "저당권 설정 후 성립한 유치권의 효력:경매절차에서의 매수인에 대한 대항가능성을 중심으로", 민사판례연구 제32권, 2010, 401면.

126 물론 결론은 동일하나 그 근거는 대항력 부정설에서의 목적물에 대해 선행저당권자의 교환가치 침탈의 우려가 아닌 유치권자의 신의칙 위반이 될 것이다.

127 대법원 2009. 1. 15. 선고 2008다70763 판결.

128 통설의 입장은 일물일권주의의 근거를 고려해볼 때 물건 일부분에 대하여 물권을 인정해주어야 할 사회적인 필요성 또는 그 실익이 존재하고 어느 정도 공시가 가능하거나 공시와는 전혀 관련이 없는 경우에는 예외를 인정할 수도 있다고 한다(곽윤직, 「물권법(민법강의Ⅱ, 신정수정판)」, 박영사, 1999, 20~21면).

129 부동산 용익물권에 대해서는 부동산 일부에 대한 물권의 설정은 널리 인정되고 있다(부동산등기법 제136조, 제139조 제2항 규정 참조).

130 대법원 1968. 3. 5. 선고 67다2786 판결.

131 박상언, "저당권 설정 후 성립한 유치권의 효력: 경매절차에서의 매수인에 대한 대항가능성을 중심으로", 민사판례연구 제32권, 2010, 402면.

그런데 이러한 법리는 토지의 특수성을 고려해야 한다. 판례의 입장[132]이 일필지 일부에 대하여 유치권의 성립을 인정한 것은 토지는 원래 법률상 필지별로 독립하여 물권의 대상이 될 수 있기 때문이다. 그리고 토지는 각각 필지가 성질 및 거래 통념상 경제적 수요에 의해 분합할 수 있다는 실무상 측면도 있다. 본 판례 사안에서 유치권 항변은 임야 중의 일부를 개간하였음을 전제로 주장하는 것이었다. 그리고 그 매각부분과 다른 부분과의 분할이 거래상 가능하였기 때문에 임야 중 개간 부분에 유치권이 성립할 수 있다는 것이 불합리하다고 볼 수 없다.[133] 따라서 토지의 일부분에 대하여 유치권의 대항을 인정해주는 것은 타당하다.

그런데 목적물의 일부에 대하여 유치권의 대항을 인정해주되 다음과 같은 점을 검토해야 한다. 대법원 판결(2008다70763)의 상고이유에서 저당권자는 유치권자 등 중에 일부의 공사내용은 샤워대 설치, 그리고 컴퓨터 단말기 설치행위 등에 불과한 것이기 때문에 이 공사대금채권으로 해당 사건 건물 전체에 대해 유치권으로 대항할 수는 없다고 주장한 것을 주목해야 한다. 대법원 판결에서는 유치권자들이 저당권자의 주장처럼 샤워대, 컴퓨터 단말기 설치행위 등의 공사를 행한 사실은 인정하였다. 그리고 일부공사에 따른 채권은 유치권을 행사할 수 있는 채권에 해당되지 않는다고 볼 만한 아무런 근거가 없다고 하였다. 따라서 본 유치권의 성립을 인정한 원심의 판단은 정당하다고 판시하였다.[134]

그러나 일부 공사에 따른 채권으로 일부분이 아닌 건물 전체에 대하여 유치권으로 대항할 수 있다고 하는 것은 일물일권주의 예외이다. 통설은 건물 일부가 독립건물과 동일하게 경제적 효용을 할 수 있어야 하고 구분, 분할 등기가 가능하도록 그 실질을 갖추어야 한다고 보고 있다. 이는 토지 일부보다 더 엄격한 기준을 제시하는 것이다. 사무실에 샤워대 설치공사를 하였고 컴퓨터 단말기를 설치하였다 할지라도 본 사무실은 토지처럼 필지로 구분되는 것이 아니다. 사무실은 건물 전체에 포섭되기 때문에 일부 공사에 따른 채권으로 건물 전체에 대해 유치권의 대항을 인정하는 것

---

132 대법원 1968. 3. 5. 선고 67다2786 판결.
133 대법원 1968. 3. 5. 선고 67다2786 판결.
134 대법원 2009. 1. 15. 선고 2008다70763 판결의 상고이유 부분.

은 합리적이지 않다.[135] 이는 또한 대항력 부정설의 법리와도 일치하지 않는다.

5. 대법원 판결에 대항력 부정설 법리의 실무상 적용

대항력 부정설을 중심으로 대법원 판결을 검토하면 다음과 같다. 대법원 판결에서 대항력 부정설의 법리를 적용하면 선행저당권에 대하여 유치권으로 대항할 수 없다는 저당권자의 항변에 의해 유치권자들의 유치권확인청구는 기각될 것이다. 본 판례에 따르면 유치권이 성립되기 전에 설정된 저당권의 채권최고액수는 19억 원을 초과하고 있었는데 매각대금은 10억 원에 불과한 상황이다. 선행저당권자들은 자신들이 당초 저당권을 설정할 그 당시에 파악했던 담보가치를 추후에 성립한 불측의 유치권자들로 인해 보장받지 못할 수 있는 위험을 안고 있다.

여기서 선행저당권에 대한 유치권은 대항할 수 없어 매수인에게 인수되지 않는다는 법리(대항력 부정설)를 적용해본다. 매수인은 유치권이 인수될 것이라는 위험에서 벗어난 채로 매수가격을 신고하게 될 것이기 때문에 감정평가액인 약 28억 원에 근접한 액수 선에서 매각이 이뤄질 가능성이 높을 것이다. 본 부동산이 약 28억 원에 근접한 액수에서 매각된다면 저당권자들의 우선변제권 내지 담보가치인 19억 원을 초과하고 있는 부분들도 온전히 보장받을 수 있을 것이다.[136]

---

135 김황식(집필자)/곽윤직 편집대표, 「민법주해[Ⅵ] 물권(3)」, 박영사, 1992, 12~13면.

136 박상언, "저당권 설정 후 성립한 유치권의 효력:경매절차에서의 매수인에 대한 대항가능성을 중심으로", 민사판례연구 제32권, 2010, 401면.

제 4 장

부동산 경매 배당단계에서의 유치권 :
배당 시 유치권이 나타났다!

부동산 경매 배당단계에서의 유치권 : 배당 시 유치권이 나타났다!

제3장에서는 부동산 경매 현금화단계에서 유치권의 작용상의 문제와 그 개선방안에 대해 살펴보았다. 제4장에서는 그다음 단계인 부동산 경매 배당단계에서 유치권의 작용에 있어 문제가 되는 지점과 그 개선안을 검토하고자 한다.

제2장 부동산 경매 압류단계에서 대법원은 가압류 이후 성립한 유치권의 경우 유치권으로 대항할 수 있다고 하였고[1] 압류 이후 성립한 유치권의 경우에는 유치권의 행사를 제한하고 있음[2]을 살펴보았으며 이러한 법리에 기본적으로 찬동하였다. 반면에 제3장 부동산 경매 현금화단계에서 대법원은 저당권 설정 이후 성립한 유치권의 경우에 있어 유치권의 행사를 제한하고 있지 않아 저당권에 대해 유치권을 근거로 대항 가능하다고 판단하였다. 이처럼 유치권자에 의한 선행저당권자의 이익침탈을 인정해주는 것이 대법원 법리(2008다70763)[3]이자 대항력 긍정설[4]의 견해임을 알 수 있다.

그러나 이와 같은 법리는 앞서 선행저당권자의 이익침탈 문제가 발생할 수 있다는 등의 이유를 근거로 선행저당권자에 대하여 유치권으로 대

---

1 대법원 2011. 11. 24. 선고 2009다19246 판결; 자세한 논의는 제2장 부동산 경매절차 압류단계 Ⅰ. 가압류 이후 유치권 부분 참조.

2 대법원 2005. 8. 19. 선고 2005다22688판결; 자세한 논의는 제2장 부동산 경매절차 압류단계 Ⅱ. 압류 이후 성립한 유치권 부분 참조.

3 대법원 2009. 1. 15. 선고 2008다70763판결.

4 곽윤직, 「물권법(민법강의Ⅱ, 신정수정판)」, 박영사, 1999, 389면; 김능환/민일영, 「주석 민사집행법Ⅲ」, 한국사법행정학회, 2012, 340면; 일본에서는 鈴木忠一/三ケ月章 編輯代表(中山一郎 執筆), 「注解 民事執行法(3)」, 第一法規, 1984, 296頁.

항할 수 없다는 법리의 타당성을 검토한 바 있다.[5] 또한, 선행저당권자 입장에서 예측하지 못한 이익침탈의 문제는 실무에서도 부동산 경매 현금화 단계에서 유치권 적용국면의 문제에 있어 가장 큰 핵심쟁점으로 자리 잡고 있다. 그리하여 이와 같은 대법원 판례(2008다70763)의 법리[6]는 검토가 필요한 것이다.[7]

따라서 선행 저당권에 대하여 유치권으로 대항할 수 없도록 하는 법리를 적용하는 것이 후행하는 유치권에 의하여 선행하는 저당권의 담보가치를 부당하게 침탈하는 것을 막을 수 있다는 점에서 합리적이다. 이와 같은 견해는 대법원 법리(2010다57350)[8] 및 대항관계설[9]의 입장과도 일맥상통하기에 합리적이다.[10]

아래에서는 위와 같은 대법원 법리(2010다57350)[11] 및 대항관계설[12]의 입장을 적용할 경우 부동산 경매 배당단계의 유치권 적용국면상 발생하는 문제점을 살펴보고, 이에 대해 검토한다. 제4장 배당단계에서의 유치권에서는 먼저 대법원 판례(2008다70763) 법리에 따르게 될 경우 선행저당권에 관련한 유치권의 배당상의 한계를 검토하고 선행저당권에 대하여 유치권은 대항할 수 없게 해석하는 법리가 배당단계에서 합리성이 있음을 검토

---

5 제3장 부동산 경매절차 현금화단계에서의 유치권 Ⅲ. 대항력 부정설에 따른 선행저당권에 관한 유치권의 우열 부분 참조.

6 대법원 2009. 1. 15. 선고 2008다70763 판결.

7 강정규/이용득, "부동산 경매에서 유치권 개선방안에 관한 연구", 부동산학보 제62권, 한국부동산학회, 2015, 64면.

8 대법원 2013. 2. 28. 선고 2010다57350 판결.

9 이상태, "부동산유치권에 관한 개정안 검토", 일감법학 제31호, 건국대학교 법학연구소, 2015, 101~102면; 오시영, "부동산유치권 강제집행에 대한 문제점과 입법론적 고찰", 토지법학 제23권 제2호, 2007, 231면; 일본에서는 生熊長幸, "建築請負代金債權による敷地への留置權と抵當權(下)"「金融法務事情」第1447号, 1996, 45頁.

10 대법원 법리(2010다57350) 및 대항관계설의 입장 역시도 선행저당권에 대하여 유치권으로 대항할 수 없고 후행저당권에 대하여는 대항할 수 있다는 법리를 보여주고 있다.

11 대법원 2013. 2. 28. 선고 2010다57350 판결.

12 이상태, "부동산유치권에 관한 개정안 검토", 일감법학 제31호, 건국대학교 법학연구소, 2015, 101~102면; 오시영, "부동산유치권 강제집행에 대한 문제점과 입법론적 고찰", 토지법학 제23권 제2호, 2007, 231면; 일본에서는 生熊長幸, "建築請負代金債權による敷地への留置權と抵當權(下)"「金融法務事情」第1447号, 1996, 45頁.

한다.

　선행저당권에 대하여 유치권으로 대항할 수 없게 해석하게 되는 경우라면 본래 선행저당권자에 대하여 대항할 수 있었던 유치권자의 지위가 불리해지는 것은 아닌지 또는 이러한 유치권자의 구제방안을 고려할 필요가 있는 것은 아닌지 비판이 있을 수 있다. 따라서 대항할 수 없는 유치권자의 배당을 어떻게 처리해야 하는지 그리고 배당순위는 어떻게 판단하는 것이 합리적인지에 대하여도 검토한다. 배당순위를 검토할 때는 앞서 합리적이라고 주장하였던 제2장 부동산 경매 압류단계에서 선행(가)압류채권에 관한 유치권의 우열 법리, 제3장 부동산 경매 현금화단계에 있어서 선행저당권에 대한 유치권의 우열 법리를 적용하여 풀어내고자 한다. 저당권자, 유치권자, 가압류채권자, 압류채권자, 매수인(경락인) 등의 당사자가 서로 엇갈려 있는 여러 경우에는 유치권을 중심으로 하는 배당순위를 검토하였으며 이러한 배당순위가 합리성이 있음을 검토한다.[13]

I. 배당에서 유치권자의 한계와 개선방안

1. 배당에서 유치권자의 한계

　목적물을 대상으로 채권이 발생하였는바, 채권자가 해당 목적물에 대한 점유를 취득하기 이전에 저당권 등의 담보물권이 먼저 설정되었고 이 설정 시기 후에 채권자가 해당 목적물의 점유를 취득함을 통하여 유치권이 성립한 사안에 대한 판시가 있다. 그런데 이와 같은 법리에 따르게 될 경우 유치권자의 배당상 한계가 발생한다. 이 경우의 유치권자는 다른 사정이 존재하지 않는 한 이처럼 취득한 유치권으로 저당권자에 대해 대항 가능하다고 판단한 것이 대법원 판결(2008다70763)의 입장이었다.[14] 대법원 판결(2008다70763)의 입장은 선행하는 저당권자에 대하여 유치권자가 대항

13　이와 같이 여러 이해관계인과 유치권의 배당국면 및 배당순위를 검토한 논의는 현재 거의 진행된 바가 없으므로 그 의의가 있다고 보았다.

14　대법원 1965. 3. 30. 선고 64다1977 판결; 대법원 2009. 1. 15. 선고 2008다70763 판결.

할 수 있다는 대항력 긍정설의 입장과 동일하다. 그런데 이와 같은 법리가 적용될 경우 유치권의 배당 측면에서의 한계들이 다음과 같은 면에서 발생하기 때문에 검토하고자 한다.

(1) 연혁 및 입법례의 측면에서의 배당상 한계

대법원 판례(2008다70763)의 입장[15]인 대항력 긍정설은 첫째, 유치권의 연혁과 입법례를 살펴볼 때 유치권이 저당권에 대하여 무조건적으로 대항할 수 있거나 우선하여 배당받게 된다는 법리를 제시하고 있다. 유치권이 선행하고 있는 저당권에 대해 항상 대항할 수 있다는 법리는 유치권의 물권적 요소를 중시하였기에 나타난 것인데 이 논리는 다른 나라에서의 유치권의 입법례 중 유사한 경우를 그 근거로 제시하기 힘든 측면이 있다.[16] 따라서 선행저당권에 대해 유치권으로 대항할 수 없는 법리가 타당하며 배당의 측면에서도 대법원 및 대항력 긍정설의 입장은 한계가 있다.

(2) 유치권의 사실상 우선변제권으로 인한 선행저당권자의 배당권 침해

대법원 판례(2008다70763)의 입장인 대항력 긍정설의 입장은 목적물에 관해 제3자의 담보권이 이미 앞서 설정된 경우에도 추후에 갑작스럽게 나타난 유치권의 피담보채권이 존재하는 경우라면 유치권이 우선되어야 한다는 것이다. 이것은 유치권에 법 규정으로 우선변제권이 부여되어 있지 않음에도 유치권자가 사실상의 최우선으로 피담보채권 금액 전액을 배당받을 수 있게 하는 것이다.

그런데 이러한 법리는 법 취지에도 반하고 선순위에 있는 담보권자 입

....

15 대법원 2009. 1. 15. 선고 2008다70763 판결.

16 박상언, "저당권 설정 후 성립한 유치권의 효력:경매절차에서의 매수인에 대한 대항가능성을 중심으로", 민사판례연구 제32권, 2010, 365~368면; 담보권이 설정되어 있는 부동산에 대하여 점유 이외의 공시방법이 존재하지 않는 유치권이 추후에 성립하게 되었음에도 불구하고 이러한 유치권에 실질적인 우선적인 지위를 부여하게 되는 것은 공시주의를 기초로 하고 있는 담보법질서를 어지럽히는 것이 된다고 한다(김능환/민일영, 「주석 민사집행법Ⅲ」, 한국사법행정학회, 2012, 446~449면).; 다른 나라에서의 연혁 및 입법례에 관한 구체적인 논의는 제3장 Ⅱ. 2. 일본의 학설 및 판례 참조.

장에서는 예측하지 못한 사정에 의해 목적물의 우선변제권이 담보권자보다 이후에 생긴 유치권에 의해 박탈당하게 되는 불합리한 사태가 발생하게 된다. 배당에서도 선행하는 저당권자 입장에서는 불측의 손해를 입게 될 수 있다.[17]

(3) 공시주의 담보법 질서의 동요 우려

대항력 긍정설에서는 저당권 등기가 이미 경료된 건물에 점유 이외에 구체적인 공시방법이 없는 유치권이 추후에 성립하고 그 유치권에 사실상의 우선적 지위를 부여하여 배당받는 것을 정당하다는 판단을 하고 있다. 그런데 이는 공시주의를 기본으로 하는 담보법 질서를 동요시키며 배당순위가 뒤바뀌게 되는 문제가 있다.[18]

(4) 배당 계산에서의 한계

앞서 살펴본 바와 같이 대법원의 법리(2008다70763)는 저당권이 설정된 이후에 성립한 유치권의 행사를 제한하지 않는다.[19] 저당권이 설정된 이후 유치권이 성립한 경우의 예로 다음의 사례를 들어 살펴볼 필요가 있다. 감정 평가된 부동산의 가격이 10억 원이고 선행저당권자의 피담보채권액수가 6억 원, 유치권자의 피담보채권액수가 5억 원인 상황을 가정해본다.[20]

---

17 남준희, "저당권 설정 후 경매개시결정 기입등기 전에 취득한 유치권의 효력 : 대상판결 : 대법원 2009. 1. 15. 선고 2008다70763 판결", 「동북아법연구」 제3권 제2호, 전북대학교 동북아연구소, 2009, 560면; 이춘원, "저당권 등기 후 압류 전 또는 후에 유치권을 취득한 자가 매수인에 대항할 수 있는지 여부", 고시계 제55권 제10호, 2010, 21면; 차문호, "유치권의 성립과 경매", 사법논집 제42집, 2006, 413면;

18 남준희, "저당권 설정 후 경매개시결정 기입등기 전에 취득한 유치권의 효력 : 대상판결 : 대법원 2009. 1. 15. 선고 2008다70763 판결", 「동북아법연구」 제3권 제2호, 전북대학교 동북아연구소, 2009, 560면; 차문호, "유치권의 성립과 경매", 사법논집 제42집, 2006, 413면; 이춘원, "저당권 등기 후 압류 전 또는 후에 유치권을 취득한 자가 매수인에 대항할 수 있는지 여부", 고시계 제55권 제10호, 2010, 21면.

19 대법원 2009. 1. 15. 선고 2008다70763 판결; 대법원 1965. 3. 30. 선고 64다1977 판결.

20 부동산에 유치권이 존재하고 있는 경우에도 실무에서는 이러한 유치권을 평가하지 않은 채로 최저매각가격을 정하게 되고 그 대신에 매각물건명세서상에 그러한 기재를 함으로써 입찰참가자 측에게 정보를 제공하고 있다(법원행정처, 「법원실무제요」 민사집행「Ⅳ」,

대법원 법리(2008다70763)[21]에 따르면 선행저당권에 대한 유치권은 대항할 수 있다.[22] 사례에 대법원 판례의 법리를 적용하면 선행저당권자에 대해 유치권으로 대항할 수 있어 부동산의 매각대금은 유치권자의 피담보채권액인 5억 원을 공제한 5억 원이 되고, 저당권자는 자신의 피담보채권액인 6억 원 중에 5억 원을 배당받게 됨에 그치게 된다. 유치권자는 자신의 피담보채권액인 5억 원 전부를 변제받게 되고 저당권자 입장에서는 유치권자보다 선행하고 있었음에도 불구하고 추후에 어느 시기에 성립하였는지를 불문하고 성립된 유치권자와 동일하게 5억 원을 배당받게 되어 1억 원을 배당받을 수 없게 되는 배당상의 한계가 있다.[23]

(5) 소 결

위 논의를 검토해보면 선행저당권에 대한 유치권은 대항할 수 없는 것으로 할 필요가 있다[24] 이는 대법원(2010다57350)[25] 대항관계설의 법리(유치권의 성립 그 자체는 긍정하나 선행저당권에 대해서는 대항력을 부정하되 후행저당권에 대해서는 대항을 긍정하는 견해)[26]를 취하면 배당단계에서도 선행저당권을 유치권보다 우선하여 배당되는 것이 되므로 더 합리적일 것으로 판단된다.

2. 개선방안으로서 유치권자의 합리적 배당순위 검토

앞서 살펴보았던 사례와 같이 어느 시기임을 불문하고 성립한 유치권에 의하여 선행저당권의 교환가치가 침탈되는 것은 부당하다고 판단하였

....
2003, 154면).

21 대법원 2009. 1. 15. 선고 2008다70763판결.

22 대법원 2009. 1. 15. 선고 2008다70763판결; 대법원 1965. 3. 30. 선고 64다1977 판결.

23 이호행, "유치권이 설정된 부동산의 경매-유치적 효력을 중심으로-", 홍익법학 제19권 제1호, 홍익대학교 법학연구소, 2018, 245면.

24 박상언, "저당권 설정 후 성립한 유치권의 효력:경매절차에서의 매수인에 대한 대항가능성을 중심으로", 민사판례연구 제32권, 2010, 387면.

25 대법원 2013. 2. 28. 선고 2010다57350 판결.

26 生熊長幸, "建築請負代金債權による敷地への留置權と抵當權(下)," 金融法務事情 第1447号, 1996, 34頁.

다. 이와 같은 법리를 보여주고 있는 대법원 판례(2008다70763)의 법리(대항력 긍정설의 입장)[27]와 달리 대법원(2010다57350)[28]은 대항관계설의 입장[29]을 취한다. 이 입장은 선행저당권에 대하여 유치권으로 대항할 수 없고 후행저당권에 대하여 대항할 수 있다는 법리로 선행저당권자의 교환가치 침탈을 막아준다는 점에서 보다 더 합리적이다. 선행저당권과 유치권의 관계에서 대법원 판결(2008다70763)의 법리를 적용하는 것보다 대법원 법리(2010다57350)인 저당권의 설정등기시기와 유치권의 성립시기를 시간순으로 비교하는 것이 배당단계에서도 논리적으로 일관성 있는 적용이 될 것이다. 따라서 대항관계설의 입장을 표명하고 대법원 판결(2010다57350)의 법리도 타당하다.[30]

대항관계설 법리를 사례에 적용해본다. 대법원 법리(2008다70763)에 따르면 저당권자는 자신의 피담보채권 6억 원 중에 5억 원을 배당받고 나머지 1천만 원은 배당받지 못한다. 그런데 대항관계설의 법리가 적용되면 선행저당권에 대해 유치권으로 대항할 수 없다. 부동산의 매각대금은 유치권의 피담보채권액을 공제함이 없이 온전히 10억 원이 되고 저당권자는

---

27 대법원 2009. 1. 15. 선고 2008다70763판결; 대법원 1965. 3. 30. 선고 64다1977 판결.

28 대법원 2013. 2. 28. 선고 2010다57350 판결; 유치권의 성립 그 자체는 긍정하나 선행하는 저당권에 대해서는 저당권 설정등기시기와 유치권의 성립시기를 시간순으로 비교하여 선행저당권에 관한 유치권의 대항력을 부정하고 후행저당권에 대해서는 유치권의 대항력을 인정해주자는 견해이다.

29 여기서의 대항관계설의 견해는 일본에서의 대항관계설의 법리와는 차이가 있으며 국내 학설에서의 대항관계설의 입장과 동일하다. 이는 일본의 제6설의 견해(제3장 Ⅱ. 선행저당권과 유치권의 우열에 관한 학설 및 판례 부분 참조)와 동일하다고 할 수 있다. 이와 같은 제6설의 입장(우리 대항관계설의 입장과 동일)은 저당권이 먼저 설정된 부동산에 대해 유치권의 성립은 인정하는 입장이나 유치권 성립 시기보다 그 이전에 이미 설정되어서 대항요건을 갖춘 물권자(저당권자)에 대해서는 유치권자가 대항할 수 없다는 견해이다. 그리하여 담보경매에 있어서도 매수인에 대하여 유치권을 근거로 대항할 수 없게 된다. 한편, 이 견해에 따르게 되는 경우 유치권자는 선행하고 있는 저당권자가 아닌 부동산의 채무자와 유치권이 성립한 이후 해당 물권을 취득한 목적 부동산의 양수인 또는 후순위의 저당권자, 일반채권자에게만 대항 가능하다고 해석하게 된다(生熊長幸, "建築請負代金債權による敷地への留置權と抵當權(下)"「金融法務事情」第1447号, 1996, 45頁).

30 이호행, "유치권이 설정된 부동산의 경매-유치적 효력을 중심으로-", 홍익법학 제19권 제1호, 홍익대학교 법학연구소, 2018, 246면; 본 논문에서는 기존의 대법원 법리를 무제한적 인수주의라고도 설시하였다.

유치권자보다 시간상 선행하고 있기 때문에 자신의 피담보채권 전부인 6억 원을 배당받게 된다.[31]

이처럼 대항관계설의 법리를 적용하면 선행저당권 등의 담보가치가 추후에 성립하게 되는 유치권에 의해 사후적으로 침탈되는 결과가 발생하지 않는다. 또한 부동산에 유치권과 관련하여 부작용이 가장 심한 부분인 '선행저당권에 관한 유치권의 우열'의 문제점도 상당 부분 해소시켜 줄 수 있다.[32] 따라서 저당권자가 선행하고 있는 경우라면 추후에 아무 때나 성립할 수 있는 유치권에 의해 저당권자의 이익이 침해되지 않는 결론으로 귀결되어야 할 것이다.

결론적으로 해당 사안에서 대법원 법리(2008다70763)에 따르면 저당권자는 후행하고 있는 유치권자의 존재만으로 자신의 피담보채권액인 6억 원 중에 5억원 만을 변제받는다. 대법원 법리(2010다57350) 및 대항관계설에 따르면 적어도 후행하는 유치권자로부터 피해를 보지 않게 되어 선행하는 저당권자의 지위에 맞게 자신의 피담보채권액 전부인 6억 원을 배당받을 수 있다. 이는 대법원 법리의 논리적 일관성 측면에서 합리적이다.[33] 이처럼 대항관계설의 법리를 따르면 선행저당권에 대해 유치권으로 대항할 수 없게 된다.

---

31 이호행, "유치권이 설정된 부동산의 경매-유치적 효력을 중심으로-", 홍익법학 제19권 제1호, 홍익대학교 법학연구소, 2018, 245면.

32 박양준, "부동산 상사유치권의 대항범위 제한에 관한 법리 : 대법원 2013. 2. 28. 선고 2010다57350 판결", 청연논총 제12집, 2013, 92면.

33 이와 더불어 대법원의 법리가 저당권과 유치권 두 당사자 간에서의 배당 문제뿐만 아니라 압류채권자의 개입 여부에 따라서 권리자 간의 충돌로 인해 배당에 있어서 결과가 달라지게 되므로 부당하다는 견해도 있다. 즉, 부동산에 대하여 저당권과 유치권이 존재하는 경우에 압류채권자까지 존재하는 경우에 배당에 있어 설득력 있는 해결책을 제시해주지 못하게 된다는 것이다(이호행, "유치권이 설정된 부동산의 경매-유치적 효력을 중심으로-", 홍익법학 제19권 제1호, 홍익대학교 법학연구소, 2018, 245면).

II. 선행저당권에 대항할 수 없는 경우 유치권자의 배당국면 및 배당순위

대항관계설의 법리를 적용하면 선행저당권에 대해 유치권으로 대항할 수 없다. 이 경우 대항할 수 없는 유치권자의 지위는 어떻게 판단해야 하는지가 문제된다.[34] i) 유치권자를 부동산 경매절차에서의 이해관계인으로 볼 수 있는지 여부 ii) 유치권자에게 배당할 수 있는가의 여부 iii) 유치권자의 배당순위에 관하여 검토하고자 한다.

1. 대항할 수 없는 유치권자가 이해관계인에 포함되는지의 여부

(1) 대항할 수 없는 유치권자의 이해관계인 여부

민사집행법 제90조 규정에 따라 부동산 경매절차의 이해관계인으로 i) 압류채권자, 집행력 있는 정본에 의해 배당을 요구하는 채권자, ii) 채무자 및 소유자, iii) 등기부에 기입되어 있는 부동산 위의 권리자, iv) 부동산 위의 권리자로서 권리를 증명한 자를 제시하고 있다. 이 규정을 근거로 유치권자는 선순위에 있는 저당권자, 가압류권자나 압류채권자에 대해 대항할 수 없는 경우라 할지라도 부동산 위에 유치권을 가지고 있고 그 유치권이 존재한다는 것을 증명할 수만 있다면 위 제4호 규정의 부동산 위의 권리자로서 권리를 증명한 자에 해당한다.[35]

이해관계인으로 인정이 되면 유치권자는 먼저 설정된 저당권이 아니라 이후 설정된 저당권자 등에 대해서는 여전히 대항할 수 있다.[36] 다만, 유치권자가 신고한다고 하여 당연히 이해관계인으로 판단되는 것은 아니고 유치권이 존재한다는 점을 증명해야만 한다.[37]

....

34 차문호, "유치권의 성립과 경매", 사법논집 제42집, 2006, 417면.

35 김상원 외 3인 편집대표, 「주석 민사집행법 III」, 한국사법행정학회, 2004, 314면.

36 이 경우에는 부동산 경매절차상 선행하는 저당권 실행에 의한 매수인에 대하여 대항할 수 없으며 부동산을 인도해야 할 의무가 있을 뿐이다.

37 여기서의 증명은 선행하는 저당권자 등에 대해 대항 불가능한 상황이라 할지라도 유치권자가 자신이 유치권자임을 증명하게 되면 후행하는 저당권자 등과의 관계에 있어서는 여

증명방법은 특별 형식을 요하지 않는다.[38] 그런데 여기서 증명의 정도를 어느 정도로 요구해야 하는지 논란이 있을 수 있다. 이에 대해서는 목적물을 점유하고 있었다는 사실 그리고 그와 견련관계가 있는 채권을 가지고 있다는 사실을 입증해야 할 것이다. 집행법원의 특성을 고려하면 본안소송처럼 엄격한 증명을 요구하기는 힘들다. 그런데 집행법원에서는 유치권을 신고하는 자가 증명을 할 때 그 증명부족이 명백하다고 판단되는 경우에는 이해관계인 범위에서 유치권 신고자를 배제할 수 있다.[39]

증명시한은 매각허가결정이 있을 때까지이며 매각허가결정이 내려진 이후 항고를 제기하면서 비로소 그 해당 권리를 증명한 때에는 이해관계인에 해당이 될 수 없다.[40]

(2) 이해관계인 해당 시 행사할 수 있는 권리

유치권 증명을 통해 이해관계인이 될 수 있고 민사집행법 제90조 규정을 근거로 이해관계인이 될 수도 있다. 유치권자가 경매절차에서 이해관계인이 되면 집행에 관한 이의신청권(민사집행법 제16조), 경매개시결정에 대한 이의신청권(민사집행법 제86조), 부동산에 대한 침해방지신청권(민사집행법 제83조 제3항), 일괄매각신청권(민사집행법 제98조), 법원으로부터 각종 통지를 받을 수 있는 권리(민사집행법 제89조, 제104조 제2항), 매각허가 여부에 관한 의견진술권(민사집행법 제120조), 법원의 매각조건변경에 대한 즉시항고권(민사집행법 제111조 제2항), 결정에 관한 즉시항고권(민사집행법 제129조), 배당표에 관한 의견진술권(민사집행법 제149조) 등과 같은 집행절차상의 권리를 가지게 된다.

이처럼 선행저당권자에 대해 대항할 수 없는 유치권자도 이해관계인이

전히 유치권을 주장할 수 있는 전제가 되는 측면에서의 논의이다.

38 김상원 외 3인 편집대표, 「주석 민사집행법Ⅲ」, 한국사법행정학회, 2004, 319면.

39 차문호, "유치권의 성립과 경매", 사법논집 제42집, 2006, 417면.

40 대법원 1980. 10. 15. 선고 80마157 결정; 대법원 1988. 3. 24. 선고 97마1198 결정; 한편, 이에 대해서 항고를 제기하면서 비로소 자신의 권리를 증명하는 것으로도 충분하다는 반대의 견해도 있다(이재성, "민사소송법 제607조 제4호의 이해관계인" 1, 2, 사법행정 제30-1권, 98면).

되는 경우에 위와 같은 권리를 행사할 수 있다.

2. 대항할 수 없는 유치권자가 배당받을 수 있는지의 여부

선행저당권에 대항할 수 없는 유치권자가 배당받을 수 있는지를 검토하고자 한다. 이는 민사집행법 제148조 규정에 따라 배당기일에서 배당받을 수 있는 채권자의 범위를 살펴볼 필요가 있다. 본 규정에서 배당받을 수 있는 채권자의 범위는 ⅰ) 배당요구의 종기까지 경매신청을 행한 압류채권자(제1호), ⅱ) 배당요구의 종기까지 배당요구를 행한 채권자(제2호), ⅲ) 처음 경매개시결정등기 이전에 등기가 완료된 가압류채권자(제3호), ⅳ) 저당권, 전세권, 그 밖의 우선변제청구권을 가지고 있는 자로서 첫 경매개시결정등기 이전에 등기가 완료되었고 매각으로 소멸하는 것을 가진 채권자에 한정된다(제4호, 민사집행법 제148조).

유치권자는 제1호와 제3호에는 해당하지 않음이 명백하다. 제4호 규정에서도 유치권자는 등기할 수 있는 방법이 없고 법률규정에 우선변제권도 부여되어 있지 않기 때문에 제4호 범위에 포함되지 않는다. 마지막으로 제2호에 해당 여부를 검토하려면 민사집행법 제88조 제1항 규정[41]에 따라 배당요구를 행할 수 있는 채권자의 범위를 살펴보아야 한다. 민사집행법 제88조 제1항에서는 ⅰ) 집행력 있는 정본을 가지고 있는 채권자, ⅱ) 경매개시결정이 등기된 이후에 가압류를 행한 채권자, ⅲ) 민법·상법, 그 밖의 법률에 의해 우선변제청구권을 가지고 있는 채권자로 그 배당요구권자 범위를 한정하고 있다. 그런데 유치권자는 민법 제367조 규정[42]에 해당하게 되는 특별한 경우 외에는 우선변제청구권을 가지고 있지 않기 때문에 민법·상법, 그 밖의 법률에 의해 우선변제청구권을 가지고 있는 채권자의 범위에 해당하지 않는다는 비판이 있을 수 있다.

....

41 **민사집행법 제88조(배당요구)** ① 집행력 있는 정본을 가진 채권자, 경매개시결정이 등기된 뒤에 가압류를 한 채권자, 민법·상법, 그 밖의 법률에 의하여 우선변제청구권이 있는 채권자는 배당요구를 할 수 있다.

42 **민법 제367조(제삼취득자의 비용상환청구권)** 저당물의 제삼취득자가 부동산의 보존, 개량을 위할 목적으로 필요비 또는 유익비를 지출한 경우에는 제203조 제1항, 제2항 규정에 의해 저당물의 경매대가로부터 우선상환을 받을 수 있다.

비판하는 견해에 따르면 유치권자로서는 배당절차에서 배당받을 수 있는 지위가 부여되지 않는다. 그러나 유치권자에게 경매신청권을 부여해주고 있는 민법 제322조 제1항 규정[43]을 검토해볼 때 합리적이지 않다. 유치권자는 경매청구권을 근거로 하여 집행권원이 없이도 경매절차를 신청할 수 있는 지위를 가지고 있다. 그리하여 다른 사람이 신청하였던 경매절차에서도 배당받을 수 있으며 선순위에 있는 권리자에 대해 대항할 수 없다고 할지라도 후순위 권리자에게는 대항할 수 있기 때문에 여전히 사실상의 우선변제권을 가지고 있는 면을 고려해야 한다.[44]

우선변제권을 가지고 있기 때문에 우선변제청구권을 보유하고 있는 채권자 입장에서는 배당요구를 할 수 있다는 취지의 민사집행법 제88조 제1항 규정[45]을 유추 적용할 수 있다. 그 경우 유치권자도 배당요구를 할 수 있는 채권자에 해당한다고 판단할 수 있다. 따라서 선행저당권자에 대해 대항할 수 없는 유치권자도 배당받을 수 있다고 판단된다.

그런데 유치권자가 아닌 다른 자가 경매를 신청한 경우 배당절차에 유치권자가 참가할 수 있는지 여부가 문제된다. 유치권자가 본 배당절차에 참가할 수 없는 것으로 보면 본 유치권자로서는 배당에 참여하기 위해서는 부득이하게 중복하여 경매를 신청해야만 한다. 그런데 경매개시결정이 있는 부동산에 중복하여 경매를 신청하는 것은 유치권자가 배당요구의 효력을 가지고 있는 측면을 고려해볼 때 중복 경매신청이라는 방법을 취하지 않더라도 배당을 요구할 수 있는 것으로 해석할 필요가 있다.[46] 그리고 통설의 견해는 유치권자가 사실상의 최우선변제권을 가지고 있고 그 근거로 유치권의 유치적인 효력을 규정하고 있는 민법 제320조 제1항 규정과 인수주의 원칙을 규정하고 있는 민사집행법 제91조 제5항 규정을 제시하

....

43 **민법 제322조(경매, 간이변제충당)** ① 유치권자는 채권의 변제를 받기 위하여 유치물을 경매할 수 있다.

44 차문호, "유치권의 성립과 경매", 사법논집 제42집, 2006, 419면.

45 **민사집행법 제88조(배당요구)**
    ① 집행력 있는 정본을 가진 채권자, 경매개시결정이 등기된 뒤에 가압류를 한 채권자, 민법·상법, 그 밖의 법률에 의하여 우선변제청구권이 있는 채권자는 배당요구를 할 수 있다.

46 차문호, "유치권의 성립과 경매", 사법논집 제42집, 2006, 419면.

고 있다. 통설적 견해에 따른다고 할지라도 유치권자는 민사집행법 제88조 제1항 규정에 따라 그 밖의 법률에 의해 우선변제청구권을 가지고 있는 채권자의 범위에 해당하는 것으로 유추해석이 가능하다.[47] 따라서 민사집행법 제148조 제2호상의 ⅱ) 배당요구의 종기까지 배당요구를 행한 채권자에 해당이 되어 배당받을 수 있다. 한편, 최선순위에 있는 유치권자는 매수인 측으로 인수되므로 이러한 최선순위에 있는 유치권자는 굳이 배당요구를 할 수 없다고 해석해도 무리가 없을 것이다.[48]

3. 대항할 수 없는 유치권자의 경매절차상 배당순위

선행저당권에 대해 대항할 수 없는 유치권자의 부동산 경매절차에서의 배당순위를 어떻게 규율해야 할지가 문제된다. 선행저당권에 대항할 수 없는 유치권자도 배당요구에 참여할 수 있게 됨은 이미 검토한 바 있다. 배당요구를 하는 유치권자는 매각대금에 유치권을 행사 가능한 점을 고려해야 한다. 그리하여 유치권자가 대항할 수 없는 채권자들에게 가는 배당 액수를 제외하고 나머지 금액 부분에 대해서는 후순위 권리자 측에 배당해주는 것이 아니라 그 부분의 대금에 한해서는 유치하는 방법으로 배당받을 수 있게 된다.[49] 저당권 → 유치권 → 후순위의 저당권(압류채권)의 순서로 성립한 사안에서는 이 순서대로 배당받게 된다.[50]

이처럼 대항할 수 없는 유치권자도 배당절차에 참여할 수 있다고 볼 수 있는데 유치권자의 구체적인 배당 순위를 어떻게 규율해야 할지가 문제된다. 통설은 법률상 명문으로 우선변제권이 유치권자에게 주어져 있지 않았다는 이유로 배당절차에서의 유치권자는 일반채권자와 동일 순위에서

---

47   여기서의 유치권자는 선행하는 저당권 등에 대하여 대항할 수 없다는 지위를 가지고 있음에도 선순위의 권리자가 아니라 후순위의 권리자에 대해서는 유치권으로 대항할 수 있다는 것이므로 후순위자에 대해서는 여전히 사실상의 우선변제권을 가지는 것으로 해석되어야 할 것이다(차문호, "유치권의 성립과 경매", 사법논집 제42집, 2006, 420면).

48   차문호, "유치권의 성립과 경매", 사법논집 제42집, 2006, 420면.

49   차문호, "유치권의 성립과 경매", 사법논집 제42집, 2006, 417면.

50   오시영, "부동산유치권 강제집행에 대한 문제점과 입법론적 고찰", 토지법학 제23권 제2호, 2007, 239~242면.

배당받게 된다고 한다.[51] 우리 법원의 입장도 유치권자는 자신의 채권을 변제받기까지 목적물을 유치할 수 있는 권리가 있는 것일 뿐 매각대금에서 우선변제를 받을 수 있는 권리를 가지고 있는 것은 아니라고 한다.[52]

그러나 이와 같은 견해대로 평등배당을 행하게 되면 유치권자의 담보물을 대상으로 하는 이익 부분이 완전히 박탈되는 결과가 초래될 수 있다.[53] 또한, 선순위의 저당권자 등으로 인해 유치권이 대항력이 없어서 소멸하게 되는 경우에도 부동산이 경매되는 경우에 있어서 유치권자가 담보하고 있는 이익 부분을 대상으로까지 대항할 수 없게 된다. 이는 유치권에 사실상의 우선변제적인 효력이 있음을 주장하고 있는 통설에 위배되고 담보물권자인 유치권자의 권리도 해하게 되는 결론에 이르게 된다.[54] 그리하여 이와 같은 문제들로 인하여 유치권자의 배당순위를 문제 삼고 있다. 유치권에 기한 경매절차는 본래 유치물을 금전으로 현금화하고자 하는 그 자체를 목적으로 하는 것인 만큼 유치권자로서는 이후의 매각대금 위에 자신의 유치권을 행사할 수 있다.[55]

한편, 유치권자가 교부받는 매각대금을 유치권자 자신의 채권에 충당하는 것이 가능한지가 문제된다. 학설의 입장은 부정설이 다수이다. 그런데 부정설의 입장에 따른다고 할지라도 자신의 채권이 금전채권이고 채무자가 유치물을 소유하고 있는 경우 교부받았던 매각대금과 자신의 채권액을 대등액에 한해서 상계할 수 있다고 해석된다. 따라서 이 경우에 실질적으로 우선으로 변제받게 되는 것과 다름없게 된다.[56] 이처럼 유치권자는 최소한 자신이 대항할 수 없는 채권자 또는 물권자가 먼저 차지하게 되는 매각대금 부분을 제외한 나머지 매각대금에 대해서는 유치할 수 있다고

---

51 강민성, "민사집행과 유치권-이미 가압류 또는 압류가 이루어졌거나 저당권이 설정된 부동산에 관하여 취득한 점유 또는 견련성 있는 채권으로써 경매절차에서 그 부동산을 매수한 사람을 상대로 유치권을 내세워 대항하는 것이 허용되는지 여부에 관하여", 사법논집 제36집, 2003, 88면.

52 대법원 1996. 8. 23. 선고 95다8713 판결.

53 차문호, "유치권의 성립과 경매", 사법논집 제42집, 2006, 각주 210번.

54 차문호, "유치권의 성립과 경매", 사법논집 제42집, 2006, 421면.

55 차문호, "유치권의 성립과 경매", 사법논집 제42집, 2006, 421면.

56 김상원 외 3인 편집대표, 「주석 민사집행법Ⅲ」, 한국사법행정학회, 2004, 420면.

해석할 수 있다.

지금까지 논의를 바탕으로 하여[57] 선행저당권에 대하여 대항할 수 없는 유치권자의 구체적 사례에서의 배당순위는 다음과 같다. ⅰ) 선순위의 저당권 이후에 성립한 유치권이 존재하고 있고 그 이후에 압류채권자 또는 후순위에 있는 저당권자가 존재하는 경우에는 선행저당권에 대해 유치권으로 대항할 수 없다.[58] 따라서 1순위는 선순위의 저당권자가 되고 2순위는 유치권자가 되며 유치권자는 후행하는 압류채권자나 후행하는 저당권자에 대해서는 대항할 수 있기 때문에[59] 3순위에는 압류채권자 또는 후순위의 저당권자 순으로 배당받게 된다. ⅱ) 1순위에 가압류, 2순위에 저당권, 3순위에 유치권, 4순위에 가압류 외의 압류채권자가 존재하는 경우에는 유치권자 입장에서는 1순위인 가압류채권자에 대해서는 대항할 수 있다.[60] 그러나 2순위자인 저당권에 대해서는 저당권이 유치권보다 선행하고 있는 저당권이므로 대항할 수 없게 된다.[61] 그런데 4순위자인 가압류 외의 압류채권자에 대해서는 유치권의 성립시기가 가압류 외의 압류채권자보다 이르기 때문에 대항할 수 있다.[62] 한편, 유치권자에게 배당할 때 유치권의

---

[57] 위에서의 논의와 제2장~제3장에서의 선행(가)압류채권 또는 선행저당권에 관한 유치권의 우열에 관한 법리(선행가압류채권에 대해서는 유치권으로 대항할 수 있으나 선행압류채권에 대해서는 유치권으로 대항할 수 없고 또 선행저당권에 대해서는 유치권으로 대항할 수 없다는 법리)를 적용하고자 한다.

[58] 이와 같은 법리는 선행 저당권에 대하여 민사유치권의 우열에 있어서의 대항력 부정설의 견해를 취하거나 선행 저당권에 관한 상사유치권의 우열에서의 대항관계설의 견해를 취하게 되는 경우 모두 동일하게 적용이 된다(제3장 부동산 경매절차 현금화단계에서의 유치권, Ⅲ. 대항력 부정설에 따른 선행저당권에 관한 유치권의 우열 부분 참조).

[59] 역시 이와 같은 법리의 근거는 대항력 부정설이나 대항관계설의 어느 입장에 서게 된다 할지라도 동일하게 적용이 된다.

[60] 제2장 부동산 경매절차 압류단계에서의 유치권 Ⅰ. (1) 대항력 취득설에 따른 가압류의 처분금지효와 유치권의 우열 부분 참조.

[61] 대항력 부정설이나 대항관계설의 어느 입장에 서게 된다 할지라도 동일하게 적용이 된다(제3장 부동산 경매절차 현금화단계에서의 유치권 Ⅲ. 대항력 부정설에 따른 선행저당권에 관한 유치권의 우열 부분 참조).

[62] 차문호, "유치권의 성립과 경매", 사법논집 제42집, 2006, 420면; 한편, 가압류채권 외의 압류채권이 3순위에 있는 유치권보다 그 순위가 이른 경우에는 당연히 이와 같은 가압류채권 외의 압류채권이 유치권보다 그 순위가 앞서게 될 것이다(제2장 부동산 경매절차 압류단계에서의 유치권 Ⅱ. 2. 대항력 부정설에 따른 압류의 처분금지효와 유치권의 우열 부분 참조).

피담보채권이 명확하지 않게 되는 문제가 있다. 그러나 이것은 유치권 신고자가 충분히 증명하도록 한 이후 그에 따라 집행법원은 명확하게 인정이 되는 금액에 대해서만 배당을 하면 된다. 배당금액에 대해 이의를 제기하고자 하는 이해관계인은 배당이의를 통해 그 금액을 다투는 것으로 충분할 것이다.[63]

위와 같은 해석을 근거로 하여 대항할 수 없는 유치권자라 할지라도 매각대금으로부터 선행채권자들에 대한 배당액을 먼저 공제하면 그 나머지 금액에서 후순위에 있는 권리자들에 대해 유치권을 행사할 수 있다.[64] 결론적으로 위와 같은 유치의 방법을 통해 배당받을 수 있게 된다.

한편, 다음과 같은 비판의 견해도 있다. 유치권의 법적인 특성으로 인한 문제점들[65]을 상당 부분 해소할 수 있다는 점에서 일부 긍정요소가 있으나 유치권이라는 권리에 저당권과 같은 효력을 부여하게 된다는 면에서 문제가 있을 수 있다.[66]

그러나 유치권이라는 권리에 저당권과 같은 효력을 부여하게 된다는 문제의식은 문제로 인식할 것이 아니라 유치권의 심각한 폐해를 극복할 수 있게 해준다는 점에서 합리적이다. 유치권 개정안의 입장도 유치권을 폐지하는 대신에 유치권자로 하여금 저당권설정청구권을 행사 가능하도록 하여 저당권을 설정할 수 있도록 하자는 것이다. 이와 같은 저당권은 선행 저당권이 존재하는 경우와 유치권이 저당권으로 전환되어 후행 저당권이 존재하는 경우에 양 저당권의 등기시기를 시간순으로 비교하여 그 우열을 정하자는 것이다.[67] 다만, 이와 같은 저당권의 효력은 본래 유치권의 피담

---

63 차문호, "유치권의 성립과 경매", 사법논집 제42집, 2006, 420면.

64 이와 같은 결론의 법리는 앞서 살펴본 선행저당권에 관한 민사유치권의 우열에 있어서의 대항력 부정설의 입장, 그리고 선행저당권에 관한 상사유치권의 우열에 있어서의 대항관계설의 입장 중 어느 입장을 견지하더라도 일맥상통하므로 타당하다고 판단된다.

65 예를 들어 추후에 어느 시기를 묻지 않고 성립하게 된 유치권을 근거로 선행저당권에 대해 대항할 수 있게 판단하는 것은 허위유치권과 결합하면서 오늘날 사회적 문제로까지 그 폐해가 심각성을 띄게 된 사정 등.

66 박상언, "저당권 설정 후 성립한 유치권의 효력:경매절차에서의 매수인에 대한 대항가능성을 중심으로", 민사판례연구 제32권, 2010, 392면.

67 권영준, "유치권에 관한 민법 개정안 소개와 분석", 「서울대학교 법학」 제57권 제2호, 2016, 158면.

보채권의 변제기 시점으로 소급하게 된다. 나중에 설정되는 저당권설정등기의 변제기가 선행 저당권설정등기의 등기 시점보다 더 앞서게 되는 경우에는 나중에 설정되는 저당권설정등기가 우선하게 된다. 이와 같은 현상은 부동산 등기 순위에 있어 그 등기의 시점을 기준으로 하여 우열을 나눈다는 일반 원칙인 "시간에 있어 더 빠르면 권리에 있어 더 강하다(Prior tempore potier jure)"라는 대원칙에 관한 예외사항인 것이다. 이는 담보권 질서에 반하게 되는 것으로 이질적인 모습으로도 보일 수 있기 때문에 이러한 부분은 개선이 되어야 한다.[68]

그리고 두 번째 비판으로 민사집행법상 위 견해대로 배당할 수 있는 법적 근거 규정이 마련되어 있지 않다는 지적이 있다.[69] 그러나 위와 같은 배당에 관한 우열법리는 유치권을 규율하고 있는 민법 제320조~제328조, 그리고 민사집행법 제91조(인수주의와 잉여주의의 선택 등), 92조(제3자와 압류의 효력) 등의 규정을 통해 자연스럽게 그 우열관계에 대한 법리가 나타나는 것이다. 따라서 우열에 따른 배당절차 및 배당순위에 관한 내용에 대해 법규정상 근거가 없다는 비판은 타당하지 않다. 위처럼 (가)압류채권자, 저당권자, 유치권자, 매수인 등의 당사자 간 우열법리는 위 현행 법 규정만으로도 충분히 해석할 수 있고 그 법리가 나타나고 있다. 그러함에도 법 규정이 필요하다는 주장은 입법의 실익이 없는데도 입법을 하자는 것에 지나지 않는 것이다. 이처럼 현행 법 규정을 통해 배당에서의 우열법리가 조금씩 달라질 수 있는 상황에서 어느 한 당사자에게 유리한 우열법리를 입법화하자는 주장은 자칫 법관의 재량을 침해할 수도 있다. 따라서 현행 유치권 관련 규율 법률만으로도 충분히 위 배당 관련 우열 법리를 도출할 수 있다는 점에서 위 비판은 타당하지 않다.[70]

---

68 홍봉주, "부동산유치권에 관한 개정안 검토", 일감법학 제31호, 건국대학교 법학연구소, 2015, 19면.

69 박상언, "저당권 설정 후 성립한 유치권의 효력:경매절차에서의 매수인에 대한 대항가능성을 중심으로", 민사판례연구 제32호, 2010, 392면.

70 다만, 유치권의 폐해를 개선하고자 하는 개정안에서의 입법논의 전체를 부정하는 논리를 주장하는 것은 아니다.

제 5 장

나가며

본문에서는 부동산 경매절차 3단계 순으로 유치권의 적용상 문제점을 검토하였으며 연구·검토한 바를 종합하면 다음과 같다.

제1장 현행 유치권 일반론에서는 유치권의 일반적인 개념과 효력, 그리고 유치권과 다른 담보물권의 효력을 비교하였다. 그리고 독일, 일본, 스위스, 프랑스 등의 국가에서의 유치권의 규율모습을 살펴보았다. 본서의 구성인 부동산 경매절차와 민사유치권과 직접적인 비교검토는 일본만이 가능하다. 그러나 독일, 스위스, 프랑스에서의 유치권의 규율모습으로부터는 우리와 직접적인 비교논의는 할 수 없다. 다만 유치권자가 비용을 지출한 경우 그 지출한 부분에 대해서는 선행(가)압류채권자 또는 선행저당권자보다 유치권의 대항을 인정할 수 있는 법리는 각 쟁점별 논의에 있어 그 검토점으로 삼을 수 있다. 그리고 부동산 경매절차에서의 유치권의 문제점을 역시 부동산 경매절차 3단계별로 검토하였고 이는 유치권의 문제를 입체적으로 파악할 수 있다.

이 문제의식을 토대로 제2장에서는 부동산 경매절차 중 먼저 압류단계에서의 유치권의 적용국면을 검토하였다. 압류단계에서 유치권의 주요논점은 가압류 이후 유치권과 압류 이후 유치권이다. 이에 대한 논의를 정리하면 다음과 같다.

먼저 가압류 이후 유치권의 우열에 대하여 대항력 취득설과 대항력 부정설이 대립하는데 대항력 취득설이 타당하다. 따라서 다음 주요 쟁점을 대항력 취득설을 중심으로 검토하였다.

채무자의 점유이전이 가압류의 처분금지효에 저촉되는지 여부는 다음과 같다. 부동산에 대하여 집행권원을 근거로 하는 압류가 아닌 가압류 등기가 경료된 것은 순위보전의 목적이 강하고 현실적 매각절차를 전제로 하지 않는다. 따라서 선행가압류가 있더라도 채무자의 점유이전을 통하여 제3자 측이 유치권을 취득한다 할지라도 이 점유이전행위를 처분행위에 해당하지 않는다. 이는 또한 대항력 취득설과도 일맥상통하기 때문에 합리적이다.

다만, 채무자의 점유이전을 통하여 유치권이 성립한 경우 목적물의 교환가치가 감소될 수가 있다. 이 경우 예외적으로 이 점유이전행위는 넓은 의미에 있어서 가압류의 처분금지효에 저촉되는 것으로 판단하여야 한다. 그러므로 대법원 판결(2009다19246)은 압류의 처분금지효 법리에 근거를 두면서도 민사집행제도를 적정하게 운영하고자 하는 면을 고려한 판결로 타당하다.

유치권자가 부동산에 대하여 비용을 지출한 경우 선행가압류채권에 관한 유치권의 우열에 대해서도 검토하였다. 대항력 부정설의 입장이 점유자의 점유이전행위를 처분행위로 보는 이유는 가압류의 효력이 발생한 후에 유치권의 성립이 목적물의 교환가치를 감소시키는 부분 때문이다. 이 점을 고려하면 목적물에 대하여 비용을 지출한 행위는 목적물의 가치를 증가시키기 때문에 가압류의 처분금지효에 위배되지 않는다.

다음으로 가압류 집행이 본집행으로 이행된 경우 유치권의 우열을 검토하였다. 가압류가 본압류로 이행된 경우 가압류 집행시기에 본압류 집행이 존재하였던 것으로 판단하면 된다. 따라서 가압류 시기에 압류의 효력이 발생하는 것이다. 그러므로 가압류 이후 유치권의 우열은 압류 이후 유치권의 우열과 동일하게 대항할 수 없는 것으로 판단하는 것이 타당하다.

가압류 이후 유치권의 우열과 관련한 대법원 판결(2009다19246)도 대항력 취득설을 중심으로 검토하였다. 가압류 이후 가압류채무자가 점유를 이전한 경우 그 점유이전은 가압류에서의 처분금지효 법리에 저촉이 되는 처분행위에 해당하지 않는다는 점을 최초로 판시하였다는 점에서 대법원 판결(2009다19246)은 그 의의가 있다. 이 판례 태도는 대항력 취득설의 법리와도 일맥상통하는 점이 있기 때문에 타당하다.

다음 쟁점으로 압류 이후 유치권에 대하여 검토하였다. 압류 이후의 유치권의 우열에 대하여는 대항력 부정설이 타당하다. 따라서 주요쟁점을 대항력 부정설을 중심으로 검토하였다.

첫째 쟁점으로 채무자의 행위가 처분금지효에 저촉되는 처분행위인지의 여부에 관한 검토는 다음과 같다. 압류 후 채무자가 ⅰ) 부동산의 보관·관리를 위할 목적으로 임치계약 또는 위임계약을 체결하는 행위, ⅱ) 수리·수선을 위할 목적으로 도급계약을 체결하는 행위, ⅲ) 부동산을 수치인·위임인 또는 도급인 측에게 인도해준 행위(그들이 계약의 이행을 할 목적으로 상당 비용을 투입하거나 보관 및 관리비용이 발생한 경우)는 압류의 처분금지효에 반하지 않는다.

압류 후 채무자가 부동산을 제3자에게 임대해준 행위는 임차인이 등기하거나 대항요건을 갖추었다고 할지라도 압류의 처분금지효에 저촉된다. 이는 대항력 부정설의 견해와도 일맥상통하기 때문에 타당하다.

압류 후 채무자의 점유이전행위에 따른 유치권이 성립한 경우 채무자의 점유이전행위가 단순히 사실상 행위에 불과하면 처분행위에 해당하지 않는다. 그러나 압류 후 채무자의 점유이전행위에 의하여 유치권이 성립한 경우라면 압류의 처분금지효에 저촉된다. 이는 대항력 부정설과도 일맥상통하여 타당한 법리이다.

다만, 유치권자가 목적물에 대하여 비용을 지출한 경우는 부동산 경매절차의 매수인에 대하여 유치권자가 대항할 수 있다는 것은 타당하며 일반론으로도 판단할 수 있다. 독일, 프랑스, 스위스 일본에서도 유치권자가 비용을 지출한 부분에 대해서는 대항할 수 있다.

다음으로 대항력 부정설을 중심으로 압류 이후 유치권의 우열과 관련된 대표적인 판례들을 검토하였다. 채무자의 점유이전은 목적물의 교환가치를 감소시킬 수 있는 염려 있는 행위이기 때문에 압류의 처분금지효에 저촉된다. 따라서 유치권자는 경매절차상 매수인에 대하여 대항 불가능하다고 판단한 대법원 판결(2005다22688)의 법리는 대항력 부정설의 견해와도 일맥상통하기 때문에 타당하다.

한편, 대법원 판결(2005다22688)이 판시된 후 지속적으로 이와 같은 법리를 보여주는 판결들이 나타나고 있었다. 그런데 종래의 판례에서는 유치권 성립시기가 압류의 이전을 의미하는지 아니면 이후를 의미하는지에 따라서 유치권의 우열이 결정되는지에 대하여는 전혀 명시하지 않았다. 그런데 대법원 판결(2008다70763)에서 명확하게 '압류 이후에 성립한 유치권'을 근거로 하여 매수인에 대하여 대항할 수 없다는 법리를 보여주었다. 이는 유치권의 대항력 제한의 기준을 제시한 시발점으로써의 판결인 것이다.

그런데 대법원 판결(2009다19246)과 대법원 판결(2009다60336)에서는 압류와 유치권이 충돌하는 경우 유치적 효력을 부정하는 논거로 '경매절차에 관한 신뢰와 절차에서의 안정성' 또는 '집행절차에서의 안정성'이라는 이념적·정책적 판결법리를 사용하였다. 이 법리는 대법원 법리가 채무자의 점유이전행위가 처분행위에 해당하는지에 대하여 처분행위 개념의 상대성 모습을 보여주고 있다는 비난에서 자유로울 수 없다. 따라서 그 비난에서 벗어나고자 대법원 판결(2009다19246)에서는 대법원 판결(2005다22688)에서 제시하는 압류의 처분금지효 법리가 아닌 '경매절차에 관한 신뢰와 절차에서의 안정성' 또는 '집행절차에서의 안정성' 법리를 제시한 것이다. 그리고 대법원 판결(2009다19246) 이후 나온 대법원 판결(2009다60336)을 포함한 여러 판례에서 위 법리를 지속적으로 사용하고 있다. 따라서 이전의 압류의 처분금지효 법리는 '경매절차에 관한 신뢰와 절차에서의 안정성' 또는 '집행절차에서의 안정성' 법리로 대체·폐기된 것으로 볼 수 있다.

제3장 부동산 경매절차 중 현금화단계에서 유치권의 핵심문제는 선행저당권에 관한 유치권의 우열이다. 이 논제에 대해서는 대항력 부정설이 타당하기 때문에 주요 쟁점을 본 학설을 중심으로 검토하였다.

선행저당권에 대한 유치권은 대항할 수 없게 판단하는 것이 타당하며 이는 원칙적 법리로 볼 수 있다. 이 법리는 대항력 부정설과도 일치하므로 합리적이다. 다만, 유치권자가 비용을 지출한 경우에는 그 유치권으로 대항할 수 있는 것이 원칙적으로 타당하다. 그런데 저당물에 대하여 유치권자가 필요비, 유익비를 지출한 경우 무조건적으로 저당권에 대하여 유치권으로 대항할 수 있다는 법리는 타당하지 않다. 따라서, 선행저당권에 대한 유치권은 목적물의 가치증대분에 한정하여 우선권을 부여해주는 것이 타당하다. 가치증대분은 목적물의 가치가 증가한 부분이 현존하고 있는 것이 명백한 경우만 유치권으로 저당권에 대항할 수 있다.

민사집행법 제91조 제5항 규정에서의 유치권은 '모든 유치권'을 의미하는 것이 아니다. 여기서의 유치권은 저당권보다 먼저 성립한 유치권 또는 선행저당권에 대항할 수 있는 유치권으로 보아야 한다. 이 경우에서의 유치권은 매수인에게 인수되는 인수주의가 적용된다.

선행저당권에 대한 임차권의 대항 법리, 선행저당권에 대한 법정지상권 제한 법리를 선행저당권에 대한 유치권의 대항 법리와 비교해 보았다. 이로써 선행저당권에 대한 유치권은 대항할 수 없는 것으로 판단하는 것이 타당하다.

목적물의 가치가 증가된 경우에서의 유치권자의 우열에 대하여도 검토하였다. 유치권자가 비용을 지출한 경우에 본 연구에서는 대항력 부정설의 입장을 취하고 있기 때문에 선행저당권에 대하여 유치권은 대항할 수 없다. 이 경우 유치권자는 자신이 비용을 지출하였음에도 불구하고 선행저당권에 대하여 대항할 수 없으므로 자신이 지출한 비용 전부가 박탈될 수 있다. 이때 민법 제367조를 유추 적용하면 유치권자는 저당물의 경매대가로부터 우선 상환받을 수 있기 때문에 이 문제는 합리적으로 해결될 수 있다.

마지막으로는 선행저당권에 관한 유치권의 우열에 관한 대표적 판례인 대법원 판결(2008다70763)을 대항력 부정설을 중심으로 검토하였다. 대법원 판결(2008다70763)에서는 선행압류채권에 대한 유치권의 우열 관점을 선행저당권에 대한 유치권의 우열 관점에서 논의한 문제가 있다. 그리고 대법원 판결(2008다70763)에서 저당권자는 유치권자의 신의칙 위반의 항변을 상고이유 중 하나로 명확하게 제시하였으나 위 상고이유를 별개로 판단하지 않은 아쉬움이 있다.

한편, 대법원 판결(2008다70763)에서는 선행저당권에 대하여 유치권으로 대항할 수 있다는 최초의 판결법리를 보여주었다는 점에서 그 의의가 있다. 그러나 그 법리는 타당성에 아쉬움이 있다. 대법원 판결(2008다70763)에서는 점유 외에는 구체적 공시방법이 존재하지 않는 유치권에 사실상의 선순위에 있는 근저당권보다도 우선적 순위를 부여한다. 유치권자는 최우선적으로 피담보채권 전액을 변제받을 수 있는 것이다. 그런데 이것은 공시주의를 기본으로 삼는 담보법 질서를 해칠 수 있다. 부동산 경매절차의 안정성과 공정성을 저해할 만한 우려가 있다는 점을 고려하면 대법원 판결(2008다70763)은 검토가 필요하다.

위 문제점을 시정하고자 선행저당권에 대하여 유치권으로 대항할 수 없다는 대항력 부정설을 대법원 판결(2008다70763)에 적용하였다. 대법원 판결(2008다70763)에서 대항력 부정설의 법리를 적용하면 유치권 주장자들의 유치권을 근거로 저당권자들에 대하여 대항할 수 없다는 저당권자들의 항변이 있게 된다. 따라서 유치권 주장자들의 유치권확인청구는 기각될 것이다. 또한 선행저당권에 대하여 유치권으로 대항할 수 없게 되어 매수인에게 인수되지 않는다는 법리를 적용하면 매수인은 유치권이 인수될 것이라는 위험에서 벗어난 채로 매수가격을 신고하게 될 것이다. 그러므로 부동산의 감정평가액은 약 28억 원에 근접한 액수 선에서 매각이 이뤄질 가능성이 있게 된다. 부동산이 각 담보권자들의 피담보채권을 만족시켜줄 수 있는 제 값인 28억 원에 매각되면 저당권자들의 우선변제권 내지 담보가치에 해당하는 19억 원을 초과하고 있는 부분들은 온전히 보장받게 될 것이다.

제4장 부동산 경매 배당단계에서의 유치권 논의는 다음과 같다. 제2장 부동산 경매 압류단계에서 대법원은 가압류 이후 성립한 유치권의 경우 유치권으로 대항할 수 있다고 하였고, 압류 이후 성립한 유치권의 경우에는 유치권의 행사를 제한하고 있음을 살펴보았으며, 이러한 법리에 기본적으로 찬동하였다. 반면에 제3장 부동산 경매 현금화단계에서 대법원은 저당권 설정 이후 성립한 유치권의 경우에 있어 유치권의 행사를 제한하고 있지 않아 저당권에 대해 유치권으로 대항 가능하다고 판단하였다. 이처럼 유치권자에 의한 선행저당권자의 이익침탈을 인정해주는 것이 대법원 법리(2008다70763)이자 대항력 긍정설의 견해임을 알 수 있다.

그러나 이와 같은 법리는 앞서 선행 저당권자의 이익 침탈 문제가 발생할 수 있다는 등의 이유를 근거로 선행저당권자에 대하여 유치권으로 대항할 수 없다는 법리의 타당성을 검토한 바 있다. 또한, 선행저당권자 입장에서 예측하지 못한 이익침탈의 문제는 실무에서도 부동산 경매 현금화단계에서 유치권 적용국면의 문제에 있어 가장 큰 핵심쟁점으로 자리 잡고 있다. 그리하여 이와 같은 대법원 판례(2008다70763)의 법리는 검토가 필요한 것이다.

따라서 선행 저당권에 대하여 유치권으로 대항할 수 없도록 하는 법리를 적용하는 것이 후행하는 유치권에 의하여 선행하는 저당권의 담보가치를 부당하게 침탈하는 것을 막을 수 있다는 점에서 합리적이다. 이와 같은 견해는 대법원 법리(2010다57350) 및 대항관계설[1]의 입장과도 일맥상통하므로 합리적이다.

앞서 제2장~제3장까지의 논의(선행(가)압류채권 또는 선행저당권에 관한 유치권의 우열에 관한 법리 즉, 선행가압류채권에 관해서는 유치권으로 대항할 수 있으나 선행압류채권에 관하여는 유치권으로 대항할 수 없다. 또한 선행저당권에 대해서는 유치권으로 대항할 수 없다는 법리를 적용하고자 한다. 이러한 법리를 바탕으로 하여 선행저당권에 대해서 대항할 수 없는 유치권자의 구체적 사례에서의 배당순위는 다음과 같다.

ⅰ) 선순위의 저당권 이후에 성립한 유치권이 있고 그 이후 압류채권자 또는 후순위에 있는 저당권자가 있는 경우에는 선행저당권에 대해 유치권으로 대항할 수 없다. 따라서 1순위는 선순위의 저당권자가 되고 2순위는 유치권자가 된다. 유치권자는 후행하는 압류채권자나 후행하는 저당권자에 대해서는 대항할 수 있기 때문에 3순위에는 압류채권자 또는 후순위의 저당권자 순으로 배당받게 된다. ⅱ) 1순위에 가압류, 2순위에 저당권, 3순위에 유치권, 4순위에 가압류 외의 압류채권자가 존재하는 경우에는 유치권자 입장에서는 1순위인 가압류채권자에 대해서는 대항할 수 있다. 그러나 2순위자인 저당권에 대해서는 저당권이 유치권보다 선행하고 있는 저당권이므로 대항할 수 없게 된다. 그런데 4순위자인 가압류 외의 압류채권자에 대해서는 유치권의 성립시기가 가압류 외의 압류채권자보다 이르기 때문에 대항할 수 있다.

---

1 이상태, "부동산유치권에 관한 개정안 검토", 일감법학 제31호, 건국대학교 법학연구소, 2015, 101~102면; 오시영, "부동산유치권 강제집행에 대한 문제점과 입법론적 고찰", 토지법학 제23권 제2호, 2007, 231면; 일본에서는 生熊長幸, "建築請負代金債權による敷地への留置權と抵當權(下)"「金融法務事情」第1447号, 1996, 45頁.

참고문헌

Ⅰ. 국내 문헌

1. 단행본

강대성, 「민사집행법(제5판)」, 도서출판 탑북스, 2011.

강태성, 「물권법(제3판)」, 대명출판사, 2009.

김홍엽, 「민사소송법(제4판)」, 박영사, 2013.

고상룡, 「물권법」, 법문사, 2001.

곽용진, 「유치권과 경매」, 법률서원, 2009.

곽윤직, 「민법총칙(신정판)」, 박영사, 1990.

_____, 「물권법」, 박영사, 1990.

_____, 「물권법(신정수정판)」, 박영사, 1999.

_____, 「물권법」, 박영사, 2000.

_____, 「물권법(민법강의Ⅱ, 신정수정판)」, 박영사.

_____, 「물권법(민법강의2-제7판)」, 박영사, 2008.

_____, 「물권법」, 박영사, 2014.

곽윤직 집필대표, 「민법주해(Ⅵ) 물권(3)」, 박영사, 1997.

_____, 「민법주해ⅩⅤ」, 박영사, 1997.

_____, 「민법주해(Ⅵ) 물권(3)」, 박영사, 2006.

곽윤직/김재형, 「물권법(제8판, 전면개정)」, 박영사, 2014.

권용우, 「물권법론(제5전정판)」, 법문사, 2000.

김기선, 「한국물권법」, 법문사, 1985.

김능환/민일영, 「주석 민사집행법Ⅵ」, 한국사법행정학회, 2012.

_____, 「주석 민사집행법Ⅲ」, 한국사법행정학회, 2012.

김상용, 「물권법(전정판)」, 법문사, 2000.

김상용/박수곤, 「민법개론」, 화산미디어, 2015.

김상원 외 3인 편집대표, 「주석 민사집행법Ⅲ」, 한국사법행정학회, 2004.

김성태, 「상법총칙/상행위」, 법문사, 1998.

김용택 편집대표(김갑유 집필부분), 「주석민법 물권(3)(제4판)」, 한국사법행정학회, 2011.

김용한, 「물권법론」, 박영사, 1996.

_____(대표집필), 「주석민법(제3판)」, 한국사법행정학회, 2011.

김유환, 「행정형 ADR의 정비방안 : 모델절차법(안)」, 사법제도추진위원회, 2006.

김웅용, 「이론사례 유치권 실무 연구」, 도서출판 유로, 2007.

김준호, 「민법총칙」, 법문사, 2012.

김증한/김학동, 「물권법론」, 박영사, 1997.

_____, 「물권법론(제9판)」, 박영사, 2004.

_____, 「채권각론(제7판)」, 박영사, 2006.

김진호, 「부동산 경매의 법리와 그 권리분석」, 법률서원, 2002.

김현태, 「신물권법(하)」, 일조각, 1982.

김형배/김규완/김명숙, 「민법학강의(제13판)」, 신조사, 2014.

_____, 「민법학강의(제14판)」, 신조사, 2015.

김홍엽, 「민사집행법(제2판)」, 박영사, 2013.

남기정, 「실무강제 집행법(不動産競賣)」, 육법사, 1986.

_____, 「신강제집행법(하)」, 법률문화원, 2001.

대법원, 「민사집행실무」, 법원행정처, 2004.

민영일, 「경매와 임대차」, 박영사, 2009.

박노형, 「유럽연합의 대체적분쟁해결제도(ADR)에 대한 연구」, 법제처연구보고서, 2008.

박두환, 민사집행법, 법률서원, 2002.

방순원, 「신물권법」,   일한도서, 1960.

법무부 민법개정자료발간팀, 「2013년 법무부 민법개정시안(물권편)」, 민속원, 2013.

법무부 민법개정자료발간팀, 「민법개정총서 03 -2004년 법무부 민법개정안 총칙·물
    권편」, 민속원, 2013.

법무부, 「민법개정총서(3) 2004년 법무부 민법개정안 총칙·물권편」, 2012.

법원공무원교육원, 「민사집행실무(Ⅰ)」, 한양당, 2012.

법원도서관, 「민사집행법실무연구」, 법원도서관, 2006.

법원행정처, 「민사집행법 해설(Ⅰ)」, 법원행정처, 2002.

_____, 「법원실무제요」민사집행「Ⅱ」부동산집행, 2003.

_____, 「실효성 있는 민사집행제도 마련을 위한 토론회」, 2005.

_____, 「민사소송법(강제집행편) 개정착안점」, 법원도서관, 1996.

사법연수원, 「민사집행법」, 사법연수원 출판부, 2015.

서헌제, 「상법강의(상)」, 법문사, 2007.

손주찬, 「상법(상)」, 박영사, 2003.

송덕수, 「물권법」, 박영사, 2012.

양삼승 집필 부분, 「주석 강제집행법(Ⅲ)」, 한국사법행정학회, 1993.

오시영, 「물권법」, 학현사, 2009.

_____, 「민사집행법」, 학현사, 2007.

윤 경, 「주석 민사집행법(Ⅲ)」, 한국사법행정학회, 2007.

윤철홍, 「물권법강의」, 박영사, 1998.

이근식, 「민법강의(상)」, 장문각, 1977.

이기수, 「상법학(상)」, 박영사, 1996.

이명우, 「민법총칙」, 형설출판사, 2009.

이상태, 「물권법」, 법원사, 2000.

이시윤 「신민사집행법(보정판)」, 박영사, 2005.

_____, 「신민사집행법(제5판)」, 박영사, 2009.

이영준, 「물권법(민법강의Ⅱ)」, 박영사, 2001.

_____, 「물권법론(신정판)」, 박영사, 2004.

_____, 「물권법론」, 박영사, 2009.

_____, 「한국민법론(물권편)」, 박영사, 2004.

이우재, 「민사집행법에 따른 배당의 제문제」, 진원사, 2008.

이은영, 「물권법」, 박영사, 2000.

_____, 「물권법」, 박영사, 2006.

이재성, "유치권의 담보물권으로서의 성격", 「민사법학의 제문제」, 박영사, 1990.

이정엽, 「부동산 경매와 유치권 부동산소송 실무자료」, 2010.

이철송, 「상법총칙 · 상행위(제21판)」, 박영사, 2013.

장경학, 「물권법」, 법문사, 1990.

장요성, 「유치권사건처리실무」, 법률정보센터, 2009.

전병서, 「민사집행법」, Justitia(유스티치아), 2016.

정동윤/유병현/김경욱, 「민사소송법(제5판)」, 법문사, 2016.

정동윤, 「상법총칙/상행위」, 법문사, 1996.

_____/양명조/손주찬(편집대표), 「주석상법(총칙 · 상행위Ⅰ)(제3판)」, 한국사법행정학
    회, 2003.

정영환, 「신민사소송법」, 세창출판사, 2009.

_____, 「권리구제 효율성의 제고를 위한 민사집행 개선방안 연구」, 법무부, 2012.

정종휴, 「주석민법 채권각칙(4)(제3판)」, 한국사법행정학회, 1999.

정준영/이동진, 「부동산유치권의 개선에 관한 연구(2009년도 법무부 연구용역과제보고서)」,
    법무부, 2009.

정찬형, 「상법강의(상)(제15판)」, 박영사, 2004.

조성민, 「물권법」, 두성사, 2007.

제철웅, 「담보법(개정판)」, 율곡출판사, 2011.

지원림, 「민법강의(제12판)」, 홍문사, 2014.

최기원, 「상법학신론(상)」, 박영사, 2011.

최준서, 「상법총칙 · 상행위법(제6판)」, 삼영사, 2010.

함영주, 「신속하고 효율적인 대체적분쟁해결제도의 활성화를 위한 연구」, 법무부, 2008.

_____, 「분쟁해결방법론」, 진원사, 2014.

호문혁(집필자)곽윤직 편집대표, 「민법주해(VI) 물권(3)」, 박영사, 1992.

홍성재, 「물권법(신정2판)」, 동방문화사, 2017.

홍완기, 「민사집행법」, 형설출판사, 2007.

황적인, 「주석민법2」, 법원사, 1996.

현승종/조규창, 「게르만법(제3판)」, 박영사, 2001.

2. 논문

강구욱, "부동산 압류의 처분금지효와 유치권", 법학논고 제62권, 경북대학교 법학연구원, 2018.

강민성, "민사집행과 유치권-이미 가압류 또는 압류가 이루어졌거나 저당권이 설정된 부동산에 관하여 취득한 점유 또는 견련성 있는 채권으로써 경매절차에서 그 부동산을 매수한 사람을 상대로 유치권을 내세워 대항하는 것이 허용되는지 여부에 관하여", 사법논집 제36집, 2003.

강정규/이용득, "부동산 경매에서 유치권 개선방안에 관한 연구", 부동산학보 제62권, 한국부동산학회, 2015.

공순진, "유치권의 성립요건으로서의 견련성", 동의법정 제21권, 2004.

김건호, "부동산 경매절차에서의 유치권", 「법학논고」 제36집, 경북대학교 법학연구원, 2011.

김경수, "허위의 피담보채권에 기초하여 유치권에 의한 경매를 신청한 경우 소송사기죄 실행의 착수에 해당하는지 여부", 「대법원판례해설 제94조(2012년 하)」, 법원도서관, 2013.

김경욱, "가압류 요건의 소명", 민사집행법연구 제10권, 2014.

김기수, "체납처분압류 후 경매개시 전에 취득한 유치권의 대항력 - 대법원 2014. 3. 20. 선고, 2009다60336 판결 -", 재판과 판례 제23집, 대구판례연구회, 2014.

김기찬/이춘섭, "부동산 경매에서 유치권의 한계에 관한 연구", 부동산학연구 제13집 제2호, 2007.

김동건, "국세징수법의 특색", 상사법학에의 초대 : 무애서돈각박사 팔질송수기념논총, 2000.

김명엽, "부동산 경매절차상 유치권제도의 개선에 관한 연구" 입법정책 제2권 제2호, 2008.

김동호, "유치권자의 경매청구권", 법학논총 제30집 제2호, 2010.

김만웅, "유치권의 공시기능 강화방안에 관한 연구", 토지법학 제26-1호, 2010.

김미혜, "부동산유치권관련 개정안에 대한 몇 가지 제언", 아주법학 제8권 제1호, 2014.

김상용, "담보물권제도의 과제", 민사법학, 제9·10호, 한국민사법학회, 1993.

김상수, "민사집행법의 시행과 부동산 경매", 민사소송 제12권 제1호, 2008.

김상찬/강창보, "부동산 유치권 제도의 개선방안", 법과정책 제19집 제2호, 2013.

김상찬/정영진, "부동산 경매절차상 유치권제도의 문제점과 개선방안", 재산법연구 제
　　27권 제3호, 2011.

김상용, "담보물권제도의 과제", 「민사법학」, 한국사법행정학회, 1993.

김송, "유치권관련 개정안에 대한 재고", 법학연구 제24권 제1호, 경상대학교 법학연
　　구소, 2016.

김세진, "부동산 경매절차에서의 유치권의 대항력에 관한 판례평석", 「토지법학」 제31
　　권 제2호, 한국토지법학회, 2015.

김영두, "부동산유치권의 문제점에 대한 연구", (지암이시영박사 화갑기념논문집)토지법의
　　이론과 실무, 2006.

김연우, "상사유치권에 부동산이 포함되는지 여부 및 선행 저당권자와의 관계 대상판
　　결 : 대법원 2013. 2. 28. 선고 2010다57350 판결", 재판과 판례 제22집, 대구판례
　　연구회, 2013.

김영진, "유치권과 저당권의 효력관계", 인천법조 제7집, 2005.

김영희, "유치권이 있는 부동산의 경매와 유치권의 저당권에 대한 대항력", 민사법학
　　제63~1호, 2013.

김용규, "유치권과 이행거절항변권", 법정 제20권 제10호, 1965.

김용한, "유익비 유치권과 유치물 사용의 적법성", 사법행정 제13권 제7호, 1972.

김인유, "부동산유치권의 개선방안에 관한 연구", 「토지법학」 제28권 제1호, 한국토지
　　공법학회, 2012.

김원수, "압류(가압류)의 효력이 발생한 이후 유치권을 취득한 자가 매수인(경락인)에게
　　대항할 수 있는지 여부", (부산판례연구회)판례연구 제18집, 2007.

김재형, "부동산유치권의 개선방안:2011년 민법개정시안을 중심으로", 민사법학 제55
　　호, 2011.

＿＿＿, "저당권에 기한 방해배제청구권의 인정범위 : 독일 민법과의 비교를 중심으
　　로", 저스티스 제85호, 2005.

김재환, "부동산등기에 관한 등기관의 직무상 주의의무", 대법원판례해설 제71호(2007
　　년 하반기), 법원도서관, 2008.

김종국/안정근, "유치권이 부동산 경매의 매각가율에 미치는 영향", 부동산학보 제47
　　호, 한국부동산학회, 2011.

김태관, "건축수급인의 건축 중인 건물과 건축부지에 대한 유치권", 동아법학 제60
　　호, 2013.

김학동, "임차인의 임차보증금반환청구권 등과 유치권", 판례월보 제316호, 1996.

김홍엽, "민사유치권관련 민사집행법 개정안에 대한 비판적 고찰", 성균관법학 제25권

제4호, 성균관대학교 법학연구소, 2013.

권순희, "상가임대차 보증금과 상사유치권에 관한 고찰", 상사법연구 제26권 제4호, 한국상사법학회, 2008.

권영준, "유치권에 관한 민법 개정안 소개와 분석", 「서울대학교 법학」제57권 제2 호, 2016.

권용우, "물적 담보제도의 과제와 전망", 현대법학의 과제와 전망, 1998.

나산하, "토지에 대한 유치권의 특수한 문제 −점유와 견련관계를 중심으로−", 건국대 학교 법학연구소 국제학술대회(2018. 12. 4) 발표논문집, 건국대학교 법학연구소 부동산법센터, 2018.

남윤봉/이현석, "유치권자의 견련관계에 관한 일고찰", 한양법학 제21집, 2007.

남준희, "저당권 설정 후 경매개시결정의 기입등기 이전에 취득한 유치권의 효력−대 상판결:대법원 2009.1.15. 선고 2008다70763 판결−", 동북아법연구 제3권 제2 호, 2009.

노종천, "부동산유치권 등기제도 도입 연구", 土地法學, 제31권 제1호, 2015.

도두형, "대법원의 판결로 본 은행대출과 상사유치권", 은행법연구 제6권 제1호, 은행 법학회, 2013.

도제문, "금융거래와 상사유치권", 상사판례연구, 제26집 제4권, 2013.

문광섭, "유치권의 피담보채권의 범위", 대법원판례해설 제71호(2007하), 법원도서 관, 2008.

문병찬, "유치권의 대항력에 관한 소고", 청연논총 제10집, 2013, 39−56면.

문정일, "공유물분할을 위한 경매에서의 법정매각조건", 대법원판례해설 제81호, 2010.

박상언, "저당권 설정후 성립한 유치권의 효력:경매절차에서의 매수인에 대한 대항가 능성을 중심으로", 민사판례연구 제32권, 2010.

박성민, "유치권에 의한 부동산 경매에 관한 관견", 「민사법이론과실무」제12권 제1호, 민사법의 이론과 실무학회, 2008.

박양준, "부동산 상사유치권의 대항범위 제한에 관한 법리 : 대법원 2013. 2. 28. 선고 2010다57350 판결", 청연논총 제12집, 2013.

박용석, "유치권 성립요건으로서의 견련성에 관하여", 법학연구 제48권 제2호, 2008.

박정기, "압류의 처분금지효에 저촉하여 취득한 유치권으로서 경매절차의 매수인에게 대항할 수 있는지 여부 −대법원 2005. 8. 19. 선고,, 2005다22688 판결−", (광주지 방법원)재판실무연구, 2005.

박종렬, "부동산 경매에 있어 유치권 신고의무", 한국콘텐츠학회논문지 제11권 제2호, 2011.

박진근, "건축계약상 수급인의 유치권 제한" 민사법학 제39−1호, 2007.

박혜웅/남기범, "부동산 법원경매에서 유치권이 감정가와 매각가 차이에 미친 영향 분 석", 한국정책연구 제11권 제3호, 2011.

배용준, "유치권의 성립요건으로서의 견련관계 및 유치권의 불가분성", 민사판례연구 제31권, 박영사, 2009.

배성호, "체납처분 압류 후 경매개시결정 전에 성립한 유치권의 효력", 「재산법연구」 제34권 제1호, 한국재산법학회, 2017.

사봉관, "유치권관련 주요 판례 정리", 청연논총 제9집, 2012.

신민식/이덕형, "부동산 경매에 있어서 유치권제도의 문제점과 개선방안 연구", 유럽 헌법연구 제12호, 2012.

서기석, "유치권자의 경락인에 대한 피담보채권의 변제청구권의 유무", 대법원판례해 설 제26호, 1996.

_____, "민사집행의 제문제–실효성 있는 민사집행제도마련을 위한 토론회 결과보고 서–", 법원행정처, 1996.

서종희, "부동산유치권의 대항력제한에서 불법점유를 원인으로 하는 유치권 성립제한 으로의 재전환", 성균관법학 제24권 제4호, 2012.

_____, "유치권자의 강제경매신청의 의미와 가압류등기경료 후 성립한 유치권의 대항 력인정 여부", 외법논집 제36권 제4호, 2012.

성민섭, "부동산유치권 제도의 개선을 위한 민법 등 개정법률안에 대하여", 외법논집 제38권 제1호, 2014.

_____, "유치권자의 신청에 의한 경매", 법조 제61권 제9호, 2012.

손흥수, "집행관 제도의 문제점과 해결방안", 인권과 정의 475호, 2018.

신국미, "유치권자에 의한 경매(민법 제322조)에 관한 의문", 재산법연구 제25권 제1호, 2008.

_____, "유치권자의 성립요건으로서 물건과 채권간의 견련관계", 재산법연구 제21권 1호, 한국재산법학회, 2004.

심준보, "공유 부동산의 분할을 위한 경매의 몇몇 이론적 실무적 문제점에 관한 소고", 인권과 정의(통권 제362호), 대한변호사협회, 2006.

심판, "유치권이 효력 우열관계에 관한 대법원 판결례 검토", 재판실무연구, 광주지방 법원, 2012.

서인겸, "부동산 경매절차상 유치권의 효력에 관한 몇 가지 쟁점", 「원광법학」, 제32권 제2호, 원광대학교 법학연구소, 2016.

손진홍, "유치권자의 신청에 의한 경매절차", (민사집행법 실무연구)재판자료 제109집, 법 원도서관, 2006.

손종학, "건축부지에 대한 건축수급인의 상사유치권 성립 여부", 가천법학 제50권 제2 호, 가천법학연구소, 2009.

송덕수, "유치권의 성립요건으로서의 채권과 물건 간의 견련관계", 민법연구 제1권, 박영사, 1991.

안철상, "건축 중인 건물에 대한 금전채권의 집행", 부산판례연구 제7집, 부산판례연구회, 1995.

양진수, "유치권과 선순위권리자 및 경매절차상의 매수인 사이의 대항관계에 관하여 형성된 대법원판례의 법리에 대한 검토", 민사집행법 실무연구(Ⅳ) 제131집, 법원도서관, 2015.

양창수, "부동산물권변동에 관한 판례의 동향", 민법연구 제1권, 1991.

_____, "유치권의 성립요건으로서의 채권과 물건 간의 견련관계", 민법연구 제1권, 1998.

엄동섭, "유치권의 성립요건: 견련성", 고시계 제585호, 2005.

엄성현/박성호, "현행 부동산유치권의 문제점과 민법 일부 개정법률 안에 관한 검토", 공공정책연구 제32권 제1호, 동의대학교 지방자치연구소, 2015.

염규석, "유치권의 견련관계", 재산법연구 제17권 제1호, 2000, 75-105면.

오시영, "부동산유치권의 한계와 입법적 검토", (지암이시영박사 화갑기념논문집)토지법의 이론과 실무, 법원사, 2006.

_____, "부동산유치권 강제집행에 대한 문제점과 입법론적 고찰", 토지법학 제23권 제2호, 2007.

_____, "부동산유치권의 성립과 대항력의 구별", 민사법학 제38호, 2007.

_____, "유치권 관련 민법개정안에 대한 검토", 강원법학, 제38권, 2013.

_____, "유치권에 대한 매각조건으로서의 인수주의와 소멸주의", 재산법연구 제33권 제3호, 2016.

_____, "법무부 민법개정시안 중 유치권에 대한 대안 제시(Ⅰ) -부동산유치권과 최우선변제권-", 법학논총(제32집 제2호), 전남대학교법학연구소, 2012.

_____, "법무부 민법개정시안 중 유치권에 대한 대안 제시(Ⅱ) - 저당권설정청구권에 대하여", 법학논총(제32집 제3호), 전남대학교법학연구소, 2012.

_____, "법무부 민법개정시안 중 유치권에 대한 대안 제시(Ⅲ) - 저당권설정청구권의 법적 성질 및 강제집행절차에 대하여 -", 법학논총(제33집 제1호), 전남대학교법학연구소, 2013.

_____, "건축이 중단된 건물의 부동산 강제집행방법에 대한 연구", 민사소송 제14권 제1호, 한국민사소송법학회, 2010.

유병현, "우리나라 ADR의 발전방향", 안암법학 제22권, 2006, 293-314면.

_____, "미국의 소송대체분쟁해결제도(ADR)의 현황과 그 도입방안", 민사소송 제13권 제1호, 2009.

윤남근, "우리나라 상고제도의 개선 방안-상고법원안과 대법관 증원론을 중심으로-", 인권과 정의 제455호, 2016.

윤진수, "유치권 및 저당권설정청구권에 관한 민법개정안", 민사법학 제63~1호, 2013.

이계정, "체납처분 압류와 유치권의 효력", 「서울대학교 법학」 제56권 제1호, 서울대학교 법학연구소, 2015.

이동명/장윤환, "허위유치권 행사의 형사법적 제문제", 법학연구 제47집, 2012.

이동욱, "한국자산관리공사의 전자입찰을 통한 압류재산 공매 실무상 제문제", 민사집행법연구 제2권, 한국민사집행법학회, 2006.

이동진, "「물권적 유치권」의 정당성과 그 한계", 민사법학 제49권 제1호, 2010.

이무상, "부동산 가압류의 처분제한적 효력", 법학논총 제31권 제2호, 단국대학교, 2007.

이범상, "압류부동산에 대한 유치권 행사의 효력", 법률신문 제3557호, 2007.

이범수, "부동산유치권의 문제점과 개정안에 대한 검토", 경성법학 제23권 제1호, 경성대학교 법학연구소, 2014.

이병준, "소위 전용물소권과 민법 제203조의 비용상환청구건-대법원 2002. 8. 23. 선고, 99다66564, 66571판결", 쥬리스트 제410호, 청림인터렉티브, 2006.

이상덕/서완석, "부동산의 선순위 근저당권과 상사유치권의 우열관계", 가천법학 제7권 제2호, 2014.

이상태, "유치권에 관한 연구-대항력제한을 중심으로-(대법원 2009. 1. 15. 선고 2008다70763 판결)", 토지법학 제26-1호, 2010.

_____, "불법행위로 인한 점유와 유치권의 배제", 토지법학 제26-2호, 2010.

_____, "부동산유치권에 의한 경매의 성질과 절차", 일감법학 제20호, 2011.

이상태, "제척기간의 본질에 관한 연구", 저스티스 제72호, 한국법학원, 2003.

이상현, "부동산 경매과정에서의 유치권의 진정성립(허위유치권)에 관한 제 문제", 민사법연구 제18집, 2010.

이석근/권영수, "부동산집행절차에 있어 유치권의 문제", 부동산경영 제6집, 한국부동산경영학회, 2012.

이선희, "부동산유치권의 대항력 제한", 민사법학 제72호, 2015.

이승규, "유치권자와 경매절차에서의 매수인 사이의 대항관계", 민사판례연구 제36권, 2015.

이시윤, "민사집행에 있어서의 주요과제와 ISD", 민사집행법연구 제8권, 한국사법행정학회, 2012.

이우재, "미완성건물의 경매방안 시론", 민사재판의 제문제 제14권, 한국민사집행법학회, 2005.

이재도, "부동산 경매절차에서 허위유치권에 관한 문제와 개선방안", 「민사집행법연구」 제8권, 한국민사집행법학회, 2012.

이재석, "선행저당권과 상사유치권", 한국민사집행법학회 2018년 제3회 추계학술대회(2018. 9. 15.) 발표논문집, 2018.

_____, "유치권의 행사를 제한하는 판례이론에 관한 제언", 사법논집 제16집, 법원도서관, 2016.

_____, "가압류의 처분금지적 효력이 배당관계에 미치는 영향", 사법논집 제53집, 법원도서관, 2011.

이재성, "유치권자의 담보물권으로서의 성질", 이재성판례평석집 제11권, 1998.

이재성, "유치권자가 신청한 경매의 성격", 인권과 정의(제196호), 대한변호사협회, 1992.

이정민/이점인, "허위·과장유치권 문제와 유치권 등기의 필요성에 대한 검토", 「민사법의 이론과 실무」, 제18권 제1호, 2014.

이정민, "강제경매 또는 담보권 실행을 위한 경매와 유치권에 기한 경매가 경합하는 경우 유치권의 소멸 여부 –대법원 2011. 8. 18. 선고., 2011다35593 판결", (전수안 대법관 퇴임기념)특별법연구 제10권, 2012.

이종구, "미국 주법상의 건축공사 우선특권과 부동산유치권의 비교법적 연구", 비교사법 제19권 제2호, 비교사법학회, 2012.

이준재/김동현, "부동산 경매에서의 유치권 제도 개선에 관한 연구", 한국전자통신학회 학술대회지 제6권 제2호, 한국전자통신학회, 2012.

이진기, "담보물건으로서 유치권", 안암법학 제8호, 1998.

이찬양, "부동산 경매 압류·현금화·배당단계에서 유치권 개정안의 한계에 관한 검토", 민사소송 제24권 제2호, 한국민사소송법학회, 2020.

_____, "부동산 물권 공시제도의 관점에서 유치권 등기제도 도입에 관한 민사법적 고찰", 일감법학 제46호, 건국대학교 법학연구소, 2020.

_____, "부동산유치권 개정안 중 저당권설정청구권 제도 도입에 관한 고찰", 법학논총 제26집 제2호, 조선대학교 법학연구소, 2019.

_____, "건물에 관한 상사유치권의 우열상 제문제", 법학연구 61권, 전북대학교 법학연구소, 2019.

_____, "전자소송 하에서의 전자송달" 원광법학 제31권 제4호, 원광대학교 법학연구소, 2015.

이철기, "선행 저당권이 설정된 부동산에 대한 상사유치권의 성립 여부", 가천법학 제7권 제3호, 가천대학교 법학연구소, 2014.

이치영, "건물에 대한 유치권의 성립과 대지와의 관계", 민법판례해설(2):물권법, 경세원, 1992.

이춘원, "부동산 경매에 있어서 유치권의 효력 범위에 관한 연구", 부동산학보 제43집, 2010.

_____, "저당권 등기 후 압류 전 또는 이후에 유치권을 취득한 자가 매수인에 대항할 수 있는지 여부", 고시계 제55권 제10호, 2010.

_____, "저당권설정청구권에 관한 비교법적 고찰 –스위스법을 중심으로–, 비교사법 제14권 제4호(통권 제39호), 한국비교사법학회, 2007.

이학수, "유치권이 요구하는 점유의 정도", (부산판례연구회)판례연구 제8집, 1998.

이현석, "유치권과 점유 –민사유치권과 상사유치권을 중심으로– ", 법과 정책연구 제17권 제4호, 한국법정책학회, 2017.

이홍렬, "부동산유치권에 관한 민법개정안의 검토", 비교사법 제22권 제3호(통권 70호),

한국비교사법학회 2015.

이희봉, "유치권, 그 물권성과 담보물권성과 관련하여", 「법학과 민사법의 제문제」, 나남, 1976.

임윤수/민선찬, "부동산 집행절차와 유치권자의 지위", 법학연구 제46호, 2012.

오창수, "압류의 처분금지효와 유치권의 대항력", 서울법학 제22권 제3호, 서울대학교 법학연구소, 2015.

장 건, "일본민법상 유치권자의 경매신청권에 관한 연구", 법과정책 제18권 제1호, 2012.

_____, "민사유치권과 상사유치권의 비교에 관한 연구", 부동산학보 제50집, 한국부동산학회, 2012.

_____, "스위스민법상 유치권제도에 관한 연구", 민사집행연구 제11권 2015.

_____, "유치권에 기한 경매에서 소멸주의 적용여부", 민사집행연구 제12권 2016.

_____, "부동산 경매절차상 유치권자의 이해관계인 지위", 민사집행법연구, 한국민사집행법학회, 2012.

장 건/서진형, "프랑스민법상 유치권제도에 관한 연구", 민사집행연구 제10권, 2014.

장경학, "유치권의 성립 및 그 효력", 민법학의 현대적과제, 1987.

장문철, "대체적 분쟁해결제도(ADR) 도입방안", (사법 선진화를 위한 개혁)사법제도개혁추진위원회자료집 제14권, 2005.

장석천/이은규, "민법 유치권 개정 법률안 중 저당권설정청구권에 관한 소고", 재산법학회 제32권 제3호, 한국재산법학회, 2015.

장창민, "부동산유치권에 관한 일고-2013년 입법예고된 유치권개정안과 관련하여-", 동북아법연구, 제8권 제1호, 2014.

제철웅, "3자관계에서의 부당이득; 특히 전용물소권의 사안을 중심으로", 저스티스 통권 제67호, 한국법학원, 2002.

전병서, "대체적 분쟁해결제도(ADR) 도입방안", (사법 선진화를 위한 개혁)사법제도개혁추진위원회자료집 제14권, 2005.

전욱, "공사수급인의 건축 부지에 대한 상사유치권의 행사 -대법원 2008. 12. 24. 선고 2007다52706, 2007다52713 판결의 평석-", 법학연구 제49권 제2호 통권60호, 부산대학교 법학연구소, 2009.

전장헌, "부동산 경매에서 유치권의 문제점과 개선방안에 대한 입법론적 검토", 법제연구 제41권, 2011.

정두진, "프랑스 민법에서의 유치권제도에 관한 소고", 국제법무 제4집 제2호, 2012.

정성용, "부동산 경매 위험요인이 낙찰가격에 미치는 영향에 관한 연구:대구광역권 원룸주택을 중심으로", 주택연구 제17권 제3호, 2009.

정영수/기우일, "부동산 경매 실무 절차에 있어서 유치권의 문제점과 대책에 관한 소고", 대한부동산학회지 제24권, 2006.

정준영/이동진, "부동산유치권의 개선에 관한 연구", 2009년 법무부 연구용역 과제보
　　고서, 2009.
조용현, "유치권에 의한 경매에서 인수주의와 소멸주의", (안대희 대법관 퇴임기념)자유와
　　책임 그리고 동행, 2012.
조윤아, "유치권 제도의 개선을 위한 입법방향", 일감법학 제35호, 건국대학교 법학연
　　구소, 2016.
조효정, "부동산에 가압류등기가 경료된 이후 채무자의 점유이전으로 제3자가 유치권
　　을 취득하는 경우 가압류의 처분금지효에 저촉되는지 여부", 「재판실무연구」 제5
　　권, 수원지방법원(미발간), 2013.
지석재, "유치권에 의한 경매", 사법논집 제51집, 법원도서관, 2011.
차문호, "유치권의 성립과 경매", 사법논집 제42집, 법원도서관, 2006.
최금숙, "유치권의 성질 및 성립요건에 관한 몇 가지 고찰", 법학논집 제2권 제2호, 1998.
최동홍/유선종, "부동산 경매에서 유치권신고의 의무화", 법조 제59권 제4호, 2010.
최명구, "유치권과 저당권의 경합", 민사법학 제42호, 2008.
최승재, "대법원의 판결로 본 은행대출과 상사유치권", 은행법연구 Vol.6 No.1, 은행
　　법학회, 2013.
추신영, "유치권자에 의한 경매신청", 재산법연구 제24권 제1호, 2007.
＿＿＿, "가장유치권의 진입제한을 위한 입법적 고찰", 민사법학 제44호, 2009.
하상혁, "가압류 이후 성립한 유치권으로 가압류채권자에게 대항할 수 있는지 가부",
　　특별법연구 제10권, 2012.
하창효, "건축공사 수급인의 건물부지에 대한 상사유치권의 성립가능성과 효력의 범위
　　에 관한 소고", 주거환경 제12권 제3호(통권 제25호), 한국주거환경법학회, 2014.
한상곤, "민사집행절차에서 본 유치권의 개정안에 대한 고찰", 경희법학 제50권 제1
　　호, 경희법학연구소, 2015.
함영주, "우리나라 특유의 집단분쟁에 대한 ADR방식의 대안 모색－식품, 집단시위 집
　　단소송법 제정논의와 관련하여", 민사소송 제12권 제2호, 2008.
＿＿＿, "민사소송법상의 ADR 분류체계의 재검토－절차혼용의 문제점과 관련하여",
　　민사소송 제17권 제2호, 2013.
현의선, "유치권에 의한 경매에서의 법정매각조건 및 배당", (수원지방법원)재판실무연
　　구 제4권, 2011.
홍봉주, "유치권의 대항력제한", 토지법학 제31권 제1호, 한국토지법학회, 2015.
＿＿＿, "부동산유치권에 관한 개정안 검토", 일감법학 제31호, 건국대학교 법학연구
　　소, 2015.
홍성주, "전용물소권과 민법 제 203조 소정의 비용상환청구권", 판례연구 제14집, 부
　　산판례연구회, 2003.
황종술/민규식, "부동산 경매절차상 허위·과장유치권 근절을 위한 대책", 주거환경 제6

권 제2호, 2008.

황태효, "유치권에 있어서의 채권과 목적물 사이의 견련관계 및 유치권의 불가분성 – 대법원 2007. 4. 26 선고 2004다5570 판결–", 판례연구 제20집, 부산판례연구회, 2009.

황희찬/박창수, "부동산 경매에서 유치권 제도 개선에 관한 연구", 한국전자통신학회 논문지 제6권 제5호, 한국전자통신학회, 2011.

3. 기타자료

김형률, "부동산 압류의 처분금지효와 유치권", 한국민사집행법학회 2018년 하계발표회(2018. 6. 16.) 발표논문집 지정토론문, 2018.

남효순, "등기된 부동산유치권 폐지–찬성", 법률신문 2013. 3. 25일자.

법제사법위원회 전문위원 이상용, "민법 개정법률안, 민사집행법 개정법률안, 부동산등기법 개정법률안 검토보고서', 국회 법제사법위원회, 2013.

이광수, "등기된 부동산유치권 폐지–반대", 법률신문 2013. 3. 25일자.

이진기, "부동산유치권의 재고", 법률신문, 2013. 4. 29일자.

전병서, "집행관 제도의 문제점과 해결방안 토론문", 대한변호사협회 심포지엄 토론문, 2018.

진혜원, "허위 유치권 행사에 관한 검토", 법무법인 KCL 금요세미나 토론문, 2011.

한국경제, "경매 허위유치권 폐해 심각", 서울경제신문 2005. 8. 8일자 기사, http://economy.hankooki.com/ArticleView/ArticleView.php?url=news/200508/e2005080816470770300.htm&ver=v002, 최종방문일 2018. 8. 20.

한국경제, "경매 저가매각 유도…'허위 유치권' 소송 5년간 2배 급증", 2018. 10. 18일자. http://news.hankyung.com/article/2018100841421, 최종방문일 2019. 3. 7.

II. 국외 문헌

1. 일본 문헌

(1) 단행본

公井宏與,「擔保物權法(民法講義3)」, 成文堂, 2008.

内田貴,「債權總論」担保物権(民法 Ⅲ)」, 東京大学出版会, 2005.

道恒內弘人,「擔保物權法(第3版)」, 有斐閣, 2008.

梅謙次郎,「民法要義 卷之二(物權編)」, 有斐閣, 明治42(1909).

未弘嚴太郎,「物權法」, 日本評論社, 1923.

宋尾弘/古積健三郎,「物權·擔保物權法」, 弘文堂, 1986.

我妻榮,「担保物権法」, 岩波書店, 昭和43(1968).

我妻榮,「新訂 擔保物權法」, 岩波書店, 1972.

我妻榮/有泉亨/清水誠,「民法Ⅲ, コンメンタ＿ル 担保物権法」, (株)日本評論社, 1997.

薬卽寺志光,「留置權論 卷之二(物權編)」, 有斐閣, 明治42(1909).

藥師寺志光,「留置權論」, 信山社, 1990.

柚木馨/高木多喜男,「担保物権法」, 有斐閣, 1958.

_____,「擔保物權法」, 法律學全集十九, 有斐閣, 1982.

清水元,「留置權」, 一粒社, 1995.

_____,「留置權概念の再構成」, 一粒社, 1998.

高島平藏,「物權擔保法論：總則, 擔保權」, 成文堂, 1980.

山田晟,「昭和 13年度 判例民事法, 民事法判例研究會」, 1939.

田中整爾,「日本注釋民法(8)」, 有斐閣, 1979.

竹下守夫,「不動産競賣におおける物上負擔の取扱い 不動産執行法の研究」, 有斐閣, 1977.

中野貞一郎,「民事執行法(增補新訂5版)」, 靑林書院, 2006.

吉野衛/三宅弘人 編輯代表(大橋寬明 執筆),「注釋 民事執行法(3)」, 文唱堂, 1983.

鈴木忠一/三ケ月章 編集代表(竹下守夫 執筆者),「註釋 民事執行法(2)」, 第一法規, 1984.

鈴木忠一/三ケ月章 編輯代表(中山一郎 執筆),「注解 民事執行法(3)」, 第一法規, 1984.

鈴木忠一/三ケ月章 編輯代表(石丸俊彦 執筆),「注解 民事執行法(2)」, 1984.

鈴木忠一/三ケ月章 編輯代表(石丸俊彦 執筆),「注解 民事執行法(3)」, 1984.

關武志,「留置権の研究」, 信山社, 2001.

石川明 外 2人 編,「注解民事執行法(上卷)」, 615頁(廣田民生).

石川明 外 2人 編(佐藤歲二 執筆),「注解民事執行法(上卷)」, 1991.

深澤利一,「民事執行法實務(上)」, 新日本法規, 2007.

香川保一監修, 「注釋民事執行法8(園尾隆司)」, 金融財政事情研究会, 1995.

三ケ月章, 「民事執行法」, 弘文堂, 1981,

坂本{倫城, 「留置權による競賣申W立て」, 大石忠生ほか編, 裁判實務大系7, 靑林書
　　　院, 1986.

園尾隆司, 「留置權による競賣および形式的競賣の賣却手續」, 金融法務事情 1221号6,
　　　金融財政事情研究所, 1989. 5, 10頁

竹田稔, 「民事執行の實務Ⅰ」, 酒井書店, 1980.

生田治郎, 「留置權の實行をめぐゐ諸問題」, 加藤一郎一 林良平編集代表W, 擔保法大系
　　　第二卷, 金融財政, 1985.

浦野雄辛, 「判例 民事執行法」, 三省堂. 2005.

民事執行法判例百選 240, 有斐閣, 1994. 5.

生田治郎, 「留置權の實行をめぐゐ諸問題」, 加藤一郎一林良平編集代表, 擔保法大系第
　　　二卷, 金融財政, 1985.

坂本倫城, 「留置權による競賣申立て」, 大石忠生ほか編, 裁判實務大系7, 靑林書院,
　　　1986.

近藤崇晴, 「註解民事執行法(5)」, 金融財政, 1995.

関　武志, 「留置權の研究」, 信山社, 2001.

鈴木禄弥, 「商人留置權の流動擔保性をめぐる若干の問題」, 西原寛一博士追悼, 『企業
　　　と法(上)』, 有斐閣, 1977.

石田文次郎, 「担保物權法論　上卷　オンデマンド版」, 有斐閣, 2001.

我妻 榮, 「物權法(民法講義Ⅱ)(新訂 有泉亨補訂版)」, 岩波書店, 1983.

(2) 논문

關武志, "留置權を対抗しうる 第3者の範囲", 「私法」, 日本私法學會, 有斐閣, 1990.

樂師寺志光, "競賣と留置權, 競落人の留置權者に對する義務", 民商法雜誌 8卷 4号
　　　141, 有斐閣, 1938.

福永有利, "不動産上の權利關係の解明と賣却條件", 「民事執行法の基本構造」, 西神田
　　　編輯室, 1981.

松岡久和, "ぃま, 担保法に何が起っているか(6)", 銀行法務21 603号, 2002.

＿＿＿＿, 不動産留置權に関する立法論, NBL 730号, 2002.

＿＿＿＿, "留置權に関する立法論：不動産留置權と抵当權の關係を中心に", 倒産実
　　　体法：改正のあり方を探る, 商事法務, 2002.

清水元, "抵當建物の買主による競落前の有益費支出と留置權", 判例タイムズ 472
　　　号, 1982.

佐藤歳二, "不動産引渡命令", ジュリスト, 876号, 1987.

生熊長幸, "建築請負代金債権による敷地への留置權と抵當權(下)", 「金融法務事情」第1447号, 1996.

上田正俊, "形式的競売における売却条件と配当", 上稔ほか編, 現代裁判法大系 15巻, 新日本法規出版, 1999.

本田晃, "形式的競売と交付要求・配当要求", 山崎恒=山田俊雄編, 新・裁判実務大系12巻, 青林書院, 2001.

坂本倫城, '形式競売', 大石忠生ほか編, 裁判実務大系7巻, 青林書院, 1986, 514頁

田高寛貴, "個別執行と留置權−抵當權との衝突事例をめぐって", 擔保制度の現代的展開, ㈱日本評論社, 2007.

_____, 民法判例Review(担保), 判例タイムズ 第965号, 1998.

桜井孝一, "民事執行法と留置權", 金融擔保法講座IV卷, 筑摩書房, 1986.

淺生重機, "建物の建築ドグプインの建物の敷地に対する商事留置権の成否" 金融法務事情 1452号, 1996.

竹下守夫, 不動産競賣におおける物上負擔の取扱い 不動産執行法の研究, 有斐閣, 1977, 142〜143頁

石渡哲, "留置權えよる競賣の賣却條件と換價金の處理", 「白川和雍 先生古稀記念, 民事紛爭をめぐる法的諸問題」, 信山社出版, 1999.

秦光昭a, "不動産留置權と抵當權の優劣を決定する基準", 「金融法務事情」, 第1437号, 1995.

奏光昭b, "競合する抵當權と民事留置權の成立要件",「金融法務事情」, 1657号, 2002.

新美育文, "建築請負業者の敷地についての商事留置權",「判例タイムズ」901号, 1996.

田積司, "建築請負工事代金についての不動産留置權と根抵當權"「米田實古稀記念 現代金融取引法の諸問題」, 1996.

岸日出夫, "商事留置權"「民事執行法」, 青林書院, 山崎恒・山田俊雄 編, 2001.

西口元新, "平成 11年度 主要民事判例解説", 判例タイムズ 第1036号, 2000.

西口元, "1. 建物建築請負人の敷地に對する商事留置權が否定された事例", 判例タイムズ 臨時増刊 51卷 23号(1036), 平成11年度主要民事判例解説, 判例タイムズ社, 2000.

園尾隆司, "留置權による競賣および形式的競賣の賣却手續", 金融財政事情研究所 1221号, 有斐閣, 1989.

坂本倫城, "留置權による競賣申立て", 大石忠生ほか編, 裁判實務大系7, 青林書

院, 1986.

大塚英明・川島いづみ・中東正文,「商法総則・商行為法」, 第2版, 有斐閣アルマ, 2008.

平一井雄, "建築請負人の建築敷地に對する商事留置權", 民法拾遺第1卷, 新山社, 2000.

淺生重機, 建築請負人の建築敷地に對する商事留置權の成否, 金融法務事情 第1453 号, 1996.

竹田光広(編), "不動産競売手続における商事留置權の成否", 裁判実務シリーズ10 民 事執行実務の論点, 商事法務, 2017.

河野玄逸, "抵當權과 先取特權, 留置權과의 競合", 銀行法務第21号, 1995.

山崎敏充, "建築請負代金による敷地への留置權行使, 金融法務事情 第1439号, 1996.

澤重 信, "敷地抵當權と建物請負報酬債權", 金融法務事情, 第1329号, 1992.

泉田榮一, "建築請負人の占有していた敷地に對する商事留置權の成否", 別冊ジュリス ト 第164号, 2002.

生熊長幸, "建築請負代金債權による敷地への留置權と抵當權(下)", 金融法務事情 第 1447号, 1996.

槇悌次, 民事と商事の留置權の特徴(上), NBL 648号 1998.

小久保孝雄, 商事留置權, 金融・商事判例 1211号, 2005.

平井一雄, 建物建築請負人の建築敷地に對する商事留置權, 民法拾遺 第1卷, 信山社, 2000.

小林明彦, 抵當權と商事留置權, 銀行法務21 560號, 1999.

龜川青長, "表示の 登記, 現代民事裁判の 課題②", 不動産登記, 新日本法規出版株式會 社, 1991.

神戸寅次郎, 同時履行論(二), 法学協会雑誌 39卷8号, 1991.

2. 프랑스 문헌

(1) 단행본

Aubry et Rau, Cours de droit francais, 6e éd, 1938.

Colin et Capitant, Cours élémentaire de droit divil francais, t. Ⅱ, 1953.

＿＿＿＿＿＿＿＿＿, Traité de droit civil, t. Ⅱ. Dalloz, 1924.

Demolombe, Cours de code Napoléon, t. Ⅸ, 1866.

Ferid－Sonnenberger, Das Französische Zivilrecht, Bd. 2, 2. Aufl., Heidelberg 1986.

Larombiére, Les obligations, t. Ⅱ, art. 1984.

Laurent, Principles de droit civil, t. 29, Paris Laboratories, 1983.

Marty et Raynaud, Droit civil, t. Ⅲ, 1er vol, Les Suretès, La Publicitère, Sirey, 1971.

Philippe Simler et Philippe Delebecque, 「-Droit civil-Les sûretés」4" édition, la publicité foncière, 2004.

Bourassin, Brémond et Jobard-Bachellier, Droit des sûretés, 2e éd., Sirey, 2010.

(2) 논문

Barry, Le droit de rétention en driot civil francaise, 1900.

Bobes, Le cas d'application droit de rétention, 1913.

Capitant, De la cause des obligations, 1927.

Guillouard, Traités du nantissement et du droit de rétention, Pédone, 1895.

Marty et Raynaud, Droit civil, t. Ⅲ, 1er vol, Les Suretès, La Publicitère, Sirey, 1971.

N. Catala-Franjou, De la nature de droit de retention, Rev. trim. dr. civ., 1967.

Philippe Simler, Commonentarie de l'ordinnance n° 2006~346 relative auxsûreté. Dispositions généle livre Ⅳ nouveau du Code civil, Rev. de Bancaire et Financier, Mai-juin, 2006.

R. Derrida, Recherches sur le fondement du droit de rétention, Thése Alger, 1940.

3. 독일 문헌
(1) 단행본

Bamberger/Roth/Unberath, Kommentar zum Bürgerlichen Gesetzbuch: BGB Band 2, C.H.BECK, 2012.

Blomeyer(Arwed), Allgemeines Schuldrecht, 2, Aufl., Franz Vahlen GmbH, 1957.

Brox/Hans/Wolf-Dietrich Walker. Allgemeines Schuldrecht. C.H.BECK, 2004.

Brox/Walker, Allgemeines Schuldrecht, 30, Aufl., 2004.

Claus Ahrens, Zivilrechtliche Zuruckbehaltungsrechte, 2002.

Emmerich(vollker), Grundlagen des Vertrags und Schuldrechts, Verlag Franz Vahlen, 1974.

Esser-Schmidt, Schuldrecht Band AT, 8Aufl, 1995.

Ferid, Murad, and Hans Jürgen Sonnenberger. "Das französische Zivilrecht,

Band II Die einzelnen Schuldverhältnisse, Sachenrecht, 2." Auflage, Heidelberg, 1986.

Fikentscher, SchR, 9. Aufl., 1997.

Fritz Oesterle, Die Leistung Zug um Zug, Duncker & Humblot, 1980.

Germany Kommission fu·r die Zweite Lesung des Entwurfs des Bu·rgerlichen Gesetsbuchs, Protokolle der Kommissinon für die zweite Lesung des Entwürfs des Bürherlichen Gesetsbuchs, Bd.2, Berlin : J. Guttentag, 1898.

H. Roth, Die Einrede des Bürgerlichen Rechts, 1988.

J. Esser, Schuldrecht Ⅰ, 4. Aufl., 1970.

Joachim Gernhuber, Das Schuldverhältnis, Mohr Siebeck, 1989.

J. von Staudingers, Staudinger Kommentar zum BGB, Bd.3, Sellier−de Gruyter, 1993.

Kaser, Max. Römisches Privatrecht: ein Studienbuch. C.H.BECK, 1979.

_____, Römisches Privatrecht, 11. Aufl., München 1979.

Larenz, Lehrbuch des Schuldrechts, Erster Band, A.T, 14. Aufl, C.H.Beck, 1987.

Lange/Schiemann, Schadensersatz, 3. Aufl, 2003.

Medicus(Dieter)/Lorenz(Stephan), Schuldrecht Ⅰ, Allgemeiner Teil. 18.Aufl., C.H.Beck, 2008.

Mugdan, Die gesamten Materialien zum bürgerlichen Gesetzbuch für das deutsche Reich, Bd.2, Recht der Schuldverhältnis, Neudruck der Ausgabe Berlin, 1899.

Münchener/Emmerich, Münchener Kommentar zum Bürgerlichen Gesetzbuch Band 2, 7. Auflage, C.H.Beck, 2016.

Münchener(Busche), Münchener Kommentar zum Bürgerlichen Gesetzbuch, 5.aufl., Carl Heymanns Verlag, 2009.

Münchener Kommentar zum BGB Bd.2, § 273 Rndr. 2, C.H.Beck, 2007.

MünchKomm/Krüger, Bürgerliches Gesetzbuch, Bd. Ⅰ, 5. Aufl., Verlag C.H.Beck, 2007.

Soergel−Wolf, Bürgerliches Gesetzbuch mit Einführungsgesetz und Nebengesetzen: BGB Band 1, Kohlhammer, 2000.

Palandt, Bürgerliches, Gesetzbuch, 70. Aufl., Verlag C.H.Beck, 2011.

Palandt/Grüneberg, BGB, 69. Aufl., C.H.Beck, 2010.

Prütting/Wegen/Weinreich, BGB Kommentar Bd.2, Luchterhand, 2008.

Reuter/Martinek, Handbuch des Schuldrechts, Bd.4, Ungerechtfertigte Bereicherung. J.C.B.Mohr, 1983.

Staudinger/Selb, BGB 13. Bearb. 1995.

Staudinger(Bitner), Kommentar Zum Bürgerlichen Gesetzbuch mit Einführungsgesetz und Nebengesetzen: Buch 2: Recht der Schuldverhältnisse, §273. Neubearbeitung, 2009.

(2) 논문

Keller, Das Zurückbehaltungsrecht nach §273 BGB, JuS 1982.

Schermaier, "Bona Fides in Roman Contract Law", in Zimmermann and Whittaker(eds), Good Faith in European Contract Law, Cambridge Univ. Press, 2000.

Looschelders(Dirk), Schuldrecht Allgemeiner, Teil, 3.Aufl., Carl Heymanns Verlag, 2005.

4. 스위스 문헌
(1) 단행본

Basler/Rampini/Vogt, Kommentar/ZGB, 2. Aufl., 2002, Art. 895.

Basler/Rampini/Vogt, ZGB, 2003.

Basler/Hofstetter, Art. 841 ZGB, 2003.

Honsell/Vogt/Geiser, ZGB Ⅱ, 2. Aufl., Helbing & Lichtenhahn, 2003.

Oftinger/Bär, Zürcher Kommentar ZGB, Das Fahrnispfand. Art. 884−918, 3. Aufl., Verlag Zürich, 1981.

Riemer, Die beschränkten dinglichen Rechte, 2. Aufl., Stämofl, 2000.

(2) 논문

BernerKomm/Zobl, Berner Kommentar zum schweizerischen Privatrecht, 1988.

Zobl, Das Bauhandwerkerpfandrecht de lege lata und de lege ferenda, 1982.

BaslerKomm/Hofstetter, ZGB, Art. 837, 2007.

5. 오스트리아 문헌

(1) 단행본

Rummel/Hofmann, ABGB Kommentar, 3. Aufl., 2000, §471.

6. 영미 문헌

Charles J. Jacobus, Texas real estate law, 9th ed., Thompson/South-Western, 2005.

George J. Siedel/Janis K. Cheezem, Real estate law, 4th ed., West Educational Pub, 1999.

Ⅲ. 언론기사

강해룡, "가압류의 처분금지적 효력에 대한 비판", 법률신문, https://www.lawtimes.co.kr/Legal-Info/Research-Forum-View?serial=1964(최종확인 2017. 10. 25).

경태경, "허위 유치권으로 펜션 점거, 10억 요구한 조폭 덜미", 경향신문, http://news.khan.co.kr/kh_news/khan_art_view.html?artid=201604201905001&code=940301(최종확인 2017. 10. 25).

고무성, "유치권 허점 조폭들에 뚫려…법령 개정 시급", 노컷뉴스, http://www.nocutnews.co.kr/news/4583496(최종확인 2017. 10. 25).

국립국어원 표준국어대사전, "대항(對抗)", http://stdweb2.korean.go.kr/search/View.jsp?idx=412694(최종확인 2017. 10. 25).

김재형, "[2013년 분야별 중요판례분석] ③민법(상)", 법률신문, https://www.lawtimes.co.kr/Legal-News/Legal-News-View?serial=82983(최종확인 2017. 10. 25).

민법 일부개정법률(안) 입법예고, 법무부공고 제2013-6호(2013. 1. 16.), http://www.lawmaking.go.kr/lmSts/ogLmPp/15977(최종확인 2017. 10. 25).

손현수, "재판장 성향이… 의뢰인 질문에 변호사들 난감", 법률신문, https://www.lawtimes.co.kr/Legal-News/Legal-News-View?serial=121100(최종확인 2017. 10. 25).

이진기, "부동산유치권의 재고", 법률신문 제4121호, 2013. 04. 29일자.

장병진, "구의원, 조폭 시켜 아파트 허위 유치권으로 수억 원 갈취 시도", 부산일보, http://news20.busan.com/controller/newsController.jsp?newsId=20130423000146(최종확인 2017. 10. 25).

한국경제뉴스, "현장조사서 못 찾은 유치권은 십중팔구 가짜", 2015.7.13.일자(최종확인 2018. 3. 4).

홍수용, "경매시장 가짜 유치권 횡행", 매일경제, http://news.mk.co.kr/newsRead.php?year=2002&no=32176(최종확인 2017. 10. 25).

INSIDE 전문가칼럼, 경·공매 '특수 물건'을 알면 돈이 보인다?, 2017.02.10일자(최종확인 2018. 3. 4).

사항색인

ㄱ

가압류 30, 34, 38, 52
가압류의 처분금지효 45, 48, 54, 166
가압류 이후 성립한 유치권의 우열 34
가압류 이후 유치권 27, 37
가압류 이후 유치권의 우열 26
가압류 이후의 유치권 35
가압류집행 52
가압류채권자 34
가치증가분 89, 117
가치증대분 122
간이변제충당 4
간이변제충당권 6, 7
감정인 4
감정평가 136
강제집행 34
개별상대효설 70
건축수급인 13
건축 중인 건물 2
견련관계 9, 21, 157
결정에 관한 즉시항고권 157
경락인 3, 117
경매개시결정 기입등기 39, 45
경매개시결정에 대한 이의신청권 157
경매개시결정의 기입등기 96
경매권 7
경매신청권 3, 11
경매절차 5
경매절차상의 안정성 47
경매절차에 관한 신뢰와 절차에서의 안정성 99, 100, 169
경매절차의 법적 안정성 66
경매청구권 10, 21, 143
경합 107
공권적 행위 34
공사대금채권 128

공사대금청구권 50
공사대급채권 112
공시 5
공시방법 40
공시주의 152
공익비 130
공익적 비용 131
공평의 원칙 6, 116, 127
과실 4, 6
과실수취 7
과실수취권 6, 10
교환가치 3, 43, 107, 127
구분 건물 143
권리형성효 18
근저당권 118
급부 7
급부거절권(droit de rétention) 18, 22
긍정설 67

ㄷ

담보권 설정행위 80
담보권실행을 위한 경매 3, 109
담보권자 3, 17
담보물권 5, 9, 44
담보물권성 5, 24, 25
담보법 질서 152
대립적 채무 7
대세적인 효력 88
대항관계설 117, 120, 149, 153, 154, 172
대항력 25, 71, 108
대항력 긍정설 43, 57, 58, 110, 118, 124, 154
대항력 부인설 38, 40
대항력 부인설(소수설) 38
대항력 부정설 60, 77, 111, 145
대항력 부정설(판례의 입장) 59
대항력을 갖춘 임차권자 131, 133

대항력 인정설 56
대항력 취득설 40
대항력 취득설(다수설) 37
대항력 취득설(다수설 및 판례의 입장) 37
대항사유 18
대항할 수 없는 유치권자 160
도급계약 128
독일민법(BGB) 13, 15
독일에서는 일반적유치권(Allgemeines
　　Zurückbehaltungrecht) 18
독일에서 유치권 13
독일에서의 유치권
　　(Zurückbehaltungsrecht) 13
독일 유치권 16, 49
동산 2
동시이행항변권 6, 7, 8
동일 법적 관계(dasselbe rechtliches
　　Verhältnis) 15
등기 5
등기부 107

ㅁ
매각대금 5
매각물건명세서 51
매각절차 51
매각절차 지연 29
매각허가 여부에 관한 의견진술권 157
매매대금 반환청구권 117
매수인 17
물건 3
물권 7
물권변동 110
물권성 17, 20
물상대위성 5
민사유치권 21, 166

ㅂ
반대청구권 15
반환청구권 117
반환청구권의 양도 18
배당 계산 152

배당기일 158
배당단계 154
배당순위 160, 162
배당요구 136
배당표에 관한 의견진술권 157
법률상 우선변제권 5, 112
법률상의 우선변제권 4
법원으로부터 각종 통지를 받을 수 있는 권
　　리 157
법원의 매각조건변경에 대한 즉시항고권 157
법적 견련성 23
법적 불안정성 5
법적 성격 9
법정과실 7
법정담보물권 4, 5
법정저당권 설정청구권 50, 89
법정지상권 126
변제 4
변제기 3
변제행위 114
보존을 위한 사용권 6
본압류 34, 52
본집행 38, 52
부당이득반환청구 134
부당이득반환청구권 135
부당한 유치권 2, 29, 31
부동산 경매 2
부동산 경매 배당단계 26, 30, 148, 149
부동산 경매 압류단계 26, 34, 36, 54
부동산 경매절차 5, 36
부동산 경매절차 3단계 8, 25, 26
부동산 경매절차에 대한 신뢰 47
부동산 경매 현금화단계 26, 28, 104, 121
부동산등기부 35
부동산매매 8
부동산에 대한 침해방지신청권 157
부동산인도의 소 137
부동산 증·개축 91
부작위의무 18
불가분성 9, 116, 143
불법행위 3

비용 13
비용상환청구권 6, 26, 71, 130, 135
비용지출 86
비용지출자 135
비점유담보 106

ㅅ
사실상 우선변제권 112
사실상의 우선변제권 3, 5, 108, 159
사실적 견련성 23
사실행위 43, 85
상계 161
상대성 비난 99
상사유치권 21
상환청구권 27
선량한 관리자의 주의의무 9, 12
선행가압류채권 43
선행가압류채권자 39, 43
선행저당권 117
선행저당권자 4, 28, 29, 30, 104
소유권자 133
소유물반환청구권 19
손해배상 7
손해배상채권 14
손해배상책임 8
수반성 9
수인의무 18
스위스 유치권 19, 20
신의성실의 원칙 16
신의칙 7
신의칙 위반 143
신의칙 위반설 116
실권적(영구적) 항변권(Peremptorische
    (dauernde) Einrede) 15
실체법상 항변권 15
쌍무계약 6, 7

ㅇ
악의인 제3자 21
압류의 처분금지효 46, 47, 56, 78, 79, 95, 168
압류 이후 성립한 유치권 34

압류 이후에 그 밖의 사유로 비용을 지출한
    경우 92
압류 이후 유치권 27, 35, 55
압류 이후 유치권의 우열 26
압류채권자 34, 45, 51, 156
약정담보물권 5
약정에 의한 견련성(connexité) 22
양수인 50, 120
연기적 항변권(Dilatorische Einrede) 15
용익권 112
용익물권 44
우선권 4
우선변제권 3, 5, 30, 50, 89, 107, 159
우선변제청구권 159
우선상환권 135, 136
우열 17, 25
우열관계 107
원본 10
유가증권 2, 3
유익비 10, 27, 41, 77, 122, 130, 132
유추적용 134, 137
유치 4, 5
유치권 2, 3, 4, 5
유치권 배제사유 16
유치권 사건 2
유치권의 3가지 견련성(connexité) 22
유치권의 물권성 13
유치권의 성립요건 3
유치권의 소멸사유 11
유치권의 우열 78
유치권 인수주의 108
유치권자 10, 34, 133
유치권확인의 소 137
유치권확인청구 171
유치물 9, 12
유치적 효력 35
유치함 5
이념적 · 정책적 판결법리 99, 100
이익침탈 104, 149
이해관계인 17, 30, 35, 156
인수주의 107

인적인 항변권 성격 14
인적 항변권 14
일괄매각신청권 157
일물일권주의 143
일반적 유치권(Allgemeines
  Zurückbehaltungrecht) 14, 15, 16
일반적 유치권(Allgemeines
  Zurückbehaltungs recht, BGB § 273
  Ⅰ) 14
일반채권자 51, 120
일본 유치권 9
일본의 유치권 8
일필지 일부 143
임대차 41
임차권 125
입법론 21
입법이유서 15
입찰 29

ㅈ
작위의무 18
잔여분 10
재산권의 변동행위 46
저당권 5, 6, 106
저당권설정등기 124
저당권설정자(채권자) 6
저당권설정청구권 112, 163
저당권자 17
저당물 6, 122, 130
저당부동산 26
전득자 18
전세권 125, 130
전세권자 133
전용물소권 134
전차인 42
절차상대효설 70
절충설 71, 72, 114
절충설(유추적용설) 114
점유 3, 8
점유이전 18, 45, 85
점유이전행위 39, 48, 53, 85, 167
점유자의 유치권(Zurückbehal tungsrecht

des Besitzers) 19
점유자의 유치권(Zurückbehal tungsrecht
  des Besitzers, BGB § 1000) 14
점유회복청구권 12
제1단계의 집행처분 26, 34
제3자 3, 43
제3취득자 26, 130, 131
제한설(또는 유형구분설, 이하 편의상 유형구
  분설) 62
제한설(유형구분설) 62
제한적 대항력 긍정설 115
제한적 대항력 인정설 60, 61
주택임차인 124
증명방법 157
증명책임 139
지배권 3
지상권 130
지상권자 133
지체면제효 18
질권 4, 5
질권자 4
질권(Faustpfand) 20
질물 4
집행력 있는 정본 30
집행법원 136
집행비용 136
집행에 관한 이의신청권 157
집행절차상의 권리 157
집행절차에서의 안정성 99, 100, 169

ㅊ
채권법상의 지위 17
채권양도 18
채권인 13
채권자 4
채권적 유치권 14
채무의 견련성(Konnexität) 15
채무자 3
채무자의 관리행위 · 이용행위 82
채무자의 반대청구권의 변제기가 도래
  (fälligkeit der Ansprüche) 16
채무자의 임대행위 83

채무자의 점유이전   83
채무자의 점유이전행위   45
처분금지효   38, 44, 56
처분행위   39, 44, 45, 53, 81, 86, 117
처분행위 개념의 상대성   100
천연과실   7
청구권의 상환성   15
체납처분압류 이후 유치권   27
최우선변제권   112

ㅌ
통모   115
특별유치권(BGB § 273 Ⅱ)   14, 19

ㅍ
파산관재인   50

평등배당   161
프랑스 민법전   22
프랑스의 유치권(droit de rétention)   21
필요비   10, 27, 41, 77, 122, 130, 132

ㅎ
항변   7, 139
항변권   19
해제   7
허위유치권   2, 98
현금화단계   28, 29, 104
현황조사보고서   51
형성권   7
후순위의 저당권자   120
후행유치권자   104
후행저당권자   113

저자 약력

이찬양

고려대학교에서 법학박사 학위를 받았다. 박사학위 논문 주제는 부동산 경매 절차에서 유치권자와 다른 당사자 간의 관계이며, 이는 유치권과 타 권리 간의 우열 관계를 부동산 경매 3단계 속에서 풀어 낸 최초의 박사 논문이다. 고려대학교 법학전문대학원(Lawschool) 연구교수로 민법·민사소송법 영역을 중심으로 연구 영역을 넓히고 있으며, 고려대에서 강의 등을 하고 있다. 육군사관학교에서도 교양과목, 군 관련 공·사법, 부동산 관련 강의를 하고 있다. 대한민국 법무부 법교육 전문강사(법무부 장관 위촉)로 전국 초·중·고·대학교·공기업·대기업·공공기관·정부부처에서 초·중·고·대학생, 외국인, 일반인(이민자와 재외국민 포함), 그리고 유사 법 영역 종사자들에게 7년째 법 관련 강의를 하고 있다. 또한 법무부에서 우수강의자로 선정되어, 법무부 주관 전국 초·중·고 법·사회과 전공 교사 직무연수에서 매해 「우수강의안 강의」를 제공하고 있다. 전남대학교 법학전문대학원(Lawschool)·법학연구소 Postdoc(교육부·한국연구재단)으로서 유치권을 상법과 도산법에 접목시키는 연구를 하고 있으며, 경기도장애인체육회 인권경영위원으로 인권에 대해서도 관심을 가지고 있다. 대한민국국회 입법공무원, 서울특별시 노원구청 연구용역 평가·심의위원, 한국민사소송법학회 이사, 고려대학교 안암법학회 실무간사(상근) 등의 경력도 쌓았다.

「부동산유치권 개정안 중 저당권설정청구권 제도 도입에 관한 고찰」, 「건물에 관한 상사유치권의 우열」, 「부동산 경매 압류·현금화·배당단계에서 유치권 개정안의 한계에 관한 고찰」, 「부동산 물권 공시제도의 관점에서 유치권 등기제도 도입에 관한 민사법적 고찰」, 「압류 이후 유치권의 판결법리에 관한 판단」, 「선행압류채권에 관한 유치권의 우열」「전자소송 하에서의 전자송달」, 「주민소환제의 비교법적 검토를 통한 우리나라 주민소환제의 개선방안」 등의 논문을 썼다.

대한민국 법무부 주관 우수강의안 및 교수법 경진대회에서 대한변호사협회장상을 수상하였고, 고려대학교 대학원장상인 우수논문상도 수상하였다. 기업 ㈜다하미에서는 서비스 개선 아이디어 공개기획안 대회 대상을 수상하기도 하였다.

부동산 유치권 강의

초판발행	2021년 1월 10일
지은이	이찬양
펴낸이	안종만·안상준
편 집	배규호
기획/마케팅	김한유
표지디자인	BEN STORY
제 작	고철민·조영환
펴낸곳	(주) 박영사
	서울특별시 금천구 가산디지털2로 53, 210호(가산동, 한라시그마밸리)
	등록 1959.3.11. 제300-1959-1호(倫)
전 화	02)733-6771
f a x	02)736-4818
e-mail	pys@pybook.co.kr
homepage	www.pybook.co.kr
ISBN	979-11-303-3780-7 93360

copyright©이찬양, 2020, Printed in Korea

* 잘못된 책은 바꿔드립니다. 본서의 무단복제행위를 금합니다.
* 저자와 협의하여 인지첩부를 생략합니다.

정 가 16,000원